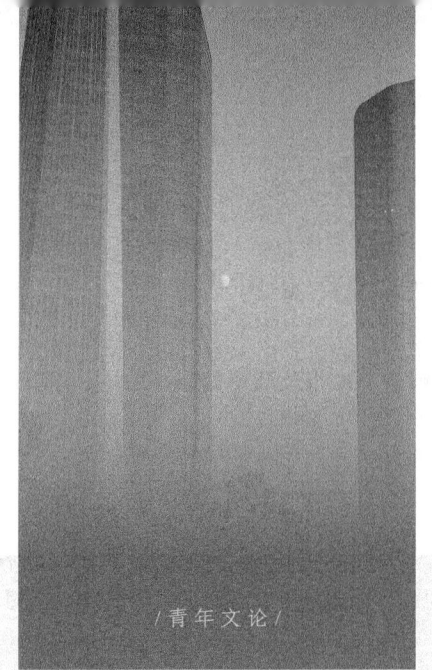

/青年文论/

土地财政对城市化质量的影响效应

李慧 著

商务印书馆
The Commercial Press

图书在版编目（CIP）数据

土地财政对城市化质量的影响效应 / 李慧著 . — 北京：商务印书馆，2023
（江苏省社会科学院《社科文库》）
ISBN 978-7-100-22768-1

Ⅰ.①土…　Ⅱ.①李…　Ⅲ.①土地制度—财政制度—影响—城市化—研究—中国　Ⅳ.① F321.1 ② F299.21

中国国家版本馆 CIP 数据核字（2023）第 136626 号

权利保留，侵权必究。

江苏省社会科学院《社科文库》
土地财政对城市化质量的影响效应
李　慧　著

商　务　印　书　馆　出　版
（北京王府井大街 36 号　邮政编码 100710）
商　务　印　书　馆　发　行
江苏凤凰数码印务有限公司印刷
ISBN 978-7-100-22768-1

2023 年 9 月第 1 版	开本 710×1000　1/16
2023 年 9 月第 1 次印刷	印张 18

定价：89.00 元

江苏省社会科学院
《社科文库》编委会

主　任：夏锦文
副主任：陈爱蓓　李　扬　王月清　孙功谦
委　员：（以姓氏笔画为序）
　　　　　叶扬兵　毕素华　孙肖远　张　卫
　　　　　张立冬　张远鹏　张春龙　陈　朋
　　　　　陈清华　赵　涛　胡国良　钱宁峰
　　　　　徐永斌　徐志明

总　序

习近平总书记多次强调指出,坚持和发展中国特色社会主义必须高度重视哲学社会科学,要加快构建具有继承性、民族性、原创性、时代性、系统性、专业性的中国特色哲学社会科学,加强中国特色新型智库建设。社会科学院作为哲学社会科学研究五路大军之一,肩负着重要的历史使命。地方社会科学院在构建中国特色哲学社会科学的过程中必须找准定位,才能发挥作用。

江苏省社会科学院作为地方社科院,成立于1980年,是江苏省人民政府直属事业单位,专门从事哲学社会科学研究和经济社会发展决策咨询服务,是江苏省委、省政府的思想库和智囊团。截至2023年8月底,我院有在职人员226人,其中科研系列高级职称101人,包括国家"万人计划"首批哲学社会科学领军人才、国家级教学名师、中宣部"四个一批"人才、"新世纪百千万人才工程"国家级人选等各类人才;内设11个研究所,6个职能处室,6个分院,2个科辅机构,2家省重点高端智库;有院办学术期刊《江海学刊》《学海》《现代经济探讨》《世界经济与政治论坛》《明清小说研究》《世界华文文学论坛》,其中5种为CSSCI来源期刊,4种为中国人文社会科学核心期刊,6种为全国中文核心期刊。

自建院以来,江苏省社会科学院名家辈出,学术成果丰硕,科研事业取得了长足进步,在理论研究、学科发展、人才建设等方面取得了一系列成绩,产生了一大批具有较高学术水平和应用价值的研究成果,为推进江苏省经济社会高质量发展做出了应有的贡献。近几年,全院在学术研究、理论阐释、决策咨询"三支笔"方面成果丰硕。发表核心期刊论文 565 篇,出版学术著作约 200 部,获省哲学社会科学优秀成果奖 26 项,2021 年、2022 年国家社科基金重大项目立项连续获得突破,目前在研的国家社科基金、省社科基金项目超过 60 项。编发上报《决策咨询专报》《江苏发展研究报告》《大运河智库》《金融研究专报》《成果专报》,近 400 项研究报告获得省部级以上领导肯定批示。全院先后在《人民日报》《求是》《红旗文稿》《光明日报》《新华日报》《群众》等主流报刊发表理论宣传文章 690 篇;组织研究编写《中国改革开放全景录·江苏卷》《制度自信》《共富:江苏的探索与经验》等一批理论著作,其中《中国改革开放全景录·江苏卷》被评为"2018 年十大好书"。

在崭新的起点上,我院将以习近平新时代中国特色社会主义思想为指导,不断学习贯彻落实党的二十大精神,深入研究全国及江苏改革发展稳定重大理论和实践问题,全面提升学术研究、理论阐释和决策咨询"三支笔"的水平,聚焦推进"两聚一高"新实践、建设"强富美高"新江苏,努力建设中国特色新型智库。为充分展现江苏省社会科学院的哲学社会科学研究成果,更好地推动江苏省经济社会文化发展,江苏省社会科学院分别与商务印书馆、南京大学出版社等出版机构合作推出了江苏省社会科学院《社科文库》系列丛书。文库分六大版块,分别为:

名家文存:拟整理本院知名学者专家学术成果,突出权威性、经典性、文献性。主要通过梳理名家学术研究脉络,展现名家学术精神、学术理念和学人风采,为本院未来发展奠定基础。

青年文论:拟鼓励本院青年学者推出个人专著,其优秀博士论文亦可入选,以激发青年科研人员潜力,承前启后,不断打造精品学术成果,助力青年人才成长发展。

智库文集:以遴选汇编本院各智库研究精品成果、每年召开的智库论坛论文集以及本院专家学者参加国内外其他智库会议论文为主,进一步扩大社会影响力,彰显本院对社会发展的责任担当。

学术文萃：以本院各研究所、各学科优秀学术性基础研究成果为主，遴选汇编本院专家学者历年来发表在国内外顶级学术期刊的学术文章，提升本院学术形象，扩大学术影响。

理论文丛：以阐释和解读马列经典文献及中央路线、政策、方针的理论性和创新性论文成果为主，遴选汇编本院专家学者发表在中央"三报一刊"(《人民日报》《光明日报》《经济日报》及《求是》)等党报党刊上的优秀论文，提升理论宣传水平与效果。

资政文汇：以密切关注我省经济社会发展的研究报告成果为主，遴选汇编发表在本院江苏发展报告、决策咨询报告、大运河智库以及其他单位重要决策报告等载体上的成果，特别是得到省委、省政府领导关注和批示的成果，以体现本院对江苏经济社会发展的贡献。

学术精神和价值理念是科研机构的灵魂。通过江苏省社会科学院文库工程，我们推出本院具有文献价值和学术价值的精品学术成果，既可以充分展现本院学术精神、学术理念和学人风采，进一步提升我院在学术界、理论界、智库界的影响力，又可以深度梳理我院学术研究脉络，有效盘活本院学术资源，承前启后，为将来的发展打下基础。社会科学研究的目的归根到底是为了人的发展和社会的进步，希望本文库的出版能够为江苏的经济社会文化发展做出应有贡献。

江苏省社会科学院《社科文库》编委会
二〇二三年八月

目 录

第一章 绪 论 / 1
    第一节 城市化高质量发展目标与土地财政困境 / 1
    第二节 何为"城市化质量"与"土地财政"？/ 6
    第三节 土地财政与城市化质量的研究进展 / 12
    第四节 土地财政与城市化质量关系的理论分析框架 / 35
    第五节 本书的主要内容和核心观点 / 43

第二章 土地财政与我国城市化发展：历史与现状考察 / 47
    第一节 我国城市化发展阶段与特征 / 47
    第二节 我国城市化进程中的土地制度演变 / 66
    第三节 土地财政的兴起与我国城市化的发展 / 73

第三章 土地财政与城市化质量关系的实证分析 / 86
    第一节 中国城市化质量的测度与比较 / 86
    第二节 土地财政对城市化质量的影响效应分析 / 100
    第三节 土地税收与城市化质量：基于省级面板数据的分析 / 125

第四章 土地财政与城市产业 / 131
    第一节 土地财政、城市产业与城市化的关系探析 / 134
    第二节 模型与实证分析 / 144

第三节 进一步分析:土地财政与房地产业关系的实证分析 / 157

第五章 土地财政与城市经济性公共产品 / 162

第一节 土地财政、城市经济性公共产品与城市化 / 165

第二节 模型与实证分析 / 169

第三节 进一步分析:土地财政与城市经济性公共产品的非线性关系 / 178

第六章 土地财政与城市民生性公共产品 / 181

第一节 土地财政、城市民生性公共产品与城市化 / 184

第二节 模型与实证分析 / 188

第七章 土地财政对城市化质量的负面影响与对策建议 / 201

第一节 土地财政对城市化质量的负面影响 / 201

第二节 土地财政转型的路径与方法 / 215

第三节 提升我国城市化质量的思路与建议 / 224

附　录 / 233

参考文献 / 251

后　记 / 270

图表目录

表 1.1　土地非税收入结构 / 11
表 1.2　土地税收收入结构 / 11

表 2.1　"一五"时期新建、扩建城市 / 48
表 2.2　1949 年以来中国城镇人口及其比重 / 49
表 2.3　世界主要国家城市化率 / 53
表 2.4　各省(直辖市、自治区)2010、2020 年城市化率 / 56
表 2.5　中国 IU 比和 NU 比 / 58
表 2.6　2021 年各省(直辖市、自治区)IU 比和 NU 比 / 59
表 2.7　2000 年以来我国城镇人口、城市建成区面积及其增速 / 61
表 2.8　2020 年我国五大城市群主要指标 / 65
表 2.9　中央和地方财政一般预算收入、支出及比重 / 75
表 2.10　2021 年中央和地方一般预算支出项目及其比重 / 79

表 3.1　城市化质量指标体系 / 88
表 3.2　KMO 检验和 Bartlett 检验结果 / 93
表 3.3　解释的总方差 / 93
表 3.4　旋转前的全局主成分矩阵 / 94
表 3.5　旋转后的全局主成分矩阵 / 95
表 3.6　全局主成分得分系数矩阵 / 96
表 3.7　地级及以上城市的城市化质量综合评价值 / 97

表 3.8　各变量及其计量方法 / 106

表 3.9　基于 227 个地级及以上城市的变量描述性统计 / 109

表 3.10　土地财政对城市化质量影响的基准回归结果 / 111

表 3.11　稳健性检验——添加核心解释变量的三次项 / 113

表 3.12　稳健性检验——核心解释变量滞后一期 / 114

表 3.13　稳健性检验——剔除直辖市样本 / 115

表 3.14　稳健性检验——缩尾后回归 / 116

表 3.15　稳健性检验——工具变量回归结果 / 117

表 3.16　地理区位异质性回归结果 / 119

表 3.17　城市等级异质性回归结果 / 122

表 3.18　创新驱动的调节作用检验 / 124

表 3.19　城市化质量指标体系 / 125

表 3.20　变量描述性统计 / 127

表 3.21　土地税收影响城市化质量的回归结果 / 127

表 3.22　土地税收影响城市化质量的稳健性检验 / 128

表 4.1　各省(直辖市、自治区)国家级开发区、省级开发区数量 / 140

表 4.2　各变量及其计量方法 / 146

表 4.3　基于 100 个大中城市的变量描述性统计 / 147

表 4.4　基准回归结果 / 148

表 4.5　稳健性检验——核心解释变量滞后一期 / 151

表 4.6　稳健性检验——剔除直辖市样本 / 153

表 4.7　稳健性检验——缩尾后回归 / 154

表 4.8　动态面板模型估计结果 / 155

表 4.9　土地财政与房地产业关系的实证分析结果 / 158

表 5.1　各变量及其计量方法 / 172

表 5.2　变量描述性统计 / 173

表 5.3　基准回归结果 / 174

表 5.4　稳健性检验——解释变量滞后一期 / 176

表 5.5　稳健性检验——缩尾后回归 / 177
表 5.6　土地财政与城市经济性公共产品的非线性关系回归 / 179

表 6.1　各变量及其计量方法 / 190
表 6.2　变量描述性统计 / 192
表 6.3　基准回归结果 / 193
表 6.4　稳健性检验——解释变量滞后一期 / 195
表 6.5　稳健性检验——剔除直辖市样本 / 196
表 6.6　稳健性检验——更换被解释变量 / 198

表 7.1　2000 年以来我国消费率与投资率比较 / 207
表 7.2　钱纳里多国模型工业化过程中消费率的变化情况 / 209

图 2.1　1949 年以来我国城镇人口及其占总人口比重 / 51
图 2.2　世界城市人口年增长率 / 54
图 2.3　我国东、中、西部地区城市化率比较 / 55
图 2.4　1999—2021 年我国土地出让收入变动趋势 / 81
图 2.5　2002—2021 年我国土地直接税收情况 / 82
图 2.6　2009—2015 年我国 84 个重点城市土地抵押情况 / 83

图 3.1　特征值碎石图 / 94
图 3.2　创新驱动的调节作用 / 125

图 4.1　米尔斯-汉密尔顿模型 / 135
图 4.2　2003 年以来我国工矿仓储用地供应情况 / 139
图 4.3　2000 年以来主要城市地价监测结果 / 142
图 4.4　2003 年以来我国商业服务业用地供应情况 / 143

图 5.1　1994 年以来我国城市维护建设资金收入来源 / 167
图 5.2　2003 年以来我国经济性公共产品用地面积变化 / 169

图 6.1　按来源分中国历年教育经费收入比重 / 185
图 6.2　2003 年以来我国民生性公共产品用地面积变化 / 187

图 7.1　我国农民工结构 / 204
图 7.2　我国国有土地使用权出让金与商品房销售额增速 / 207
图 7.3　我国国有土地使用权出让方式 / 222

第一章
绪　论

党的二十大报告指出,以中国式现代化全面推进中华民族伟大复兴是新时代新征程中国共产党的使命任务。高质量发展是中国式现代化的本质要求之一,是全面建设社会主义现代化国家的首要任务。城市是经济社会发展的重要空间载体,在我国转向"质的有效提升和量的合理增长"的高质量发展阶段,城市也需要高质量发展。土地财政弥补了地方政府财政收支缺口,并为我国城市化发展提供了建设用地,然而土地财政带来的风险也日益增加。研究土地财政对城市化质量的影响效应,对在新发展阶段打破土地财政依赖、促进城市化高质量发展有重要的现实意义。

第一节　城市化高质量发展目标与土地财政困境

一、破题:土地财政是如何影响城市化质量的

城市作为资本、技术、人才等各种经济要素高度集中的载体,发挥着集聚效应、规模效应,在国民经济中的作用越来越显著。城市不仅创造着财富,推动产业结构调整,为政府带来税收,而且也是政治、科技、文化、教育的中心。党的十八大以来,以习近平同志为核心的党中央高度重视中国城市化建设。2015年12月,中央城市工作会议提出要把握发展规律,推动以人为核心的新型城镇化,发挥这一扩大内需的最大潜力,有效化解各种"城市病"。2020年第21期《求是》杂志发表了习近平总书记的重要文章《国家中长期经济社会发展战略若干重大问题》,文章指出,要完善城市化战略,更好推进以人为核心的城镇化。习近平总书记在党的二十大报告中指出:"深入实施区域协调发展战略、区域重大战略、主体功能区战略、新型城镇化战略,优化重大生产力布局,构建优势互补、高质量发展的区域经济布局和国土空间体系。"[①]提升我国城市化质量是构建新发展格局的重要支撑和推动高质量发展的内在要求。一方面,提升城市化质量有助于扩大消费潜力、提升投资效率,增强国内大循环内生动力和可靠性,是我国构建"双循环"新发展格局的重要支撑;另一方面,提升城市化质量有助于构建大中小城市协调发展的格局,缩小区域差距,满足人民对美好生活的向往,实现全体人民共同富裕,是推动我国高质量发展的内在要求。

改革开放以来,我国的城市化进程加快,特别是进入21世纪以来,城市化进入快速发展阶段。我国城市化率由1978年的17.92%提高至2022年的65.22%,年均提高约1个百分点。[②] 根据《中国统计年鉴》,截至2021年底,我国共有直辖市4个、地级市293个、县级市394个、建制镇21322个,城镇人口达到9.14亿。我国城市人口规模、用地规模不断扩大,城市空间拓展迅速,城市面貌已经发生了巨大变化。与此同时,城市化发展质量却有待提升:一些城市公共停车场、公共厕所、消防设施、垃圾场站等基础设施还有短缺,教育、医疗、养老等公共服务供给不足;大型、特大型城市建设密度越来越高,城市环境质量不断下降;一些城市管理水平还不高,应对风险和危机的能力不足;等等。

---

① 习近平:"高举中国特色社会主义伟大旗帜 为全面建设社会主义现代化国家而团结奋斗——在中国共产党第二十次全国代表大会上的报告(2022年10月16日)",《人民日报》2022年10月26日。
② 国家统计局发布的城镇化率口径是常住人口,即城镇常住人口占全部人口的比重。所谓常住人口就是在城里居住6个月以上的人群,包括一次性居住6个月,或者是一年之内累计居住过6个月以上的,这个概念和口径是和国际上其他国家一致的。而根据户籍人口计算的城镇化率要低于常住人口城镇化率。1978年的数据来源于《中国统计年鉴》,2022年的数据来源于国家统计局官网。

政府推进城市化建设、提高城市化发展质量的前提是有一定的财政支出能力。而分税制改革以后,地方政府的财政收入既要满足经济发展,又要承担社会管理、公共服务等多项职能,有限的财政资金不足以支撑快速城市化发展的需要。随着1998年住房制度改革、2003年土地招拍挂等国家土地有偿出让制度的不断完善,土地出让收入和土地税收成为城市化建设的重要资金来源。地方政府获得土地出让金和土地税收等土地财政收入后,将其投资于公共基础设施建设,并通过招商引资的土地和税收优惠补贴吸引劳动力和资本流入,促进城市经济增长。根据财政部国库司公布的数据,2021年地方政府获取8.7万亿的土地出让收入,相当于地方一般公共预算本级收入的78%。

然而,土地财政的快速发展导致城市对土地的需求急剧增加,城市建成区面积不断扩大,一些城市规模无序扩张,我国的土地城市化明显快于人口城市化,土地资源压力沉重;与此同时,为了工业化发展需要,一些地方政府极力压低工业地价,导致土地浪费严重;社会资本大量流入房地产和建筑行业,引发房地产投机行为和产业结构"脱实向虚";一些城市"摊大饼"式的发展,带来了如交通拥堵、房价过高、环境污染、资源能源的巨大浪费等严重的"城市病";土地财政还增加了地方政府的债务风险和金融风险;更多的资金投入到基础设施建设,导致民生支出相对不足。土地财政对城市化质量造成的负面影响也显而易见。

当前我国的城市化已由粗放发展阶段转向更加注重质量提升的新发展阶段。土地财政对城市化质量的影响效应是什么?在不同区域、不同等级的城市其影响效应有何差异?土地财政具体通过什么途径影响城市化质量?影响的程度究竟怎样?土地财政给城市化质量提升带来的负面影响有哪些?应当如何推动土地财政的转型和城市化质量提升?厘清这些问题对在新发展阶段打破土地财政依赖、促进城市化高质量发展有重要的现实意义。

二、讨论土地财政与城市化质量关系的积极意义

（一）弥补土地财政和城市化理论研究的不足

近年来，由于中国土地财政的兴起，国内外一些学者开始关注中国的土地财政问题。从已有的研究来看，关于土地财政对城市化的作用，基本可以分成三种观点：一种认为我国正处于快速城市化阶段，政府缺乏人才、资金、技术，土地是地方政府目前唯一可利用的资源，所以"土地财政"有助于缓解地方财力不足，促进地方政府提升城镇化水平。[1] 另一种观点认为，政府垄断一级市场导致农民不能得到应有的补偿，无法享有工业化的成果，造成了工业用地的浪费，造就了高房价，也增加了地方政府债务风险和金融风险[2]，还容易引发潜在的社会风险[3]，应当坚决摒弃[4]。此外还有一种观点则认为，土地财政对城市化在不同时期发挥的作用不同[5]，既有正效应也有负效应[6]。学界关于土地财政在城市化进程中发挥的作用目前还未形成一致的看法，尤其对于土地财政对城市化质量的影响效应分析不多；对于土地财政对城市化质量具体的作用机制分析不够全面，关于土地财政对城市产业、城市经济性公共产品、城市民生性公共产品影响的理论和实证分析较为缺乏。"土地财政"问题不仅涉及土地资源的利用和地方财政收入，而且与城市化质量存在重要的内在联系，对两者之间的联系进行具体、深入、全面的分析，可以弥补当前城市化质量影响因素和动力

---

[1] 张昕："城市化过程中土地出让金与城市经济增长关系研究——以北京市为例"，《价格理论与实践》2008年第1期；刘志彪："以城市化推动产业转型升级——兼论'土地财政'在转型时期的历史作用"，《学术月刊》2010年第10期。
[2] 刘守英、蒋省三："土地融资与财政和金融风险"，《中国土地科学》2005年第5期。
[3] 周飞舟："生财有道：土地开发和转让中的政府和农民"，《社会学研究》2007年第1期。
[4] 彭真怀、袁钢明、周天勇："新型城镇化应当是国家的稳定器"，《同舟共进》2013年第9期。
[5] 中国经济增长前沿课题组："城市化、财政扩张与经济增长"，《经济研究》2011年第11期。
[6] 王玉波："土地财政推动经济与城市化作用机理及实证研究"，《南京农业大学学报》（社会科学版）2013年第3期。

机制等相关理论研究的不足。

(二)丰富土地财政转型的对策研究

从政策层面来讲,对土地财政转型的研究主要集中于通过多元化、城镇化融资渠道减少对土地财政的依赖,另外有学者提出通过开征物业税、征收房地产税和扩大税收等途径进行转型;还有学者从风险管理角度在用途监管、规模监管、抵押和担保监管、偿债监管和资金使用监管等方面提出土地融资风险管理框架。已有的研究对于政府制定应用对策有一定的启发,但对于后土地财政时代地方政府提升城镇化质量面临的困境与具体的转型路径缺乏深入、系统的分析,例如究竟如何化解土地财政存量风险,未来房地产税对于土地财政的替代程度如何,如何实现从土地财政到税收财政的有效过渡等等,转型路径和方法还需要结合我国经济发展和财政体制改革现状进一步深入分析。本书以我国土地财政对城市化质量的影响为研究的主题,基于土地经济学、城市经济学、公共经济学等学科的基本理论,从新型城镇化、地方政府竞争、地方债务、房地产市场等多重视角,分析土地财政对城市化质量的作用及风险,并提出土地财政转型的路径和方法,可以丰富当前对土地财政转型的对策研究。

(三)探索新型城镇化如何成为新发展格局下经济发展新引擎

过去我们依靠扩大投资、发展外向型经济,维持了长时间的经济高增长。但是,随着外部需求放缓和贸易摩擦加剧,我国传统的"两头在外、大进大出"的国际大循环模式难以满足经济高质量发展的要求,经济逐步过渡到以国内大循环为主的新模式。在此情况下,新型城镇化的发展成为我国是否能增强国内大循环内生动力和可靠性,促进高质量发展的重要增长动力。通过释放出消费和投资增长的巨大潜能,新型城镇化可以加快产业结构转型升级进程,是扩大内需的最大潜力所在。土地财政在我国城市化过程中发挥着重要作用,也存在一系列风险,因此研究土地财政对城市化质量的作用及土地财政转型与城市化质量提升问题,对于发挥好新型城镇化对新发展格局的支撑作用,具有重要意义。

（四）深化城镇化投融资体制改革

中共中央、国务院印发的《国家新型城镇化规划（2014—2020年）》，明确提出实施以人的城镇化为核心、以提高城镇化质量为导向的新型城镇化战略。新型城镇化建设需要大量的资金投入，目前我国城镇化建设中融资渠道仍比较狭窄，金融工具创新不足，融资模式较为单一。地方政府主要依靠有限的财政收入、土地出让收入等渠道来筹措资金，缺乏多样化、多层次的融资渠道，因此探索新的融资渠道成为新型城镇化进程的重要课题。如何积极拓展多元化的城镇化融资渠道，同时防范土地财政的风险，成为促进新型城镇化健康发展的重要任务。

（五）为提升我国城市化质量提供决策参考

当前我国经济已由高速增长阶段转向高质量发展阶段。党的二十大报告提出，高质量发展是全面建设社会主义现代化国家的首要任务。这是在深入分析我国发展新的历史条件和阶段、全面认识和把握我国现代化建设实践历程以及各国现代化建设一般规律的基础上，做出的一个具有全局性、长远性和战略性意义的重大判断。这一重大判断，指明了新时代我国经济社会发展的基本特征，也为我国未来城市化高质量发展指明了前进方向。对我国地级及以上城市进行城市化质量测度，研究其影响因素，探究有效提升我国城市化质量的方法，对提升我国城市化质量具有重要的现实意义。

第二节　何为"城市化质量"与"土地财政"？

一、城市化与城市化质量

"城市化"一词来源于英文单词 urbanization，最初在 1867 年由西班牙城市规划师伊尔德方索·塞尔达（lldefonso Cerda）在其《城市化基本原理》中提出。① 到了20世纪,这一名词已经在全世界被大部分学者所接受。之后,一些学者陆续提出了关于城市化的定义,如埃尔德里奇认为人口的集中过程就是城市化的全部含义。② 克拉克将城市化定义为农业人口不断减少,非农业人口不断增加的过程。③ 沃思认为,城市化不仅指人们从农村迁移到城市并进入其生活系统,而且代表与城市发展相关的城市生活模式的累积加重,最终实现向城市生活模式转变的过程。④

20世纪七八十年代,我国有关学术著作在研究乡村与城市时开始提及"城市化"一词。如今学术界对城市化的研究越来越深入,但对城市化概念缺乏统一的界定,不同专业的学者对城市化看法不一。经济学者认为城市化是从农村经济向城市经济转变,并导致产业结构、就业结构、消费模式变化的过程;社会学者认为城市化是从农村社区向都市社区转变,并造成人们的行为模式、生产方式发生变化,进而引发各种社会后果的过程;在地理学家看来,城市化是农村居民不断向城市转移和集聚,并引起企业集聚和经济空间格局重新分布的过程;人口学家则认为,城市化意味着农村人口向城市不断迁移,最后转变为城市人口。此外,在人类学家的观念中,城市化代表着追求先进的生活方式;在历史学家眼中,城市化是人类文明的一条主线,是文明从区域向世界过渡的历史,历史学中还有一个专门的分支叫城市史学(history of urban)。

这些概念的界定都是从某一个方面或角度解释城市化内涵。目前学术界对城市化质量的研究主要集中在对质量评价指标的构建上,尚未有一个公认的和权威性的定义。本书认为,城市化质量的内涵应在

---

① 郭笑撰:《西方城市化理论、实践与我国城市化的模式选择》,武汉大学出版社2006年版,第2页。
② Eldridge, H. T., "The Process of Urbanization", in Spengler, J. & Duncan O. (eds.), *Demographic Analysis*. New York: The Free Press, 1952, p. 338.
③ Clark, C., "Urban Population Densities", *Journal of the Royal Statistical Society*, Vol. 114, No. 4(1951), pp. 60-68.
④ Wirth, L., *Urbanism as a Way of Life*. Chicago: Chicago University Press, 1964, pp. 60-83.

充分理解城市化内涵的基础上进行界定,而且不应从单一的角度来解释,应该综合从几个方面理解和把握:

第一,城市化是农村人口向城市不断迁移的过程。这种迁移的动机不仅仅是为了获取个人利益以及提高收入水平,还包括所享受公共服务的升级、行为模式和生活方式的转变等,即人口城市化。

第二,城市化是土地的性质由农业用地向城市建设用地转变的过程。这种转变不仅限于此,也包括单位城市建设用地面积上生产力的提升,即土地的集约利用,这种集约利用后的土地所产生的经济效益要远远大于土地所产生的原始价值,即土地城市化。

第三,城市化是城市工业、服务业对经济增长贡献度不断提升的过程。在此过程中,工业、服务业为了节省成本,获取集聚经济效益和享受知识外溢的好处,不断向城市中心集聚,并且通过增强城市化的经济基础进一步强化这种集聚,即经济城市化。

第四,城市化是城市基础设施不断完善和扩张的过程。城市化通过完善各种公共设施,提升了城市对乡村人口的吸引力,降低了城市制造业、服务业的运营成本,从而使经济增长所需的劳动、资本、技术等要素进一步流动,达到经济资源的合理有效配置,也就是基础设施城市化。

第五,城市化是城市公共服务水平和能力不断提升的过程。通过提供更高水平的教育、医疗、养老、职业技能培训等公共服务,增强城市的聚集能力和对乡村人口的吸引力,提高人口素质和生活质量,进而改变人们的生活方式,即公共服务城市化。同时,城市化内涵中还应包括生态环境向良性不断改善的动态过程。如果仅仅是工业的集聚、人口的迁移、基础设施的改善等,还不能真正涵盖城市化的全部应有之义。城市化不应只为了城市的发展而牺牲环境质量,或者说以生态环境恶化为代价的城市化,并不是真正意义上的城市化。城市化还应强调绿色、生态、低碳。

因此,城市化质量的基本内涵至少应当包括人口城市化质量、土城市化质量、经济城市化质量、基础设施城市化质量、公共服务城市化质量等几个方面。本书将城市化质量定义为,在人口向城市聚集和乡村地区转变为城市地区的过程中,城市的经济效率、基础设施建设和公共服务能够满足城市生产生活需要的程度。城市化质量高意味着,在城市化发展过程中,城市吸纳更多的农业人口,土地被更加集约化利用,经济结构更加优化合理,城市基础设施功能更加完善,公共服务水平更高。

二、土地财政

"土地财政"一词在我国产生历史不长,它是20世纪90年代我国土地制度转变为有偿使用以后,对通过出让国有土地获取收入的行为的一种表述。笔者在中国知网的中国学术期刊网络出版总库中检索文献时发现,"土地财政"一词最早出现在1998年的《城市土地收益制度的国际比较与启示》一文中,作者在文中介绍香港的土地收益制度时提道:"每年从土地获得大量的财政收入……土地财政收入多与寡,房地产市场活跃与否,与土地所有制形式没有必然的联系。"[1]

通过中国知网检索,还可以发现,2006年以前,研究"土地财政"的文献相对较少(全文检索"土地财政",各学科合计,每年不到100篇),2006年以后特别是2010年以后,大量关于"土地财政"的学术论文不断出现(每年2000—3000篇文献),"土地财政"开始被学术界和媒体广泛关注。

目前学界关于土地财政的概念尚无定论,如唐在富认为土地财政是一种对土地资源高度依赖、土地相关财政收支占政府总收支比重较高的财政运行形态。[2] 陈志勇和陈莉莉将土地财政界定为地方土地租、税、费收入尤其是地租性收入在地方财政收支中发挥重要作用的一种财政模式。[3] 倪红日和刘芹芹认为土地财政是政府(主要是地方政

---

[1] 张铭洪:"城市土地收益制度的国际比较与启示",《中国经济问题》1998年第5期。
[2] 唐在富:"中国土地财政基本理论研究:土地财政的起源、本质、风险与未来",《经济经纬》2012年第2期。
[3] 陈志勇、陈莉莉:《"土地财政"问题及其治理研究》,经济科学出版社2012年版,第12页。

府)依靠土地所有者代表的身份,通过土地出让取得收入,并按照中央政府行政法规相关规定划分支出和对土地出让收益进行的一种分配活动。① 但其基本内涵并无二致,都是指地方政府高度依赖土地获取相关财政收入的一种财政模式。

不同的学者根据不同的研究目的和需要,对"土地财政"界定的范畴也各不相同,总体分为三种标准:小口径、中口径和大口径。② 小口径即"土地财政"仅仅意味着国有土地使用权出让收入(以下简称"土地出让收入")③;中口径在前者的基础上,加入了税费,即包含了租(土地出让收入)、税(土地相关税收)、费(土地相关收费收入)④;大口径则在中口径的基础上又增加了土地隐性收入,这种隐性收入主要指地方政府利用土地获取的银行抵押贷款收入⑤。

首先,本书将"土地财政"界定为,地方政府利用自己拥有的土地管理权,通过土地使用权出让等方式获取土地出让收入等相关财政收入,并影响其财政支出能力的行为。

其次,关于"土地财政"的范畴,在分析土地财政的规模时,本书采用的是大口径的土地财政,但在具体实证分析时,鉴于土地抵押贷款收入的数据可得性,本书采用的是中口径,即主要分析土地出让收入和土地税收收入对城市化产生的影响。

(一)土地非税收入

土地非税收入包括租(土地出让收入)和费(土地收费收入)两部分,前者是国有土地使用权流转过程中的转让和租赁收入,后者则是在

---

① 倪红日、刘芹芹:"对'土地财政'内涵和成因的辨析",《经济经纬》2014年第2期。
② 陈志勇、陈莉莉:《"土地财政"问题及其治理研究》,第3—4页。
③ 土地出让收入是指政府以出让等方式配置国有土地使用权所取得的全部土地价款。参见苏明、唐在富、满燕云、颜燕:"中国土地财政研究",《经济研究参考》2014年第34期。
④ 孙辉:《财政分权、政绩考核与地方政府土地出让》,社会科学文献出版社2014年版,第45页。
⑤ 李尚蒲、罗必良:"我国土地财政规模估算",《中央财经大学学报》2010年第5期;辛波、张岸元:"土地财政规模的估算与经济增长的相关性分析",《中国物价》2013年第4期。

土地取得、开发、建设、销售和使用等环节中央和省级批准的行政事业性收费(见表1.1)。

表1.1 土地非税收入结构

性质	种类	项目
土地出让收入	国有土地使用权出让收入	国有土地使用权出让金
		国有土地收益基金
		新增建设用地土地有偿使用费
		农业土地开发资金收入
土地收费收入	中央批准的行政事业性收费和政府性基金	土地取得和开发环节:土地复垦费、土地闲置费、耕地开垦费、征(土)地管理费、土地登记费、新菜地开发建设基金、城市房屋拆迁管理费
		建设环节:工程定额测定费、城市道路占用挖掘费、城市基础设施配套费、城市垃圾处理费等
		销售环节:房屋所有权登记费、房地产交易手续费
		使用环节:城市房屋安全鉴定费、城市公用事业附加
	其他相关部门收费	包括省级批准的行政事业性收费、经营服务性收费等

资料来源:陈志勇、陈莉莉:《"土地财政"问题及其治理研究》,第12—13页;吴冠岑、牛星、田伟利:"我国土地财政规模与区域特性分析",《经济地理》2013年第7期。表1.2同。

(二)土地税收收入

土地从出让到房地产建造、销售、转移等环节涉及的相关税收非常多。直接税收主要包括耕地占用税、契税、城镇土地使用税、土地增值税和房产税;间接税收则包括房地产业、建筑业等城市化带动的相关产业所缴纳的税收等(见表1.2)。

表1.2 土地税收收入结构

	项目
土地直接税收	耕地占用税(土地使用权取得)
	契税(土地所有权转移、房地产经营销售及转移环节)
	城镇土地使用税(占用土地行为)

(续表)

	项目
土地直接税收	土地增值税(房地产经营销售及转移环节)
	房产税(房地产使用环节)
土地间接税收	城市维护建设税、房地产业营业税、房地产企业所缴企业所得税、出售房屋个人所缴个人所得税、建筑业税收等

(三) 土地抵押贷款收入

土地抵押贷款是指土地使用权的拥有者,用其持有的土地使用权做抵押,从银行等金融机构获取贷款。政府在资金紧张的情况下,将手中的土地抵押给金融机构,从而获取城市化建设的资金。

第三节 土地财政与城市化质量的研究进展

一、土地财政相关问题研究进展

(一) 国外土地财政相关问题研究进展

1. 地租理论

国外关于地租理论的研究主要包括:

一是西方古典经济学的地租理论。作为英国古典经济学创始人,威廉·配第(William Petty)是第一个阐述地租含义的经济学家。[①] 17世纪后期,他在《赋税论》中指出,地租是在土地上生产的农产品总额中扣除种子和工资以后的余额,实际上把地租看作剩余价值,不过没有把利润和地租分开。[②] 重农学派是法国古典政治经济学的代表。重农学派的地租理论比配第的研究有所进步。他们是从"纯产品"理论出发去说明地租的。如杜尔哥(A. R. J. Turgot)指出,土地产品中扣除生产资料和工人、农业资本家的生活资料后,剩余部分就是"纯产品",这种

---

① 毕宝德主编:《土地经济学》,中国人民大学出版社2010年版,第378页。
② 〔英〕威廉·配第:《赋税论 献给英明人士 货币略论》,陈冬野、马清槐译,商务印书馆1978年版,第40、48、87、95页。

"纯产品"就是地租,然而却为土地所有者所占有。① 作为英国古典经济学的奠基者,亚当·斯密(Adam Smith)在经济学说史上第一次系统地研究了地租理论。关于地租理论,斯密的主要观点有:一是地租是为了使用土地所支付的价格;二是地租是土地所有权的结果,是农产品的垄断价格;三是对地租产生重要影响的因素是土地的位置和土地的肥沃程度,虽然没有提到级差地租的概念,但斯密的观点不仅涉及级差地租Ⅰ,而且也涉及级差地租Ⅱ;四是地租是工人的无偿劳动,是一种额外的收入,属于剩余价值;五是在农业以外的其他生产部门,凡是涉及土地关系的,也存在着地租。② 英国古典经济学代表之一大卫·李嘉图(David Ricardo)在劳动价值论的基础上建立了级差地租理论。他认为,农产品价格由劣等土地的生产条件决定,因此种好地产生的超额利润就形成地租,这实际上是指级差地租Ⅰ;如果人们在原来耕地上追加投资,由于土地肥力递减的作用,新投入耕种的劣等地的价格决定市场价格,最先投资比后来投资实现的生产力要大,两者的差额也构成地租,这实际上指的是级差地租Ⅱ。③ 德国农业经济学家屠能(Von Thünen)是继李嘉图之后古典经济学地租理论最重要的代表人物。两者都是研究差额地租理论,但侧重点有所不同,李嘉图是从土地的肥沃程度解释差额地租,而屠能则是研究土地的位置与地租的关系。④

二是现代西方经济学的地租理论。美国经济学家保罗·萨缪尔森(Paul A. Samuelson)等认为,为使用土地所付的代价就是地租。地租是由土地供给曲线和土地需求曲线共同决定的。土地不同于其他要素的一个特性,就是它的总供给是由非经济力量决定的。土地数量不随价格提高而增加,也不随价格下降而减少,土地供给数量是固定不变

---

① 〔法〕杜尔哥:《关于财富的形成和分配的考察》,唐日松译,华夏出版社2007年版,第11—12页。
② 〔英〕斯密:《论国民与国家的财富》,焦妹译,光明日报出版社2006年版,第58—73页。
③ 〔英〕李嘉图:《政治经济学及赋税原理》,周洁译,华夏出版社2013年版,第43—56页。
④ 毕宝德主编:《土地经济学》,第380页。

的,即土地供给曲线完全缺乏弹性,所以是一条与横轴垂直的线,那么供给曲线与需求曲线的交点,也就是地租量完全取决于土地需求的数量。① 美国经济学家雷利·巴洛维(Raleigh Barlowe)在《土地资源经济学——不动产经济学》中阐述了地租的剩余原则理论,他将地租看作一种经济剩余,即总产值减去总成本之后的剩余,土地的地租额受产品价格与成本之间的关系影响。②

三是马克思主义的地租理论。马克思主义的地租理论是在西方古典经济学地租理论基础上的创新发展。马克思(Karl Marx)认为,土地所有权和使用权的分离产生了地租,地租是土地所有者出租他的土地每年获得的超额收入。农业工人创造的剩余价值,一部分被农业资本家占有,并以地租的形式将超过平均利润的部分交给土地所有者。可见,地租既体现了土地所有者和农业资本家共同剥削农业雇佣工人的关系,同时也体现了农业资本家和土地所有权在分割剩余价值上的关系。③ 马克思的地租理论非常丰富,不仅包括绝对地租、级差地租,还包含一些其他形式的地租:(1)绝对地租。马克思认为,在土地私有权存在时,在任何土地上经营,都必须提供地租,即使是最贫瘠、最偏远、最劣等的土地,也要交地租,这种地租就是绝对地租。绝对地租"只能来自市场价格超过价值和生产价格的余额,简单地说,只能来自产品的垄断价格"④。(2)级差地租。级差地租是指租佃较好土地的农业资本家向大土地所有者缴纳的超额利润。马克思认为,土地的差异性和有限性是形成级差地租的自然基础,级差地租有两种表现形式——级差地租Ⅰ和级差地租Ⅱ。级差地租Ⅰ是由土地的肥力差异和土地的不同

---

① 〔美〕萨缪尔森、〔美〕诺德豪斯:《经济学:第16版》,萧琛等译,华夏出版社1999年版,第202—204页。
② 〔美〕雷利·巴洛维:《土地资源经济学——不动产经济学》,谷树忠等译,北京农业大学出版社1989年版,第100—119页。
③ 葛扬:"马克思的土地所有权与地租理论研究",《经济思想史评论》2010年第2期。
④ 〔德〕马克思:《资本论》(第三卷),中共中央马克思恩格斯列宁斯大林著作编译局译,人民出版社2004年版,第865页。

位置造成;级差地租Ⅱ则是在同一块土地上,连续追加等量资本而产生不同生产率所形成的。级差地租Ⅰ和级差地租Ⅱ虽然表现形式各不相同,但是两者本质上是一样的,都是由个别生产价格与社会生产价格之间的差额所形成的超额利润转化而成的。级差地租Ⅰ是级差地租Ⅱ的前提和基础。(3)其他地租。马克思在《资本论》中还提到了一些其他形式的地租。如垄断地租,即土地产品的垄断价格形成的地租;建筑地段的地租,即资本家租用土地建造房屋所支付的地租;矿山地租,即资本家为了租用矿山而向其所有者支付的地租。①

2. 财产税理论

财产分为动产和不动产,后者包括土地及其改良物(如建筑物、住宅、商业用房等),前者包括有形资产和无形资产。财产税是西方地方政府的重要收入来源,尽管近年来在地方政府税收比重中有下降趋势,但仍是地方政府税收的重要支柱。关于财产税理论的研究,国外学术界存在着两种相反的观点。一种称为"受益说"②,这种观点认为财产税是一种几乎能够鼓励当地居民做出正确财政决策的收益税。以房产、土地为例,房产所有者通过"用脚投票"等方式,使地方政府在公共服务支出、税收和土地使用方面做出最佳选择,使其房产价值与当地基础设施、公共服务水平密切相关。人们在享用政府财政提供的服务以及获得房产价值的增值的同时,应承担相应纳税义务,因此财产税是一种有效的税种。另一种观点则被称为"资本税观点"③或财产税"新论"④,由米

---

① 洪银兴、葛扬主编:《〈资本论〉的现代解析》,经济科学出版社 2005 年版,第 467—517 页。
② Hamilton, B. W., "Zoning and Property Taxation in a System of Local Governments", *Urban Studies*, Vol. 12, No. 2(1975), pp. 205-211; Fischel, W. A., "Property Taxation and the Tiebout Model: Evidence for the Benefit View from Zoning and Voting", *Journal of Economic Literature*, Vol. 30, No. 1(1992), pp. 171-177; White, M. J., "Fiscal Zoning in Fragmented Metropolitan Areas", in Mills, E. S. & Oates, W. E. (eds.), *Fiscal Zoning and Land Use Controls*. Lexington, MA: Lexington Books, 1975, pp. 31-100.
③ 甘行琼:"当代西方国家财产税的理论研究及启示",《税务研究》2007 年第 3 期。
④ 郭宏宝:"财产税、税收公平与地方财政行为:一个文献综述",《税务与经济》2010 年第 4 期。

耶史考斯基①提出,佐德罗和米耶史考斯基②等人发展完善。该理论认为,财产税是一种扭曲性税收,会导致资本在不同地区间的错配。以房屋和土地为例,对房屋和土地征税,违背了房地产市场的供求原理,违反了地方财政政策,会导致土地有效需求不足,使得单位面积的资本投入缺乏效率。

(二)国内土地财政相关问题研究进展

1994年我国实施了分税制改革,此后为缓解财政压力,地方政府开始依靠出让国有土地所获得的收入来缓解因为基础设施建设和公共服务而产生的巨大资金压力。"土地财政"一词渐渐进入人们的视线。2006年土地财政开始广泛为学术界所关注,对土地财政相关问题的研究集中于以下几个方面。

一是研究土地财政的形成原因。国内学者对于土地财政的形成原因主要分为以下几种观点:分税制、土地制度问题、地方政府竞争等。分税制方面,陈志勇和陈莉莉认为我国财政制度的不稳定性及激励制度的扭曲,是导致土地财政的重要原因。③ 骆祖春利用委托代理理论证明了分税制与土地财政之间的关系,并利用中国省级面板数据对上述理论推导进行了验证。④ 土地制度方面,曹飞认为,土地财政形成的直接原因是土地制度的变迁,而土地相关的制度供给与制度目标的矛盾则是土地财政形成的更深层次原因。⑤ 白彦锋和刘畅认为,中央政

---

① Mieszkowski, P., "The Property Tax: An Excise Tax or a Profits Tax?", *Journal of Public Economics*, Vol. 1, No. 1(1972), pp. 73-96.
② Zodrow, G. R. & Mieszkowski, P., "The Incidence of the Property Tax: The Benefit View versus the New View", in Zodrow, G. R. (ed.), *Local Provision of Public Services: The Tiebout Model after Twenty-Five Years*. New York: Academic Press, 1983, pp. 109-129; Zodrow, G. R. & Mieszkowski, P., "Pigou, Tiebout, Property Taxation, and the Underprovision of Local Public Goods", *Journal of Urban Economics*, Vol. 19, No. 3(1986), pp. 356-370.
③ 陈志勇、陈莉莉:"财政体制变迁、'土地财政'与产业结构调整",《财政研究》2011年第11期。
④ 骆祖春:"土地财政的理论生成机制与实证分析",《现代经济探讨》2012年第12期。
⑤ 曹飞:"土地财政:本质、形成机理与转型之路",《社会科学》2013年第1期。

府土地政策对地方土地出让合约自由的管制是引发土地财政的重要原因,并利用动态面板数据模型对此进行了验证。① 地方政府竞争方面,郭贯成和汪勋杰认为,分税制改革和地方政府"标尺竞争"体制是土地财政生成的重要驱动因素。② 吉富星和鲍曙光研究发现地方政府竞争刺激了土地出让行为。③ 此外还有学者从官员晋升的角度探讨了土地财政的成因。④

二是研究土地财政的风险。目前已有的对于土地财政带来的风险的研究主要集中于经济领域,包括房地产市场风险、财政风险和金融风险等。房地产风险方面,高然和龚六堂认为土地财政行为的存在会显著地放大房地产市场的波动。⑤ 财政和金融风险方面,刘守英和蒋省三通过案例的方式分析了土地融资的财政和金融风险。⑥ 储德银和费冒盛研究发现土地财政与通货膨胀有显著的正相关关系。⑦ 还有学者从政治、社会角度探讨了土地财政的风险。如陈明从政治风险的角度,分析了目前的土地财政模式带来的社会矛盾冲突、滋生官员寻租腐败等多重风险,加重了政治合法性危机。⑧

三是研究土地财政的治理路径。目前的研究主要集中在通过多元化城镇化融资渠道减少对土地财政的依赖。胡必亮提出小城镇基础设施建设投资需要地方财政做一些基础性开发工作,而更重要的深度开

---

① 白彦锋、刘畅:"中央政府土地政策及其对地方政府土地出让行为的影响:对'土地财政'现象成因的一个假说",《财贸经济》2013年第7期。
② 郭贯成、汪勋杰:"地方政府土地财政的动机、能力、约束与效应:一个分析框架",《当代财经》2013年第11期。
③ 吉富星、鲍曙光:"地方政府竞争、转移支付与土地财政",《中国软科学》2020年第11期。
④ 刘佳、吴建南、马亮:"地方政府官员晋升与土地财政:基于中国地市级面板数据的实证分析",《公共管理学报》2012年第2期;余靖雯、肖洁、龚六堂:"政治周期与地方政府土地出让行为",《经济研究》2015年第2期;姜丽贞:"土地财政之源:压力所迫还是晋升诱惑?——基于东部沿海发达城市数据的实证分析",《财经论丛》2019年第5期。
⑤ 高然、龚六堂:"土地财政、房地产需求冲击与经济波动",《金融研究》2017年第4期。
⑥ 刘守英、蒋省三:"土地融资与财政和金融风险"。
⑦ 储德银、费冒盛:"财政纵向失衡、土地财政与通货膨胀",《浙江社会科学》2020年第6期。
⑧ 陈明:"'土地财政'的多重风险及其政治阐释",《经济体制改革》2010年第5期。

发工作应通过招标方式吸引投资。① 贾康和孙洁提出采用公私合作的方式解决城镇化资金难题。② 另外有学者提出通过开征物业税③、征收房地产税和扩大税收④等途径进行转型。还有学者从风险管理角度在用途监管、规模监管、抵押和担保监管、偿债监管和资金使用监管等方面提出土地融资风险管理框架。⑤ 此外,罗必良和李尚蒲认为必须实施财政制度、土地制度与政绩考核制度的配套改革。⑥ 迟弘和于志才认为改变土地财政依赖必须规范土地出让行为、提高土地出让金使用效率、控制地方债务规模、引导房地产业健康发展、加快产业结构调整、加强土地财政审计监督等。⑦

二、城市化相关问题研究进展

（一）国外城市化相关问题研究进展

国外学者关于城市化研究的文献众多,具有代表性的研究有如下几个方面:

一是关于城市化形成的原因的研究。国外学者一般用人口迁移理论来解释人口向城市的流动。一般认为最早对人口迁移进行研究的学者是英国的雷文斯坦(E. Ravenstien),他认为人口迁移的主要目的是改善经济状况。⑧ 国外关于人口迁移理论研究较为有名的是推拉理论(Push and Pull Theory)。目前学界认为博格(D. J. Bogne)系统地提

---

① 胡必亮:"关于城市化与小城镇的几个问题",《唯实》2000 年第 1 期。
② 贾康、孙洁:"公私合作伙伴机制:城镇化投融资的模式创新",《经济研究参考》2014 年第 13 期。
③ 况伟大:"住房特性、物业税与房价",《经济研究》2009 年第 4 期。
④ 郑思齐、孙伟增、满燕云:"房产税征税条件和税收收入的模拟测算与分析:基于中国 245 个地级及以上城市大样本家庭调查的研究",《广东社会科学》2013 年第 4 期。
⑤ 张玉新:"地方政府土地融资风险及其管理",《中国行政管理》2013 年第 1 期。
⑥ 罗必良、李尚蒲:"地方政府间竞争:土地出让及其策略选择:来自中国省级面板数据(1993—2009 年)的经验证据",《学术研究》2014 年第 1 期。
⑦ 迟弘、于志才:"地方政府土地财政引发的问题及化解对策",《经济纵横》2018 年第 4 期。
⑧ 周伟林、郝前进等编著:《城市社会问题经济学》,复旦大学出版社 2009 年版,第 39—40 页。

出了推拉理论①,他的观点中改善生活条件是人口流动的主要目的,拉力即人口流入地良好的生活条件,而推力则是人口流出地不利的生活条件,人口迁移受拉力和推力两种力量共同作用。美国学者李在此基础上进一步深化了博格的理论,认为拉力和推力同时存在于流出地和流入地,还有迁入地与迁出地的中间障碍因素(语言文化、无物质障碍和距离远近的差异)和个人因素(年龄、价值观、生活方式等)。②除了推拉理论,还有学者用外部规模经济来解释城市化的形成,认为农业向非农产业转换的过程所带来的外部规模经济是吸引人口与企业迁移的重要因素。③

二是关于城市化规律的研究。20世纪70年代美国城市地理学家诺瑟姆发现城市化的演进过程呈现出一条规律,即被拉平的S形曲线。随后,他将城市化发展阶段概括为三个时期:初期缓慢发展阶段、中期快速阶段和后期饱和阶段。城市化率低于30%时属缓慢发展阶段,此时城市化水平相对较低,城市人口分布相对松散,第一产业比重较高;城市化率在30%—70%时属中期快速阶段,此时人口明显集聚,非农产业比重开始上升;城市化率高于70%时属后期饱和阶段,此时人口非农化过程开始放缓,第三产业比重上升。④

三是关于城市化与工业化关系的研究。主要集中于结构转换理论。发展经济学中的结构转换理论是研究一个国家或地区如何从传统的农业为主的经济模式向现代的、更加城市化和工业化的经济模式过渡的理论。1954年,刘易斯创立了二元经济模型(Dual Sector model,

---

① 许林:《湖北新生代农民工市民化的政策与体制研究》,中国地质大学出版社2011年版,第35页。
② Lee, E. S., "A Theory of Migration", *Demography*, Vol. 3, No. 1(1966), pp. 47-57.
③ Henderson, V. J., "The Sizes and Types of Cities", *American Economic Review*, Vol. 64, No. 4(1974), pp. 640-656; Duranton, G. & Puga, D., "Nursery Cities: Urban Diversity, Process Innovation, and the Life Cycle of Products", *American Economic Review*, Vol. 91, No. 5(2001), pp. 1454-1477.
④ Northam, R. M., *Urban Geography*. New York: John Wiley & Sons, 1975, pp. 65-67.

也称作"两部门剩余劳动模型")。在这个模型中,发展中国家的经济体由传统的农业(非资本主义部门)和现代的工业(资本主义部门)两部分组成。由于传统的农业部门存在大量的剩余劳动力,导致该部门的工人边际产品为零,工资很低。而工业部门中工人的工资比农业部门工人高,导致后者向工业部门转移。刘易斯模型分析了城市工业部门是如何吸引农村剩余劳动力,实现城乡人口转换的,而这又是城市化的前提。[1] 1961 年,拉尼斯和费景汉在刘易斯模型的基础上提出了"刘易斯-拉尼斯-费景汉"模型(Lewis-Fei-Ranis model),他们认为因农业生产率提高而出现农业剩余是农业劳动力流入工业部门的先决条件,并将农业剩余劳动力转移的过程由无阻碍过程变为有可能受阻的三期过程。[2] 随后针对城市内部的失业情况,哈里斯和托达罗(1970)提出了哈里斯-托达罗模型(Harris-Todaro model),认为人口迁移在于对于城乡预期收入差距的考量,所以即使城市存在失业,只要预期收入大于迁移所受损失,劳动力还是会选择迁移。[3]

结构转换理论另一个重要的模型就是 1975 年美国经济学家钱纳里(Hollis Chenery)与赛尔昆(Moises Syrquin)在《发展的型式(1950—1970)》一书中提出的关于城市化率和工业化率关系的"世界发展模型"。按照该模型的思路,在工业化和城市化初期,工业化率高于城市化率;当两者达到 13% 后,城市化率将高于工业化率。[4] 钱纳里等还在《工业化和经济增长的比较研究》中把一国(或地区)经济发展的过程划分为 6 个时期:初级产品生产时期、工业化初期、工业化中期、工业化后期、发达经济初级阶段、发达经济高级阶段,其中第 1 个时期为准

---

[1] Lewis, W. A., "Economic Development with Unlimited Supplies of Labour", *The Manchester School*, Vol. 22, No. 2(1954), pp. 139-191.
[2] Ranis, G. & Fei, J. C. H., "A Theory of Economic Development", *American Economic Review*, Vol. 51, No. 4(1961), pp. 533-565.
[3] Harris, J. & Todaro, M. P., "Migration, Unemployment, and Development: A Two-Sector Analysis", *American Economic Review*, Vol. 60, No. 1(1970), pp. 126-142.
[4] 〔美〕霍利斯·钱纳里、〔美〕莫伊思·赛尔昆:《发展的型式(1950—1970)》,李新华、徐公理、迟建平译,经济科学出版社 1988 年版,第 22—23 页。

工业化阶段,第2—4个时期为工业化阶段,第5—6个时期为后工业化阶段。他认为,在经济发展不同阶段,有不同的经济结构与之对应。①

四是关于城市化与经济增长关系的研究。国外很多学者研究了城市化与经济增长的关系。一种观点认为城市化与经济增长存在正相关关系。麦考斯克和高利用30个发展中国家及22个发达国家的面板数据证实城市化与经济增长之间存在长期均衡关系。② 另一种观点则是城市化与经济增长并非简单的正相关关系。惠顿等认为城市化与经济发展存在倒U形关系。③ 贝尔蒂纳利和施特罗布尔对1960—1990年间39个国家的跨国面板数据进行了研究,发现城市集中度与经济增长呈倒U形关系,城市化和经济增长之间似乎没有系统的关系。④

五是关于城市化与环境关系的研究。国外专家的看法不一。一种观点认为城市化会对环境带来不利影响。阿拉姆等分析认为固体废物处理服务不足、公共供水不足、交通拥堵、积水、空气污染、噪音污染等是城市地区的主要问题,而随意性和无计划的城市化造成了环境退化。⑤ 另一种则相反,认为城市化有利于环境发展。尤因和荣认为城市化可以通过技术进步提高能源利用效率从而减少碳排放。⑥ 第三种

---

① 〔美〕霍利斯·钱纳里等:《工业化和经济增长的比较研究》,吴奇等译,上海三联书店1989年版,第56—114页。
② McCoskey, S. & Kao, C., "A Residual-Based Test of the Null of Cointegration in Panel Data", *Econometric Reviews*, Vol. 17, No. 1(1998), pp. 57-84.
③ Wheaton, W. & Shishido, H., "Urban Concentration, Agglomeration Economies, and the Level of Economic Development", *Economic Development and Cultural Change*, Vol. 30, No. 1(1981), pp. 17-30.
④ Bertinelli, L. & Strobl, E., "Urbanization, Urban Concentration and Economic Growth in Developing Countries", *CREDIT Research Paper*, No. 03/14(2003).
⑤ Alam, M., Alam, M. J. B., Rahman, M. H., Khan, S. K. & Munna, G. M., "Unplanned Urbanization: Assessment through Calculation of Environmental Degradation Index", *International Journal of Environmental Science & Technology*, Vol. 3, No. 2 (2006), pp. 119-130.
⑥ Ewing, R. & Rong, F., "The Impact of Urban form on U. S. Residential Energy Use", *Housing Policy Debate*, Vol. 19, No. 1(2008), pp. 1-30.

认为城市化与环境之间并非线性关系。[1]

六是关于城市化评价指标的研究。如何评价城市化发展水平？不同学者都对此进行了不同的努力和探索。通过对以往的国外文献的整理发现，城市化的评价指标很多，主要有单一指标和复合指标两种。所谓单一指标指仅用一个指标测度城市。诺瑟姆提出城市人口比重指标，即城镇人口/总人口。[2] 所谓复合指标即运用一定的统计分析方法，将多个指标综合成一个指标。日本稻永幸男提出了城市度的概念，具体由地域规模指标、位置指标、经济活动指标、静态人口结构指标、动态人口结构指标共 5 类、16 个分指标构成。[3] 日本东洋经济新报社学者在《地域经济总览》中提出了城市成长力系数（CGE）指标，由总人口、地方财政年度支出额等 10 个分指标组成。[4]

（二）国内城市化相关问题研究进展

1979 年，吴友仁的《关于我国社会主义城市化问题》一文开启了我国学术界对城市化问题的研究。[5] 国内学者对城市化问题的研究主要集中于如下几个方面。

一是关于城市化的动力机制的研究。孙中和认为我国城市化的发展动力包括 4 个方面：农村工业化推进、比较利益驱动、农业剩余贡献和制度变迁促进。[6] 吴建峰和周伟林首先分析了过去三十年东部沿海地区城市化快速发展的动力，包括工业化、市场化和全球化，随后分析了新常态以来我国特别是中西部地区城市化发展的新动力，包括国内市场潜力扩大、跨地区交通条件改善、户籍制度放松以及节能

---

[1] Martínez-Zarzoso, I. & Maruotti, A., "The Impact of Urbanization on CO_2 Emissions: Evidence from Developing Countries", *Ecological Economics*, Vol. 70, No. 7(2011), pp. 1344-1353.
[2] Northam, R. M., *Urban Geography*, pp. 65-67.
[3] 〔日〕国松久弥："城市化过程"，载中国城市科学研究会：《国外城市化译文集》，中国城市规划设计研究院情报所 1997 年版，第 67—79 页。
[4] 杜闻贞：《城市经济学》，中国财政经济出版社 1978 年版，第 39 页。
[5] 吴友仁："关于我国社会主义城市化问题"，《城市规划》1979 年第 5 期。
[6] 孙中和："中国城市化基本内涵与动力机制研究"，《财经问题研究》2001 年第 11 期。

减排。① 郭力和陈浩研究发现,城市化不同发展阶段其动力有所差异:初始阶段,工业化起着重要作用;中后期阶段,服务业作用显著且高于工业;而科技教育在整个城市化阶段都起着非常重要的推动作用。② 陈志刚等利用省级面板数据验证了金融发展是城市化的重要动力。③ 任旻和宋迎昌分析了中国城市化动力机制与阶段性,认为产业发展和户籍制度改革均对中国城市化发展进程有正向带动作用,但阶段性作用不同。④

二是关于城市化的规律的研究。高珮义认为,世界城市化的发展存在三大规律:阶段性规律(即所谓 S 形曲线)、大城市超先增长规律、城市化与经济发展的双向互促规律。⑤ 程开明基于最新统计数据,判断我国城市化正处于 S 形曲线的中期阶段,空间上呈现出聚集特征。⑥ 周毅和李京文认为城市化规律包括城市化阶段性规律、城市化集聚扩散规律、城市化不平衡规律、城市化与工业化互动规律。⑦ 王晓玲认为,在世界城市化发展的初期和中期,大城市数量和规模以更高速度增长的大城市化规律是普遍存在的;而在城市化中后期这一规律不再发挥作用,中小城市成为城市化发展的有生力量。⑧ 尹虹潘和刘渝琳认为,中国城市化演进轨迹符合 S 形曲线的普遍趋势性特征,当前,中国处于 S 形轨迹中段,城市化率提高的速度可能会减缓。⑨

三是关于中国城市化的道路(战略)的研究。魏后凯提出面向 21

---

① 吴建峰、周伟林:"新时期我国城市化动力机制及政策选择",《城市发展研究》2011 年第 5 期。
② 郭力、陈浩:"我国城市化动力机制的阶段差异",《城市问题》2013 年第 1 期。
③ 陈志刚、吴腾、桂立:"金融发展是城市化的动力吗——1997—2013 年中国省级面板数据的实证证据",《经济学家》2015 年第 8 期。
④ 任旻、宋迎昌:"中国城市化动力机制与阶段性研究——基于产业发展与户籍制度变迁的视角",《兰州学刊》2018 年第 6 期。
⑤ 高珮义:"世界城市化的一般规律与中国的城市化",《中国社会科学》1990 年第 5 期。
⑥ 程开明:"我国城市化阶段性演进特征及省际差异",《改革》2008 年第 3 期。
⑦ 周毅、李京文:"城市化发展阶段、规律和模式及趋势",《经济与管理研究》2009 年第 12 期。
⑧ 王晓玲:"世界大城市化规律及发展趋势",《城市发展研究》2013 年第 5 期。
⑨ 尹虹潘、刘渝琳:"改革开放以来的'中国式'城市化演进路径",《数量经济技术经济研究》2016 年第 5 期。

世纪,应建立可持续城市化发展战略,协调好城市发展与环境之间的关系,发展多中心的网络城市,建立可持续的区域性城市网络。① 冯子标和焦斌龙分析了城镇化战略和城市化战略两者之间的区别,认为前者适用于城市化发展的初期,在后期应该采取城市化战略,我国当前应该大力发展城市化战略。② 冯云廷认为,我国以往的城镇化发展模式(乡村城市化)损耗了聚集经济效益,应转向集约型城市化发展道路。③ 樊纲和胡彩梅认为,当务之急是调整"城镇化"发展思路,确立"城市化"的指导思想。④ 贺雪峰认为,中国城市化的重点应当是大中城市而不是县城以下的城镇,反对"摊大饼"式的城市化,主张通过征收土地在城郊按序开发和建设开发区,进行一次规划、分次建设的城市化。⑤ 徐晓军认为我国应采用"内城集中＋郊区疏散"的双向城市化战略。⑥ 踪家峰和林宗建认为未来城市化应减少政府力量对城市化发展的直接干预,发挥市场力量在城市化进程中的主导作用。⑦ 刘家强等认为我国城市化需要在城市和农村两个层面实现新的突破,一方面做实国家战略城市群的基础大都市区的发展,另一方面实现从"单向性"城市化向"双向性"城市化转型,做实城市化发展过程中农业农村的崛起。⑧ 汪彬和郭贝贝认为,城市规模与城市效率之间存在"倒 U 形"关系,当前我国应继续推进以大城市为依托、以城市群为主体、大中小城市和小城镇协调发展的城镇格局。⑨

---

① 魏后凯:"面向 21 世纪的中国城市化战略",《管理世界》1998 年第 1 期。
② 冯子标、焦斌龙:"城镇化战略与城市化战略",《中国工业经济》2001 年第 11 期。
③ 冯云廷:"聚集经济效应与我国城市化的战略选择",《财经问题研究》2004 年第 9 期。
④ 樊纲、胡彩梅:"调整'城镇化'偏差,明确'城市化'战略",《深圳大学学报》(人文社会科学版)2017 年第 3 期。
⑤ 贺雪峰:"论摊大饼式的城市化",《社会科学家》2017 年第 8 期。
⑥ 徐晓军:"中国城市化进程中的'类郊区化'及其战略调整",《求索》2018 年第 6 期。
⑦ 踪家峰、林宗建:"中国城市化 70 年的回顾与反思",《经济问题》2019 年第 9 期。
⑧ 刘家强、刘昌宇、唐代盛:"新中国 70 年城市化演进逻辑、基本经验与改革路径",《经济学家》2020 年第 1 期。
⑨ 汪彬、郭贝贝:"基于城市效率视角的中国城市化道路思考",《学习与探索》2021 年第 9 期。

四是关于城市化评价指标的研究。国内学者对城市化评价指标一般采用单一指标、多元指标和复合指标三种。单一指标和复合指标的含义上文已经介绍,多元指标主要指用两个或更多个指标测度城市化。单一指标中,大部分学者采用人口的相对指标,如非农人口比重指标,即非农业人口与总人口之比[1],以及修正的人口比重指标,即非农业人口与从事第二、三产业的农业劳动力数之和占总人口的比重[2]。蔡继明等提出真实的城市化率应等于一个城市完全市民化(市民化程度系数为1)的城市户籍人口与根据市民化程度折算的非城市户籍的外来常住人口之和除以该城市总人口(包括本地全部户籍人口和外来常住人口)。[3] 多元指标如葛永军等认为城市化水平要考虑绝对水平——人口城市化水平,同时也要考虑相对水平——城市人口规模与第二、三产业的适应程度。[4] 复合指标如张跃胜构建了包括人口规模、空间规模、经济发展、居民生活、社会保障、交通出行、基础设施、信息服务、生态环境、科教文卫在内的10个一级指标、26个二级指标的城市化发展水平评价指标体系。[5] 又如戚名侠和江永红构建了包含人口、空间、经济、社会和生态5个一级指标,城镇人口数量、城镇人口比重、城镇就业人口比重等18个二级指标在内的城市化水平综合评价指标体系。[6]

三、城市化质量研究进展

(一)国外城市化质量研究进展

对于城市化质量,国外没有直接的研究,更多的是关于城市可持续发展、生态城市、城市居民生活质量的相关研究。

---

[1] 张世银、周加来:"城市化指标问题探析",《技术经济》2007年第5期。
[2] 沈迟:"关于城市化水平计算方法的探讨",《城市规划》1997年第1期。
[3] 蔡继明、郑敏思、刘媛:"我国真实城市化水平测度及国际比较",《政治经济学评论》2019年第6期。
[4] 葛永军、许学强、阎小培:"中国城市化水平的综合判断",《人文地理》2003年第1期。
[5] 张跃胜:"中国城市化水平空间异质性与收敛性测度",《城市问题》2016年第7期。
[6] 戚名侠、江永红:"中国城市化非均衡发展:测度、时空演进及影响因素",《福建论坛》(人文社会科学版)2019年第4期。

一是关于城市可持续发展的研究。戴利提出测评城市可持续发展政策目标的4项标准：环境影响要小于环境的承载能力；可再生资源的利用要小于其再生速度；人类产生的废物要小于自然界的吸收能力；不可再生资源的利用，要小于其被其他形式的非不可再生资源替代的速度。①

二是关于生态城市的研究。"生态城市"是联合国教科文组织提出的重要概念，20世纪80年代，关于生态城市理论的研究迅速发展。杨尼特斯基认为生态城市是自然、技术和人文的充分融合，是物质、能量和信息的高效利用，是生态系统的良性循环。②

三是关于城市居民生活质量的研究。1958年，美国经济学家加尔布雷斯首次提出了"生活质量"（Quality of life，QOL）的概念，他认为，生活质量是指人们生活的舒适、便利程度及精神上的满足等。③ 莫里斯使用识字率、婴儿死亡率和1岁时平均预期寿命3个核心指标，构建了"物质生活质量指数"，被国际社会广泛使用。④

（二）国内城市化质量研究进展

一是关于城市化质量内涵的研究。国内学者中，叶裕民较早开展了对城市化质量的研究，他认为城市化质量的内涵应从城市的发展质量（即城市现代化）和区域的发展质量（即城乡一体化）两个方面来理解，其中城市现代化是城市化质量的核心内容，城乡一体化是提高城市化质量的终极目标。⑤ 国家城调总队福建省城调队课题组认为应从4个方面理解城市化质量的内涵：一是城市化中人的生存和生活质量，二是经济发展水平质量，三是城市化发展中的"协调性"，四是城市化发展

---

① Daly, H. & Cobb, J. B., *For the Common Good*. Boston: Beacon Press, 1989.
② Yanitsky, O., "Social Problem of Man's Environment", *The City and Ecology*, Vol.1 (1987), p.174.
③ Galbraith, J. K., *The Affluent Society*. Boston: Houghton MiffJin Company, 1958.
④ Morris, M. D., *Measuring the Condition of the World's Poor-The Physical Quality of Life Index*. New York: Pergamon Press, 1979.
⑤ 叶裕民："中国城市化质量研究"，《中国软科学》2001年第7期。

中的"公平性"。① 王德利等认为城市化质量的内涵应从包括经济、社会、环境等在内的城市基础实力，城市化发展协调性，城市化可持续发展水平3个方面来理解。② 于涛等认为不同于城市化水平，城市化质量指在城市化进程中城市的社会、经济、空间和生态等反映城市内在机理和结构的要素质量。城市化质量的提升意味着在一定区域内在经济增长方式、人民生活水平及基础设施建设等方面的进一步优化。③ 肖祎平等认为，城市化质量的内涵应综合从4个方面来考虑，即城市自身的发展质量、城市化推进效率、城乡一体化程度、城市可持续发展能力。④

二是关于城市化质量评价指标的研究。叶裕民构建了一个包含经济现代化、基础设施现代化、人的现代化3大类、12个指标在内的衡量城市现代化水平的指标体系，同时选择城乡居民收入差异系数和城乡居民恩格尔系数的差异程度来计算城乡一体化水平。⑤ 国家城调总队福建省城调队课题组构建了一个包含经济发展质量、生活质量、社会发展质量、基础设施质量、生态环境质量、统筹城乡和地区协调发展质量等6个方面、35个指标在内的城市化质量总指数。⑥ 韩增林和刘天宝构建了一个包括经济发展质量、基础设施质量、就业质量、居民生活质量、社会发展质量、生态环境质量、用地质量、教育质量、创新质量、城乡协调等10个方面、31个指标在内的城市化质量综合评价指标体系。⑦

---

① 国家城调总队福建省城调队课题组："建立中国城市化质量评价体系及应用研究"，《统计研究》2005年第7期。
② 王德利、方创琳、杨青山、李飞："基于城市化质量的中国城市化发展速度判定分析"，《地理科学》2010年第5期。
③ 于涛、张京祥、罗小龙："我国东部发达地区县级城市化质量研究——以江苏省常熟市为例"，《城市发展研究》2010年第11期。
④ 肖祎平、杨艳琳、宋彦："中国城市化质量综合评价及其时空特征"，《中国人口·资源与环境》2018年第9期。
⑤ 叶裕民："中国城市化质量研究"。
⑥ 国家城调总队福建省城调队课题组："建立中国城市化质量评价体系及应用研究"。
⑦ 韩增林、刘天宝："中国地级以上城市城市化质量特征及空间差异"，《地理研究》2009年第6期。

李明秋和郎学彬构建了一个包括城市发展质量、城市化效率、城乡一体化实现程度 3 个二级指标,经济发展指标、社会发展指标、生态环境协调指标、劳动生产率、土地利用效率、资金利用效率、能源利用效率、经济指标、社会指标等 9 个三级指标以及 28 个四级指标在内的城市化质量评价指标体系。① 肖祎平等(2018)从城市自身发展质量、城市化推进效率、城乡一体化程度、城市可持续发展能力 4 个方面出发,构建了一个包括 46 个指标在内的城市化质量评价指标体系。②

四、土地财政与城市化相关性研究进展

(一)土地与城市经济增长相关性分析

20 世纪 80 年代后期,环境恶化所带来的后果持续影响全球经济增长,经济学家开始将自然资源、环境污染等因素纳入内生增长模型中。③ 实证研究方面,一些学者将土地供给引入生产函数,定量化分析土地对经济增长贡献的大小。马丁和米特拉使用不同国家的面板数据,测算农用地供给与经济增长的关系,认为土地与经济发展的关系非常密切。④ 丁和利希滕贝格使用 1996—2003 年中国 220 个城市的数据进行实证分析,发现土地对于城市经济增长的影响类似于劳动力对增长的影响,而且高于外国直接投资和国内投资的影响,这说明土地确实对中国的城市经济增长具有重要贡献。⑤ 卢皮亚和威尼奥勒从长期

---

① 李明秋、郎学彬:"城市化质量的内涵及其评价指标体系的构建",《中国软科学》2010 年第 12 期。
② 肖祎平、杨艳琳、宋彦:"中国城市化质量综合评价及其时空特征"。
③ Scholz, C. M. & Ziemes, G., "Exhaustible Resources, Monopolistic Competition, and Endogenous Growth", *Environmental & Resource Economics*, Vol. 13, No. 2(1999), pp. 169-185; Grimaud, A. & Rouge, L., "Non-Renewable Resources and Growth with Vertical Innovations: Optimum, Equilibrium and Economic Policies", *Journal of Environmental Economics & Management*, Vol. 45, No. 2(2003), pp. 433-453.
④ Martin, W. & Mitra, D., "Productivity Growth and Convergence in Agriculture versus Manufacturing", *Economic Development & Cultural Change*, Vol. 49, No. 2(2001), pp. 403-422.
⑤ Ding, C. & Lichtenberg, E., "Land and Urban Economic Growth in China", *Journal of Regional Science*, Vol. 51, No. 2(2011), pp. 299-317.

视角对经济和人口增长的变化提出了新的解释,强调了土地在经济和人口增长中的作用过程。①

20 世纪 80 年代,国内学者开始研究土地要素对经济增长的贡献。王爱民等研究发现,深圳市的经济总量和城市建设的高速发展得益于建设用地的快速扩张,土地投入对经济增长具有"隐性贡献"。② 姜海等采用分省面板数据测度了建设用地扩张对经济增长的贡献及变化,结果显示建设用地对经济增长的产出弹性为 0.083。③ 李名峰运用超对数生产函数模型进行定量分析,发现 1997—2008 年,土地对我国经济增长有着显著的贡献,贡献率达 20%—30%,但随着我国城市化和工业化的逐步实现,土地要素的贡献率逐渐降低。④ 赵华和葛扬选取长三角地区部分城市的数据进行实证分析,发现土地贡献率及其变动和城市经济的总量规模、发展程度存在负相关关系。⑤ 梁若冰和韩文博利用地级市面板数据进行回归分析,发现不同地区不同性质的土地对经济增长的作用呈现相反的影响,本地商住用地出让对经济增长有正向影响,而周边地区的工业用地出让对经济增长的作用为负。⑥ 程建等认为,短期来看,土地资本化一定程度上促进了投资、推动了经济增长;长期来看,土地过度资本化形成了投资锁定,挤出了技术进步,制约了经济增长。⑦ 还有一些学者研究了土地要素对经济增长贡献的异质性。⑧

---

① Loupias, C. & Wigniolle, B., "Population, Land, and Growth", *Economic Modelling*, Vol. 31(2013), pp. 223-237.
② 王爱民、刘加林、尹向东:"深圳市土地供给与经济增长关系研究",《热带地理》2005 年第 1 期。
③ 姜海、夏燕榕、曲福田:"建设用地扩张对经济增长的贡献及其区域差异研究",《中国土地科学》2009 年第 8 期。
④ 李名峰:"土地要素对中国经济增长贡献研究",《中国地质大学学报》(社会科学版)2010 年第 1 期。
⑤ 赵华、葛扬:"长三角经济增长中土地贡献的现状和趋势",《南京社会科学》2011 年第 2 期。
⑥ 梁若冰、韩文博:"区域竞争、土地出让与城市经济增长:基于空间面板模型的经验分析",《财政研究》2011 年第 8 期。
⑦ 程建、朱道林、胡博文、张晖:"不同程度土地资本化对经济增长的影响",《中国土地科学》2019 年第 12 期。
⑧ 王建康、谷国锋:"土地要素对中国城市经济增长的贡献分析",《中国人口·资源与环境》2015 年第 8 期。

(二) 土地资源与城市化相关性分析

最初的城市化理论并未将土地要素纳入理论框架。随着城市化进程的推进,基于城市迁移人口的需要,土地逐渐被用于生产产品和提供服务,以及建造住房①,这时仍忽略土地的假设是不行的。因此,后来研究中,越来越多的学者将土地要素融入城市化理论框架中,研究土地价格、土地利用结构等对城市化的作用机制。② 国外的研究基本上可以分成两派:一派是以生态学、环境学、地理学为代表的自然科学家对城市土地空间布局和土地利用结构优化的研究③;另一类是以城市经济学家、农业经济学家为代表的社会科学家对土地与城市经济发展关系进行的探讨④。如戴维斯和亨德森利用世界各国的面板数据构建了城市化分析模型,以各国城市人口为被解释变量,以总人口、人均收入、农业占 GDP 比重、非农产业比重、土地面积、贸易开放度等要素作为解释变量。⑤ 道尔和蒙科宁分析了巴西首都巴西利亚的城市发展和土地市场,认为对土地市场、土地开发的过度管制无法应对快速的城市化和

---

① Lu, X. & Sasaki, K., "Urbanization Process and Land Use Policy", *Annals of Regional Science*, Vol. 42, No. 4(2008), pp. 769–786.
② Brueckner, J. K. & Zenou, Y., "Harris-Todaro Models with a Land Market", *Regional Science & Urban Economics*, Vol. 29, No. 3(1999), pp. 317–339; Brueckner, J. K. & Kim, H. A., "Land Markets in the Harris-Todaro Model: A New Factor Equilibrating Rural-Urban Migration", *Journal of Regional Science*, Vol. 41, No. 3(2001), pp. 507–520.
③ Kalnay, E. & Cai, M., "Impact of Urbanization and Land-Use Change on Climate", *Nature*, Vol. 423, No. 6939(2003), pp. 528–531; Grimm, N. B., Foster, D., Groffman, P., Grove, J. M., Hopkinson, C. S. & Nadelhoffer, K. J., et al., "The Changing Landscape: Ecosystem Responses to Urbanization and Pollution across Climatic and Societal Gradients", *Frontiers in Ecology & the Environment*, Vol. 6, No. 5(2008), pp. 264–272; Jenerette, G. D. & Potere, D., "Global Analysis and Simulation of Land-Use Change Associated with Urbanization", *Landscape Ecology*, Vol. 25, No. 5(2010), pp. 657–670.
④ 胡伟艳:"城乡转型与农地非农化的互动关系",华中农业大学经济管理-土地管理学院博士论文,2009年,第9—19页。
⑤ Davis, J. C. & Henderson, J. V., "Evidence on the Political Economy of the Urbanization Process", *Journal of Urban Economics*, Vol. 53, No. 1(2003), pp. 98–125.

人口增长。①

国内在1998年土地制度改革以后对土地与城市化关系的研究逐渐增多。一类主要探讨城市化对耕地变化的影响。蒋南平和曾伟认为,我国城市化进程中对土地需求的增加会导致农村耕地的减少。② 王成军等选取了42个国家和地区27年的面板数据作为样本进行实证分析,结果表明,工业化、城市化的发展是耕地减少的原因。③ 蔡继明等则认为,城市化率提高与耕地面积减少并无必然联系;并且,由于城镇土地利用更为集约,人口从农村进入城镇是节约耕地的,大城市发展道路更是如此。④ 另一类重点关注土地制度、土地价格、土地要素对城市化的作用机制。陈波翀和郝寿义通过比较静态分析发现,以土地换保障等制度创新,可以推动城市化的快速发展。⑤ 李贺探索了土地开发整理与城市化两者之间的关系。⑥ 王展祥选取中国1952—2005年期间的年度数据,分析了农业土地生产率对城市化率的影响,结果表明两者存在长期均衡关系,农业土地生产率的提高是城市化率提高的因素。⑦

(三)土地财政与城市化的相关性分析

国外对土地财政与城市相关性研究主要涉及财产税与地方经济的关系。格莱泽分析了财产税对地方政府的激励作用,发现当地方政府

---

① Dowall, D. E. & Monkkonen, P., "Consequences of the Plano Piloto: The Urban Development and Land Markets of Brasília", *Urban Studies*, Vol. 44, No. 10(2007), pp. 1871-1887.
② 蒋南平、曾伟:"土地资源与城市化发展:理论分析与中国实证研究",《经济学家》2012年第4期。
③ 王成军、何秀荣、费喜敏:"工业化、城市化对耕地变化作用研究",《农业技术经济》2012年第11期。
④ 蔡继明、陈玉仁、熊柴:"城市化与耕地保护",《经济学动态》2015年第5期。
⑤ 陈波翀、郝寿义:"中国城市化快速发展的制度约束模型",《南开经济研究》2004年第4期。
⑥ 李贺:"土地开发整理与城市化建设的关系管窥",《高等函授学报》(自然科学版)2005年第4期。
⑦ 王展祥:"工业化进程中的农业要素贡献研究",华中科技大学经济学院博士论文,2007年。

需要最大化地方收入从而提供基础设施时,财产税提供了充分保证。[1] 博格和拉特索利用挪威的数据证明,财产税可以帮助地方政府公共部门控制成本,征收财产税的地方政府可以使地方公共服务的成本降低20%。[2] 菲娃和伦宁也分析了财产税对公共服务的激励作用,将挪威征收房产税的学区和不收房产税的学区进行比较,根据学生成绩证明房产税可以提高教育质量。[3]

近年来,由于中国土地财政的兴起,一些学者开始关注中国的土地财政问题。利希滕贝格等人观察了近年来中国土地分配收益:理论分析表明财政与管理体制改革后,由于地方官员发展经济和管理公共资金的职责,导致土地流转速度的加快,并带动了城市空间面积的增大;计量研究揭示了地租梯度(rent gradients)的存在,尽管有行政管理的限制,经济力量依然对土地分配施加重要影响,建议如果中国对城市化感兴趣,应更多地考虑激励机制而非行政政策。[4] 拉尔等人利用2000—2010年中国省级面板数据,分析了土地税收、土地需求、供给等因素对城市面积扩张的影响,结果发现:土地税收对城市面积扩张有显著的正向作用,但土地市场收入由于形式不同,作用也不相同,土地需求对城市面积扩张的影响要高于土地供给。[5] 有学者认为,理论上土地财政和城市化是互相促进的,但实证研究证明,土地财政对城市化的促进作用是不可持续的;由于土地财政本身的不可持续性,导致了地方

---

[1] Glaeser, E. L., "The Incentive Effects of Property Taxes on Local Governments", *Public Choice*, Vol. 89, No. 1(1996), pp. 93-111.

[2] Borge, L. E. & Rattsø, J., "Property Taxation as Incentive for Cost Control: Empirical Evidence for Utility Services in Norway", *European Economic Review*, Vol. 52, No. 6 (2008), pp. 1035-1054.

[3] Fiva, J. H. & Rønning, M., "The Incentive Effects of Property Taxation: Evidence from Norwegian School Districts", *Regional Science & Urban Economics*, Vol. 38, No. 1 (2008), pp. 49-62.

[4] Lichtenberg, E. & Ding, C., "Local Officials as Land Developers: Urban Spatial Expansion in China", *Journal of Urban Economics*, Vol. 66, No. 1(2009), pp. 57-64.

[5] Li, T. & Lahr, M., "Urbanization, Land Revenue and Market Equilibrium in China", *Urban Planning and Design Research*, Vol. 2(2014), pp. 54-58.

不可持续的经济发展模式存在,并积累了一定的财政风险和金融风险,因此必须改革土地财政。① 另有学者分析了土地财政的弊端:地方政府对土地财政日渐依赖,城市基础设施建设需要依靠土地租赁融资,而同时失地农民的收入下降、支出上升,土地补偿微不足道,无法享受与城市居民同等的国家社会保障权利。②

国内学术界关于土地财政对城市化的作用基本可以分成三种观点,第一种认为我国正处于快速城市化阶段,政府缺乏资金、人才和技术,土地是其手中唯一能利用的资源。所以土地财政有助于缓解地方政府财力不足、提升城市化水平。戴双兴认为,应以土地抵押融资进行城市基础设施建设,继续推动城市化发展。③ 吴东作认为大量的土地财政收入加速了城市化发展的步伐。④ 刘志彪认为,中国的战略应以城市化推动产业转型升级。因此在较长一段时期内,还需要发挥土地财政的历史作用。⑤ 刘玉萍等认为土地财政在当前快速城市化和工业化发展时期,仍具有正向的拉动作用。⑥ 陈多长和沈莉莉研究发现,我国地方政府对土地财政收入的依赖度在逐年加深,但区域差异明显;工业化对土地财政依赖的影响主要是间接的,而城市化的影响则是直接的;尽管工业化和城市化都对加深地方政府土地财政依赖产生正向效应,但城市化对土地财政依赖的推动作用更强。⑦ 王玉波通过实证分

---

① Dan, L., "Selection of Finance Development Mode and Governance Path under the Land Finance Angle in China", *Pakistan Journal of Statistics*, Vol. 29, No. 6(2013), pp. 1019-1028.
② Ong, L. H., "State-Led Urbanization in China: Skyscrapers, Land Revenue and 'Concentrated Villages'", *China Quarterly*, Vol. 217(2014), pp. 162-179.
③ 戴双兴:"土地财政与地方政府土地利用研究",《福建师范大学学报》(哲学社会科学版) 2007 年第 4 期。
④ 吴东作:"'土地财政'的政治经济学分析——基于马克思地租'国债(国税)'理论视角",《财贸经济》2010 年第 8 期。
⑤ 刘志彪:"以城市化推动产业转型升级——兼论'土地财政'在转型时期的历史作用"。
⑥ 刘玉萍、郭郡郡、李馨鸾:"经济增长中的土地财政依赖:度量、变化及后果",《云南财经大学学报》2012 年第 1 期。
⑦ 陈多长、沈莉莉:"工业化、城市化对地方政府土地财政依赖的影响机制",《经营与管理》2012 年第 11 期。

析发现,土地财政收入与城市化水平存在动态协整关系。① 杜金华和陈治国实证研究发现土地财政依赖对城市建成区扩张有着显著的促进效应,且土地财政依赖引发的城市扩张效应在城市扩张程度提升的表现方面强于人口城市化水平的提高。②

第二种观点认为,政府垄断一级市场导致农民不能得到应有的补偿,无法享有工业化的成果,造成了工业用地的浪费,造就了高房价,也增加了地方政府债务风险和金融风险③,还容易引发潜在的社会风险④,应当坚决摒弃⑤。杨元庆和刘荣增认为,城市土地市场混乱的根源在于土地财政政策。⑥ 韩本毅认为,正是因为经济转型期土地资源的稀缺和政府社会职能的约束,土地财政只能是短期现象,缺乏可持续性。⑦

第三种观点则认为,土地财政对城市化在不同时期发挥的作用不同。中国经济增长前沿课题组研究得出,尽管土地财政和公共支出扩张对城市化有直接加速效应,但如果时间轴上的贴现路径被改变,超前的土地城市化无法实现城市"规模收益递增",政府财政收支结构和筹资方式不变,那么城市的持续发展就会面临挑战。⑧ 叶红通过构建省级面板数据模型进行回归分析,结果显示土地财政对城市化的影响曲线呈倒 U 形。⑨

五、研究述评

已有的研究文献丰富、视角多,丰富了城市化与地方财政的理论研

---

① 王玉波:"土地财政推动经济与城市化作用机理及实证研究"。
② 杜金华、陈治国:"土地财政依赖对城市扩张的影响",《财经科学》2018 年第 5 期。
③ 刘守英、蒋省三:"土地融资与财政和金融风险"。
④ 周飞舟:"生财有道:土地开发和转让中的政府和农民"。
⑤ 彭真怀、袁钢明、周天勇:"新型城镇化应当是国家的稳定器"。
⑥ 杨元庆、刘荣增:"土地财政与土地市场管理",《城市问题》2011 年第 3 期。
⑦ 韩本毅:"城市化与地方政府土地财政关系分析",《城市发展研究》2010 年第 5 期。
⑧ 中国经济增长前沿课题组:"城市化、财政扩张与经济增长"。
⑨ 叶红:"土地财政对城市化的影响分析",复旦大学经济学院硕士论文,2012 年。

究,对于政府制定应用对策也有一定的启发。然而,梳理国内外相关研究文献可以发现,一是对于土地财政对城市化质量的影响效应分析不多,对其在不同区域、不同等级城市的城市化质量发挥的不同作用分析得不够透彻;二是对土地财政风险的分析,缺乏土地财政对城市化发展质量与城市化发展可持续性的负面影响的深入阐述;三是对于后土地财政时代地方政府推动城市化质量提升面临的困境与具体的转型路径缺乏深入、系统的分析,例如究竟如何化解土地财政存量风险,未来房地产税对于土地财政的替代程度如何,如何实现从土地财政到税收财政的有效过渡,通过何种方式提升城市化质量,等等。转型路径和方法还需要结合我国经济发展新常态和财政体制改革现状进一步深入分析。

第四节 土地财政与城市化质量关系的理论分析框架

一、土地财政对城市化质量的影响机制

分析土地财政对城市化质量的影响机制,必须将地方政府纳入考察的视野。在我国城市化快速发展进程中,城市政府在其中起着非常突出且关键的作用,在某种程度上来讲,我国城市化具有浓重的自上而下的特点。

结合以往学者们的研究,本书认为,城市政府的目标可以分解为三个。

目标之一:促进城市经济增长。地方政府具有理性"经济人"的特征,以本地区利益最大化为目标,从而会选择有利于当地经济发展的策略。[1] 在转型时期,地方政府具有"经济人""政治人"和"契约人"的特征,其行为往往带有企业化倾向。[2] 其行为目标往往体现为 GDP 的竞

---

[1] 赵春玲、胡建渊:"地方政府保护主义经济行为的博弈分析",《经济体制改革》2002年第4期。

[2] 施海洋、徐康宁:"转型时期地方政府行为倾向分析",《求索》2001年第2期。

争。① 尤其在中国地方官员的选拔和晋升标准中,经济发展是考核地方官员业绩的最重要指标,地方 GDP 的增长更是居于核心地位。在这种考核制度刺激下,地方政府官员为了晋升,纷纷投身于第二、三产业的发展,最终表现为超前发展、过度投资。为了经济发展、吸引外部企业,地方政府需要不断加大基础设施投资,提供更有吸引力的基础环境。政绩考核的需要以及地方政府竞争的现状,导致了中国的地方政府将本地的经济发展作为政府行为的重要目标。

目标之二:提供公共产品。地方公共物品的供给数量和质量体现着地方政府的竞争优势。② 从全国层面而言,地方政府的首要目标仍是促进经济增长,但对不同地区而言,偏好可能存在差别:有些地区更偏好于公共产品和社保,另一些地区可能更偏好公共服务和经济增长。③ 随着地方政府职能的转变和发挥市场配置资源的决定性作用要求的提出,对一些地方政府而言,尽管发展地方经济仍然是其关注的重点,但它们也逐渐将重心转向为各类市场主体提供优质均等的公共产品这一基本职能。而公共产品又分为经济性公共产品(主要指基础设施建设)和民生性公共产品(教育、医疗、环保等公共服务),对前者的支出具有投资属性,对后者的支出具有消费属性,前者的发展对于地方 GDP 增长具有更显著的拉动效应。基于地方政府促进地方经济发展的目标,其更倾向于提供更多的经济性公共产品以吸引投资。

目标之三:获取地方财政收入。钱颖一和罗兰认为,财政分权和要素的流动性是导致地方政府财政竞争的重要因素。④ 财政分权以后,地方政府的职能定位(发展地方经济、提供公共产品等)与其财政收入之间的矛盾逐渐加剧,导致地方政府将获取地方财政收入,包括税收收

---

① 张军:"中国经济发展:为增长而竞争",《世界经济文汇》2005 年第 4 期。
② 刘汉屏、刘锡田:"地方政府竞争:分权、公共物品与制度创新",《改革》2003 年第 6 期。
③ 杜传忠、张丽:"多重目标约束下我国省级地方政府效率评价——基于偏好型 DEA 模型的实证分析",《中国经济问题》2015 年第 6 期。
④ Qian, Y. & Roland, G., "Federalism and the Soft Budget Constraint", *American Economic Review*, Vol. 88, No. 5(1998), pp. 1143-1162.

入和一些非税收收入(包括土地出让收入)作为稳定经济发展和提供公共服务的重要资金来源。掌握的财政资源越多,越说明地方实力的强大,在地方政府竞争中也往往更易胜出。

因此,土地财政作为地方政府的目标之一,为地方政府实现发展地方经济和提供公共产品这两个目标创造了条件。而结果则是通过产业集聚、人口迁移、农地的非农化等,带动了城市化质量的提高。

本书认为,土地财政通过提供资金、土地等方式支持了城市化发展,为农村人口向城市流动、工业向城市集聚提供了前提和基础,其对城市化质量的影响主要通过以下三种途径产生。

一是通过影响城市产业作用于城市化质量。这种影响主要体现在中国独有的招商引资模式上。地方政府在竞争中纷纷采用了"零地价"甚至"负地价"的工业用地吸引资金,尽管带来的土地出让收入有限,但导致的却是工业的集聚,从而带动了城市化的发展。同时,工业化发展会给地方政府带来更多的税收收入,这可以看成更广义上的"土地财政",因为工业带来的税收作为地方政府财政收入的主要来源,在城市化进程中也会发挥重要作用。在工业化、城市化的中期以后,土地财政还会通过影响城市服务业的发展促进城市化的持续发展。

二是通过影响城市经济性公共产品作用于城市化质量。根据《国务院办公厅关于规范国有土地使用权出让收支管理的通知》(国办发〔2006〕100号)规定,土地出让收入使用范围之一即为城市建设支出,所谓城市建设支出不仅包含完善国有土地使用功能的配套设施建设支出,也包括城市基础设施建设支出。① 不仅是土地出让收入,土地税费等收入作为地方政府财政收入的组成部分,也承担着地方基础设施建设这一重要职能。同时,根据现行的土地制度,城市化进程中所需要的建设用地,首先由政府依法将农用集体土地征收为国有,然后再根据土

---

① 国务院办公厅:"国务院办公厅关于规范国有土地使用权出让收支管理的通知",2006年12月25日,http://www.gov.cn/zwgk/2006-12/25/content_478251.htm。

地的具体用途,对凡属于公益性用地的将通过无偿划拨方式交给用地单位使用。① 而城市基础设施建设用地很大一部分属于公益性用地。因此,土地财政对城市化质量影响的重要途径之一,就是通过为城市经济性公共产品提供资金和建设用地资源,为城市化发展、城市集聚经济和规模经济提供重要的前提条件。

三是通过影响城市民生性公共产品作用于城市化质量。与土地财政对城市经济性公共产品的影响类似,土地财政同样为城市民生性公共产品提供了资金和土地支持。这种支持既来自地方政府通过土地获取的税收收入,也来自土地出让收入。根据财政部、教育部联合发布的《关于从土地出让收益中计提教育资金有关事项的通知》(财综〔2011〕62 号)文件规定:从 2011 年 1 月 1 日起,按照当年缴入国库的招标、拍卖、挂牌和协议出让国有土地使用权取得的土地出让收入,扣除当年从地方国库中实际支付的征地和拆迁补偿支出、土地开发支出、计提农业土地开发资金支出、补助被征地农民社会保障支出、保持被征地农民原有生活水平补贴支出、支付破产或改制企业职工安置支出、支付土地出让业务费、缴纳新增建设用地土地有偿使用费等相关支出项目后,作为计提教育资金的土地出让收益口径,严格按照 10% 的比例计提教育资金。② 同样,城市化发展所需的公共文化、体育、教育、科研、医疗卫生、社会福利、环境保护等公益事业设施用地也依靠政府土地征收行为来实现。

二、土地财政对城市化质量的影响效应

(一) 土地财政对城市化质量的正效应

1. 集聚效应

城市集聚经济理论研究结论认为集聚是城市产生的重要原因。1909 年德国经济学家新古典区位论的代表阿尔弗雷德·韦伯在其著

---

① 邵源:"关于'土地财政'与财税体制改革问题综述",《经济研究参考》2010 年第 24 期。
② 财政部、教育部:"关于从土地出让收益中计提教育资金有关事项的通知",2011 年 7 月 21 日,http://www.moe.gov.cn/jyb_xxgk/moe_1777/moe_1779/201107/t20110721_122848.html。

作《工业区位论》中首次提出了"集聚力"的概念,他认为"集聚力"对工业区位有重要的影响。韦伯集聚理论的焦点是找出工业品生产成本最低的位置作为工业企业的理想区位,阐明了集聚的形成原因在于集聚的好处与运输费用、人力成本等的对比。① 新经济地理学观点则认为,城市集聚是由集聚力和分散力两种力量互相作用的结果。集聚力主要源自集聚产生的规模经济,而分散力主要指集聚产生的成本,如不可流动要素、地租、交通、拥挤和其他纯外部不经济②,城市的通勤成本上升、犯罪、污染和社会冲突等不利条件③。

土地财政为城市经济性公共产品与民生性公共产品提供重要的资金来源。城市经济性公共产品与民生性公共产品都属于地方公共产品。而公共产品的供给量多少会直接影响一个城市集聚效益的大小。公共产品的多寡会影响一个城市对于外来资本和工业企业的"集聚力"。随着城市公共产品供给量的增加,其对经济活动的吸引力也会提高,从而增加城市的集聚效益。

2. 结构转换效应

这种结构转换包括几个方面,一方面是城市空间结构的转化。随着土地财政与城市化发展,土地利用结构也在发生变化。最直接的变化就是农业用地向城市建设用地的转变,任何国家的城市化都必然伴随着这一过程。据美国农业部门统计,1982—1997 年的时间里,美国超过 1200 万公顷的土地转变为开发用地,其中有一半来自农田,三分之一来自森林用地。④ 同时随着城市化规模的扩张,城市内部土地利用结构也在不断多样化,包括居住用地、工商业用地、交通用地、公共用

---

① Weber, A., *Alfred Weber's Theory of the Location of Industries*. Chicago: University of Chicago Press, 1929.
② Fujita, M., Krugman, P. & Venables, A., *The Spatial Economy: Cities, Regions, and International Trade*. Cambridge: MIT Press, 1999.
③ Henderson, V. J., "The Sizes and Types of Cities".
④ Hasse, J. E. & Lathrop, R. G., "Land Resource Impact Indicators of Urban Sprawl", *Applied Geography*, Vol. 23(2003), pp. 159-175.

地等不同类型用地的空间布局也进一步优化。

另一方面是城市经济结构的转换。随着工业的发展,经济模式向现代的、更加城市化和工业化的经济模式过渡,由工业化的低级阶段向工业化的高级阶段演进。城市规模的扩大不仅为结构转换创造了有利的环境,也为经济结构的转换提供了强有力的动力,包括工业的集聚、市场的扩大、劳动人口的增加等要素。

3. 经济增长效应

城市作为一个经济体,其整体规模的扩张与经济质量的提升被称为城市经济增长。根据城市经济内生增长理论,城市经济增长的供给要素也是内生的,包括城市的人力资本、技术进步和基础设施。因此只有长期加大对教育的投入,促进人才流动,才会通过提供高素质的人力资源带动经济的增长;而只有加大研发投入和提升企业的技术水平,才能为城市经济增长提供有效的内生动力;只有完善城市基础设施建设,才能提高城市集聚收益,降低城市生产成本,从而保障经济增长。①

伴随着土地出让行为,农村失地劳动力加速向城市流动,从而为经济增长提供了更多人力资本;通过城市工业集聚,技术也在不断改进;而基础设施更是土地财政的重要产出品。因此,在人力资本、技术进步和基础设施供给增加的基础上,容易形成一个城市经济增长极。

(二) 土地财政对城市化质量的负效应

1. 土地财政导致的城市规模无序扩张易造成城市规模不经济

阿朗索在成本效益的基础之上,建立了类似于微观经济学中生产曲线的城市集聚经济与人口规模之间的模型,用来度量最优城市规模。他认为,随着城市规模扩大,集聚的边际效益在下降,相反边际成本却在上升,当边际成本等于边际效益时的城市规模就是最优城市规模。②

---

① 丁健:《现代城市经济》,同济大学出版社 2001 年版,第 134—152 页。
② Alonso, W., "The Economics of Urban Size", *Papers in Regional Science*, Vol. 26, No. 1(1971), pp. 66-83.

按照城市最优规模理论,城市规模并非越大越好。只有处于城市规模的边际成本曲线与边际效益曲线的交点,也就是综合考虑了包括个人成本、公共成本、社会成本、环境成本等在内的总成本,以及个人效益、经济效益、社会效益、环境效益等在内的总效益之后的规模才是最优城市规模。

一旦城市的平均成本高于平均收益,就会出现规模不经济。从现实的角度来看,城市规模不经济主要体现在交通成本、污染成本、生产成本和社会问题的增加,以及城市居民的个人心理问题,等等。根据城市化理论,当城市化发展到一定阶段,如果人口发生过度集聚,明显超过了城市的承载能力和工业发展水平,就会发生"过度城市化"现象,从而导致"城市病"的出现。因此,过度依赖土地财政,进而引发"卖地—城市规模扩大—再卖地—城市规模进一步扩大"的恶性循环,容易造成城市规模的无序扩张,出现城市规模不经济现象。

2. 对城市土地的粗放使用易造成土地报酬递减

土地报酬递减规律是在一定技术条件下,在某一土地上追加劳动和资本,所得的土地报酬先递增然后递减的变动过程,也被称为"收益递减规律"。土地报酬递减规律一般分为三个阶段:初始阶段,随着投入增加,产出大幅提升,属于土地粗放利用阶段;第二阶段,总产量增加,边际产量下降,属于土地利用的合理的集约经营阶段;第三阶段,资源投入过多,总产量减少,边际产量为零,属于土地利用的过度集约阶段。[1]

根据土地报酬递减规律,对土地连续追加劳动、资本、技术等生产要素时,在追加投入的初始阶段,追加的投入越多,从土地中所获得的报酬就会越多,当追加的投入量超过一定的临界值时,追加投入那部分要素所获得的增加报酬就会逐步减少,因此土地的总报酬的增加也会呈现递减的规律。由于土地规模报酬递减规律以及土地资源的稀缺

---

[1] 何芳编著:《城市土地经济与利用》,同济大学出版社 2009 年版,第 92—93 页。

性,衍生出土地集约利用的概念。土地边际效益等于边际产出时的临界点是经济报酬递减点,也是土地利用集约边界,超过这一边界就意味着对城市土地的粗放利用。然而在地方政府依靠土地获取土地财政资金的同时,政府人为干预土地市场就有可能产生对城市土地的粗放利用。比如地方政府为了招商引资,往往倾向于压低工业用地价格,结果导致大量的工业用地被占用甚至被限制,因此土地利用的节约集约度比较低。

3. 因土地财政导致的高房价引发"逆城市化"

"逆城市化"又被称为"反城市化"(deurbanization),最早在1976年由美国城市规划师贝利提出。指大城市的人口由城市中心向城市边缘迁移,使城市郊区向外延伸,而城市中心出现衰退的一种现象。[1] 20世纪70年代,伦敦、巴黎、哥本哈根等很多欧洲大城市都曾出现过人口净流出现象。

在我国现行土地制度下,土地的供给由国家决定,导致土地市场成为垄断性很强的市场,因此土地供给的弹性较小,土地价格主要由市场需求决定,在市场需求不断扩大的情况下,土地价格也在不断提高,土地出让收入节节攀升。由于地价是住房的重要成本,地价的提高必然造成房地产价格的升高,而房价越高,又会引致对房地产用地需求的进一步提高,导致地价进一步升高。对土地财政的依赖又会促成地方政府有推动高地价的内在激励。根据人口迁移理论中的推拉理论,拉力是流入地的良好生活条件,推力是流出地的不利生活条件,人口流动就由这两种力量所决定。当城市房价过高时,人口流动的拉力就会减弱,甚至阻碍农村人口向城市流动,从而抑制城市化的进程。更严重的情况下,还会造成城市人口由城市中心向城市外围地区流动,即出现"逆城市化"现象。

---

[1] 谢文蕙、邓卫编著:《城市经济学》,清华大学出版社1996年版,第66页。

第五节　本书的主要内容和核心观点

本书研究了土地财政对城市化质量的影响。首先对我国土地财政兴起和城市化发展的历史和现状进行事实描述，进而对土地财政对我国城市化质量的影响效应展开实证分析。在得到总体和异质性结果的基础上，分别从城市产业、城市经济性公共产品和城市民生性公共产品三个方面深入探讨土地财政对城市化质量的影响机制。然后在分析土地财政给城市化质量提升带来的种种负面影响的基础上，提出对我国土地财政转型和城市化质量提升的建议。

一、土地财政与我国城市化发展的历史与现状考察

第二章对土地财政与我国城市化发展的历程及阶段特征进行了考察。回顾了新中国成立以来我国城市化进程的不同阶段、城市化进程中土地制度的演变、土地财政的兴起及其与城市化发展的关系，为系统探讨土地财政对城市化的作用机制提供了现实基础。新中国成立以来我国城市化进程分为四个阶段：新中国成立初期的恢复发展阶段、波动起伏阶段、改革开放后恢复补偿性发展阶段和城市化进程加速阶段。目前我国城市化发展主要特征有：城市化水平落后于发达国家水平、地区之间城市化发展不平衡、城市化与工业化趋向于协调发展、土地城市化快于人口城市化、城市群兴起并成为我国经济增长动能、都市圈成为我国城市化发展的重要空间形态。新中国成立以来我国城市土地制度改革分为四个阶段：新中国成立后城市土地无偿使用阶段、城市土地有偿使用制度的探索与建立阶段、城市土地使用制度不断规范阶段和城市土地制度改革创新和不断完善阶段。我国城市土地制度面临的主要问题包括：土地产权关系不明晰、土地价格形成机制不健全、征地补偿安置不完善、城乡土地市场发育不均衡等。土地财政产生的原因包括：分税制改革的影响、地方政府事权与支出责任的扩大、城市土地管理制度造成的地方土地供给垄断、地方政府竞争压力与政绩考核制度的影

响。我国土地财政的规模巨大,地方政府对土地财政依赖严重。转型期中国的土地财政对城市化发展具有重要的作用,既为城市化发展提供了重要资金来源、所需土地,也推动了城市产业发展。

二、土地财政与城市化质量的关系

1. 对城市化质量的测度。第三章从人口城市化、土地城市化、经济城市化、基础设施城市化、公共服务城市化五个方面构建了一个包含10个指标的综合指标体系,运用全局主成分分析法对227个城市18年的城市化质量进行综合测度。结果显示:中国城市的城市化质量不断提高,同时不同城市之间的差别相对较大。通过实证分析发现,用城市化质量综合指标体系代替城市化率指标能更全面反映我国城市的城市化质量,也说明土地财政对城市的影响主要表现在人口、土地、产业结构、基础设施、公共服务等方面。相对于以前分析土地财政影响城市化论文中,仅仅分析土地出让收入或土地出让面积对城市化率的影响,本章的分析更加系统且全面。

2. 土地财政对城市化质量的影响效应。第三章的实证研究表明,以土地出让收入为代表的中国土地财政与城市化质量之间有显著的倒U形关系,即土地财政对城市化质量存在先促进后抑制的作用。土地财政对城市化质量的倒U形关系存在明显的地理区位和城市等级异质性,西部地区、直辖市与省会及计划单列市的土地财政与城市化质量倒U形关系更显著。创新驱动在土地财政与城市化质量之间起调节作用,提高创新驱动将使土地财政与城市化质量的倒U形关系曲线变得更为陡峭,且使得倒U形关系曲线拐点右移。土地出让收入、土地税收对城市化质量的作用不同,土地出让收入对城市化质量有先促进再抑制的作用,而土地税收对城市化质量有正向的促进作用。

三、土地财政与城市产业的关系

第四章利用2009—2020年全国100个重点城市面板数据,分别研究了土地财政与城市工业、城市服务业的关系。实证研究结果显示,目前我国的土地财政对城市工业有推动作用,而对服务业的发展并不存在相同的促进作用。通过进一步分析发现,土地财政通过出让住宅类用地对房地产业的发展有促进作用。因此,土地财政对工业化的作用,并非有些研究中所认为的"去工业化"。土地财政正是通过"暗补"的方式,推进了工业化进程的加快,进一步地又推动了城市化的发展。同样,土地财政也推动了房地产业的发展,从而为城市化建设带来了土地财政收入。而从城市化质量提升的角度来看,地方政府低价出让工业用地导致工业用地利用效率低下,资源密集型产业发展导致对能源消耗巨大,都对城市化质量提升带来负面影响。房地产业的虚假繁荣一方面掩盖了产业升级中需要真正面对的质量提升问题,造成了经济城市化的虚高,另一方面也造成了贫富差距等社会问题,不利于城市化质量的提升。

四、土地财政与城市经济性公共产品的关系

改革开放以来,中国的城市经济性公共产品供给水平有了显著提高,建设资金来源也在不断发生变化。第五章基于2004—2017年全国各省份的省级面板数据,利用双向固定效应模型实证研究发现:随着土地财政的兴起,土地税收为经济性公共产品生产提供了重要的资金来源,同时土地财政还为城市经济性公共产品的生产提供了所需的土地资源。进一步分析表明,土地税收依赖程度与城市经济性公共产品、经济性公共产品用地面积与城市经济性公共产品均呈显著的倒U形关系,随着时间的推移,土地财政先促进后抑制城市经济性公共产品的生产,利用土地财政发展城市经济性公共产品的做法是不可持续的。

五、土地财政与城市民生性公共产品的关系

第六章基于2004—2017年全国各省份的省级面板数据,通过实证研究发现:土地出让收入对经济性公共产品(基础设施)和民生性公共产品(公共服务、城市环境)的影响有显著差异。在资金支持上,相对于经济性公共产品,土地财政对民生性公共产品提供资金支持的影响不够显著。土地财政对城市民生性公共产品的作用主要体现在为城市民生性公共产品提供重要的土地资源。

六、土地财政对城市化质量的负面影响与对策建议

1. 土地财政对城市化质量的负面影响。依靠土地财政促进城市化发展的模式，固然在一定时期内加快了我国城市化发展的进程，但"涸泽而渔"的资金利用方式，最终则会给城市化高质量发展带来种种负面影响。第七章分析了这些负面影响，包括：提高了人口城市化的成本，不利于提高人口城市化质量；土地利用效率低下，不利于提高土地城市化质量；忽视了产业升级与经济发展质量，不利于提高经济城市化质量；带来了交通拥堵、供水紧张、能源浪费等，不利于提高基础设施城市化质量；城市化扩张没有与人的全面发展相协调，不利于提高公共服务城市化质量。

2. 土地财政转型的路径与方法。第七章分析了土地财政转型的基本思路，包括：控制土地财政增量、化解土地财政存量风险、构建土地财政代偿机制。控制土地财政增量需要控制土地合理的增量规模和速度、规范土地出让收支管理，以及规范土地收益分配。化解土地财政存量风险一是要完善土地财政风险管控机制，包括加强土地财政的用途管理、对土地财政进行风险预警；二是要完善地方政府债务管理制度。构建支持城市化发展的土地财政代偿机制应当多管齐下，包括构建以房地产税为主体的地方税体系、改土地批租制为土地年租制、构建多元化的金融支持方式等。

3. 提升我国城市化质量的思路与建议。第七章提出了提升我国城市化质量的基本思路，包括：推动体制机制创新，提升人口城市化质量；促进城市土地集约节约利用，提升土地城市化质量；依靠科技创新促进产业转型升级，提升经济城市化质量；推动新型基础设施建设，提升基础设施城市化质量；坚持以人为本理念，提升公共服务城市化质量。

第二章
土地财政与我国城市化发展：
历史与现状考察

第一节 我国城市化发展阶段与特征

一、1949年以来我国城市化发展历程

中华人民共和国成立以后，我国的城市化率（以城镇常住人口比重来衡量）由新中国成立初期的10.64%提高到2022年的65.22%，七十多年时间增加了54.58个百分点，有了显著提高。但同时也经历了曲折的发展过程。回顾新中国成立以来的城市化发展历程，可以将它分为四个发展阶段。

（一）新中国成立初期的恢复发展阶段（1949—1957年）

随着"一五"计划的实施，国家启动了156个国家建设项目、694个重点建设项目，并在此时期新建了包头（新区）等6个城市，大规模扩建了兰州等20个城市，一般扩建了邯郸等74个城市。1957年全国城市个数增加到176个（直辖市3个、地级市92个、县级市81个）。1949年我国城镇人口只有5765万人，占全国总人口的10.64%，到1957年城镇人口已经增加到9949万人，占总人口的15.39%。不到10年时间，城镇人口增加了4184万人，年平均增长523万人，城市化率上升了4.75个百分点，年平均提高0.59个百分点。应该说这一阶段中国城

市化发展还是比较快的。①

表 2.1 "一五"时期新建、扩建城市

	数量	城市名
新建城市	6	包头(新区)、洛阳(涧西区)、白银、株洲、茂名、富拉尔基
大规模扩建城市	20	北京、石家庄、太原、大同、西安、兰州、郑州、武汉、成都、宝鸡、湛江、沈阳、旅大、鞍山、长春、吉林、哈尔滨、抚顺、上海、天津
一般扩建的城市	74	保定、邯郸、张家口、阳泉、长治、榆次、集宁、咸阳、天水、银川、西宁、乌鲁木齐、喀什、伊宁、焦作、新乡、安阳、宜昌、长沙、湘潭、广州、海口、韶关、南宁、柳州、桂林、凭祥、重庆、自贡、宜宾、泸州、南充、贵阳、遵义、昆明、个旧、海拉尔、通化、辽源、延吉、牡丹江、佳木斯、鹤岗、双鸭山、鸡西、秦皇岛、唐山、承德、济南、青岛、淄博、潍坊、徐州、杭州、合肥、芜湖、蚌埠、淮南、马鞍山、铜官山、南昌、景德镇、九江、黄石、福州

资料来源：戴均良：《中国城市发展史》，黑龙江人民出版社 1992 年版，第 385 页。

(二) 波动起伏阶段(1958—1978 年)

这一阶段是我国城市化大起大落、曲折发展的历史阶段。

首先是 1958—1960 年的"大跃进"时期。1958 年 5 月，中共八大二次会议提出"鼓足干劲、力争上游、多快好省地建设社会主义"的总路线，全国开始了"大跃进"运动。全国各地开始盲目追求工业化速度，导致工业化发展脱离农业发展的基础，大量农村人口涌进城市，全国城市出现了过度增长的局面。我国城市个数由 1957 年的 176 个增加到 1960 年的 199 个(直辖市 2 个②、地级市 88 个、县级市 109 个)，增加了 23 个。城市化率由 1957 年初的 15.39% 增长到 1960 年的 19.75%，上升了 4.36 个百分点，年平均提高 1.45 个百分点。

其次是从 1961—1965 年，国民经济进入调整时期，国家开始调整

---

① 本书关于 1949—2008 年中国城市数据均来源于国家统计局国民经济综合统计司编：《新中国六十年统计资料汇编》，中国统计出版社 2010 年版。
② 中华人民共和国成立后，天津被定为直辖市；1958 年 2 月 11 日，中华人民共和国第一届全国人民代表大会第五次会议决定，将天津由直辖市改为河北省省辖市；1967 年 1 月 2 日，经中共中央决定，天津市被恢复为直辖市。

城镇化策略,采取了大规模压缩城镇人口和城市数目、提高设置市镇标准、撤销部分市镇建制等措施。全国城市个数由1960年的199个减少至1965年的168个(直辖市2个、地级市76个、县级市90个),减少了31个;城市化率由1960年的19.75%下降到1965年的17.98%,年平均降低0.35个百分点。

最后是1966—1978年,1966年我国发生了"文化大革命",经济发展受到严重阻碍,城市化发展也基本处于停滞状态。全国城市个数由1965年的168个增加到1978年的193个(直辖市3个、地级市99个、县级市91个),增加了25个;但建制镇由1965年的2902个减少到1978年的2176个,减少了726个;城镇人口由1966年的13313万人增加到1978年的17245万人,增加了3932万人;城市化率由1965年的17.98%降至1978年的17.92%,不仅未增长,还出现了下降。

表2.2 1949年以来中国城镇人口及其比重

年份	年末人口数(万人)	城镇人口数(万人)	城镇人口比重(%)	年份	年末人口数(万人)	城镇人口数(万人)	城镇人口比重(%)
1949	54167	5765	10.64	1962	67295	11659	17.33
1950	55196	6169	11.18	1963	69172	11646	16.84
1951	56300	6632	11.78	1964	70499	12950	18.37
1952	57482	7163	12.46	1965	72538	13045	17.98
1953	58796	7826	13.31	1966	74542	13313	17.86
1954	60266	8249	13.69	1967	76368	13548	17.74
1955	61465	8285	13.48	1968	78534	13838	17.62
1956	62828	9185	14.62	1969	80671	14117	17.50
1957	64653	9949	15.39	1970	82992	14424	17.38
1958	65994	10721	16.25	1971	85229	14711	17.26
1959	67207	12371	18.41	1972	87177	14935	17.13
1960	66207	13073	19.75	1973	89211	15345	17.20
1961	65859	12707	19.29	1974	90859	15595	17.16

(续表)

年份	年末人口数(万人)	城镇人口数(万人)	城镇人口比重(%)	年份	年末人口数(万人)	城镇人口数(万人)	城镇人口比重(%)
1975	92420	16030	17.34	1999	125786	43748	34.78
1976	93717	16341	17.44	2000	126743	45906	36.22
1977	94974	16669	17.55	2001	127627	48064	37.66
1978	96259	17245	17.92	2002	128453	50212	39.09
1979	97542	18495	18.96	2003	129227	52376	40.53
1980	98705	19140	19.39	2004	129988	54283	41.76
1981	100072	20171	20.16	2005	130756	56212	42.99
1982	101654	21480	21.10	2006	131448	58288	44.34
1983	103008	22274	21.62	2007	132129	60633	45.89
1984	104357	24017	23.01	2008	132802	62403	46.99
1985	105851	25094	23.71	2009	133450	64512	48.34
1986	107507	26366	24.52	2010	134091	66978	49.95
1987	109300	27674	25.32	2011	134916	69927	51.83
1988	111026	28661	25.81	2012	135922	72175	53.10
1989	112704	29540	26.21	2013	136726	74502	54.49
1990	114333	30195	26.41	2014	137646	76738	55.75
1991	115823	31203	26.94	2015	138326	79302	57.33
1992	117171	32175	27.46	2016	139232	81924	58.84
1993	118517	33173	27.99	2017	140011	84343	60.24
1994	119850	34169	28.51	2018	140541	86433	61.50
1995	121121	35174	29.04	2019	141008	88426	62.71
1996	122389	37304	30.48	2020	141212	90220	63.89
1997	123626	39449	31.91	2021	141260	91425	64.72
1998	124761	41608	33.35	2022	141175	92071	65.22

数据来源:Wind金融终端。

（三）改革开放后恢复补偿性发展阶段（1979—1995 年）

1978 年底，我国召开党的十一届三中全会，明确了中国以经济建设为中心的发展方针，并开始实行对内改革、对外开放的政策。至此开始我国城市化也进入了一个全新的发展阶段。1978 年我国各级规模城市数量一共有 193 个，城镇人口 17245 万人，城市化率为 17.92%，到了 1995 年，全国设市城市增加到 640 个（直辖市 3 个、地级市 210 个、县级市 427 个），城镇人口 35174 万人，城市化率为 29.04%，比 1978 年提高了 11.12 个百分点，年平均增加 0.65 个百分点。伴随着城市化发展步伐的加快，在这一段时期，我国还出现了大规模的撤县设市①，很多城市下辖的县被升级为市。

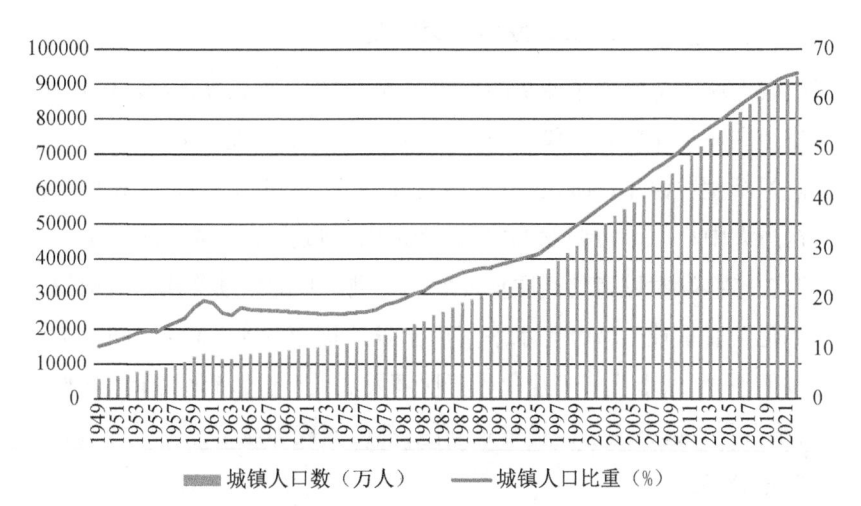

图 2.1　1949 年以来我国城镇人口及其占总人口比重
数据来源：Wind 金融终端。

（四）城市化进程加速阶段（1996 年至今）

对城镇化发展阶段的判断，美国城市地理学家诺瑟姆总结西方发达国家城市化进程演化规律所提炼出的 S 形曲线（即"诺瑟姆曲线"），

---

① 1993 年 5 月，国务院同意民政部《关于调整设市标准的报告》，即在 1986 年国务院批准试行的撤县设市标准基础上另作修改，明确了适用范围、人口总数、经济指标等。至此，撤县设市正式进入井喷期。

城市化过程分为起步阶段(城市化率低于30%)、加速阶段(城市化率在30%—70%之间)、成熟阶段(城市化率高于70%)三个不同阶段。1996年以后,随着我国提出建立社会主义市场经济体制,城市化发展也获得了良好的外部宏观环境,我国城市化进程明显加快。1996年我国城镇人口3.7亿人,城市化率为30.48%,达到了诺瑟姆曲线中加速阶段城市化率的临界值。到了2021年,我国城市数量为691个(直辖市4个、地级市293个、县级市394个)。2022年我国城镇人口已经达到9.2亿人,城市化率达到65.22%,26年时间我国城市化率提高了34.74个百分点,年均提高1.34个百分点。我国从1996年至今城市化发展均处于"诺瑟姆曲线"的加速阶段。

二、目前我国城市化发展主要特征

我国城市化经历了曲折的发展过程,如今已进入加速阶段的后期,即将迈向城市化成熟阶段,尤其是党的二十大明确提出了"推进以人为核心的新型城镇化,加快农业转移人口市民化。以城市群、都市圈为依托构建大中小城市协调发展格局,推进以县城为重要载体的城镇化建设"这一要求,对城市化高质量发展起到进一步的推动作用。目前我国城市化发展呈现出城市化水平落后于发达国家水平、地区之间城市化发展不平衡、城市化与工业化趋于协调发展、土地城市化快于人口城市化、城市群兴起并成为经济增长动能、都市圈成为城市化发展的重要空间形态等特点。

(一)城市化水平落后于发达国家

世界银行数据显示,2021年我国城市人口占总人口的比重为62.51%(国家统计局数据:2021年我国城镇化率达64.72%),与世界城市化水平相比,不仅大大低于世界高收入国家平均城市化水平(81.48%),如2021年美国、日本、德国、法国、英国、韩国等国家城市化水平都在75%以上,最低的德国77.54%,最高的日本91.87%;还落后一些高中等收入国家水平,如2021年巴西的城市化率高达87.32%,俄罗斯为74.93%,南非也达到67.85%,均高于中国。我国的城市化率于 2008 年才开始超过中等收入国家城市化水平(其平均城市化率为 46.04%),于 2013 年才开始与世界城市化平均水平相同(均为 53.01%),2014 年才超过世界平均水平(其平均城市化率为 53.46%)。说明总体上我国城市化水平还有很大的发展空间。

表 2.3 世界主要国家城市化率

单位:%

国家	1960 年	1970 年	1980 年	1990 年	2000 年	2010 年	2020 年	2021 年
中国	16.20	17.40	19.36	26.44	35.88	49.23	61.43	62.51
日本	63.27	71.88	76.17	77.34	78.65	90.81	91.78	91.87
韩国	27.71	40.7	56.72	73.84	79.62	81.94	81.41	81.41
德国	71.38	72.27	72.84	73.12	74.97	76.97	77.45	77.54
法国	61.88	71.06	73.28	74.06	75.87	78.37	80.97	81.24
英国	78.44	77.12	78.48	78.14	78.65	81.30	83.90	84.15
俄罗斯	53.73	62.47	69.75	73.39	73.35	73.69	74.75	74.93
巴西	46.14	55.91	65.47	73.92	81.19	84.33	87.07	87.32
美国	70.00	73.60	73.74	75.30	79.06	80.77	82.66	82.87
印度	17.92	19.76	23.10	25.55	27.67	30.93	34.93	35.39
南非	46.62	47.81	48.42	52.04	56.89	62.22	67.35	67.85
高收入国家	62.81	67.81	71.09	73.79	76.19	79.47	81.29	81.48
中等收入国家	24.04	27.27	31.06	36.17	41.07	47.30	53.28	53.84
世界	33.62	36.55	39.35	43.03	46.69	51.65	56.16	56.58

注:此处城市化率指城市人口占总人口的比例。根据世界银行 2022 年 7 月更新的标准,人均国民总收入(GNI)少于 1085 美元的国家为低收入国家(LIC),人均 GNI 介于 1086 美元与 4255 美元的为中等偏下收入国家(LMIC),人均 GNI 介于 4256 美元与 13205 美元的为中等偏上收入国家(UMIC),人均 GNI 大于 13205 美元的国家为高收入国家。

数据来源:国研网统计数据库世界银行数据。

再比较中国与世界其他国家的城市人口增长率,自 1978 年以来,中国城市人口增长率始终高于世界平均水平,尤其是 1978—2011 年间,中国城市人口增长率在 3%—5% 之间。2002 年以后,中国城市人口增长率呈现出逐渐下降的趋势,2012 年以后降至 3% 以下,2020 年降至

2.15%。而同期低等收入国家城市人口增长率最高,为4.05%,低中等收入国家为2.57%,均高于中国。而高等收入国家的年平均增长率已经降至0.57%,高中等收入国家也降到了1.7%,均低于世界平均水平。

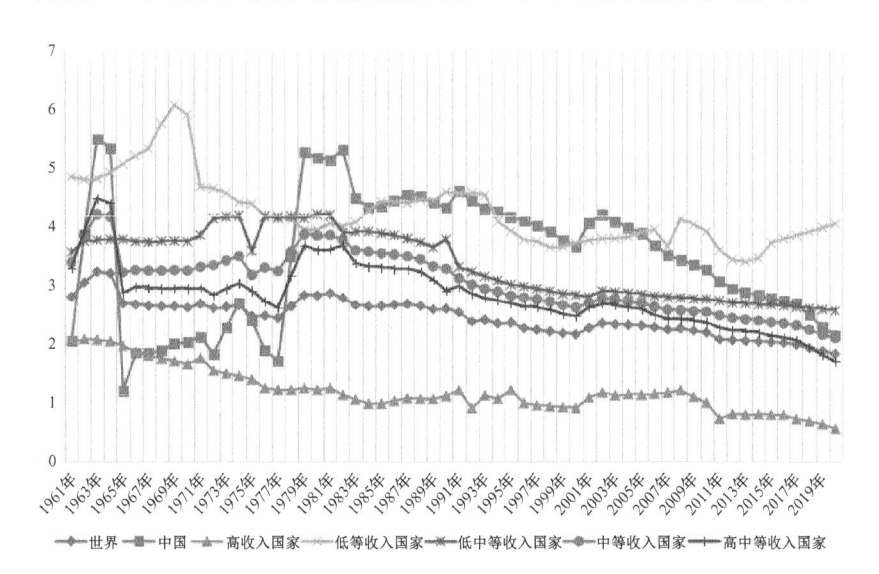

图 2.2　世界城市人口年增长率

注：单位为%。
数据来源：国研网统计数据库世界银行数据。

(二)地区之间城市化发展不平衡

由于自然、历史、资源条件等存在较大差异,我国东部地区在经济、社会发展水平上与中部、西部地区呈现阶梯状分布,在城市化发展程度上也同样如此。1985年,东部、中部和西部地区城市化率分别是15.3%、15.2%和10.8%,差距还不是很大;可是到了1995年以后,三大区域之间城市化率差距开始变大,1995年,东部、中部和西部地区城市化率分别为28.9%、28.3%和24.3%,到2005年时,东部地区城市化率已达到53.3%,高于中部地区14.2个百分点,高于西部地区18.7个百分点。不过近些年,不同地区之间城市化差距有缩小的趋势。2020年,东部地区城市化率达到70.8%,根据诺瑟姆总结的城市化发展规律,已经到了城市化发展的成熟阶段;中部地区城市化率为

59.8%,低于东部地区 11 个百分点,仍处于城市化的加速阶段;西部地区城市化率为 57.2%,仅低于中部地区 2.6 个百分点,低于东部地区 13.6 个百分点①。

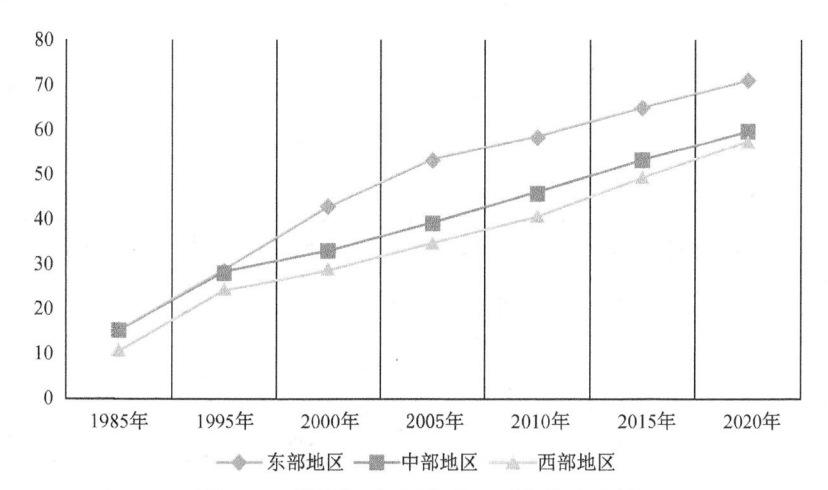

图 2.3　我国东、中、西部地区城市化率比较

注:单位为%。
数据来源:1985—2010 年的数据来源于童玉芬、武玉:"中国城市化进程中的人口特点与问题",《人口与发展》2013 年第 4 期;2015、2020 年的数据是根据中经网统计数据库不同省(直辖市、自治区)数据计算得出的。

不仅不同区域之间,不同省(直辖市、自治区)之间的城市化率差异也非常明显。2020 年上海的城市化水平最高,达到了 89.3%,最低的西藏只有 35.7%,前者高出后者 53.6 个百分点。一个明显的现象是,经济社会发展水平高的地区,其城市化水平也相对较高。从表 2.4 可以看出,目前城市化率在 80% 以上的地区只有北京、天津、上海三个直辖市,东部的辽宁、江苏、浙江和广东城市化率超过 70%。大部分省(直辖市、自治区)城市化率在 50%—70% 之间。

---

① 东部地区包括北京、天津、河北、辽宁、上海、江苏、浙江、福建、山东、广东和海南等 11 个省(直辖市);中部地区包括山西、吉林、黑龙江、安徽、江西、河南、湖北、湖南等 8 个省(直辖市);西部地区包括四川、重庆、贵州、云南、西藏、陕西、甘肃、青海、宁夏、新疆、广西、内蒙古等 12 个省(直辖市、自治区)。

表 2.4　各省(直辖市、自治区)2010、2020 年城市化率

单位:%

地区	省份	2010 年	2020 年
东部地区	北京	86.0	87.5
	天津	79.6	84.7
	河北	44.5	60.1
	辽宁	62.1	72.1
	上海	89.3	89.3
	江苏	60.6	73.4
	浙江	61.6	72.2
	福建	57.1	68.8
	山东	49.7	63.1
	广东	66.2	74.2
	海南	49.8	60.3
中部地区	山西	48.1	62.5
	吉林	53.3	62.6
	黑龙江	55.7	65.6
	安徽	43.0	58.3
	江西	44.1	60.4
	河南	38.5	55.4
	湖北	49.7	62.9
	湖南	43.3	58.8
西部地区	四川	40.2	56.7
	重庆	53.0	69.5
	贵州	33.8	53.2
	云南	34.7	50.1
	西藏	22.7	35.7
	陕西	45.8	62.7

(续表)

地区	省份	2010年	2020年
西部地区	甘肃	36.1	52.2
	青海	44.7	60.1
	宁夏	47.9	65.0
	新疆	43.0	56.5
	广西	40.0	54.2
	内蒙古	55.5	67.5

数据来源：相关年份《中国统计年鉴》。

再比较近10年各省（直辖市、自治区）城市化的变化，可以发现，近10年来，中国各省（直辖市、自治区）的城市化都在加速，2010年城市化率80%的城市只有2个，2020年增加至3个；2010年城市化率在70%—80%之间的省（直辖市、自治区）只有1个，2020年增加至4个；2010年城市化率在60%—70%之间的省（直辖市、自治区）仅4个，2020年增加至14个；2010年城市化率在50%—60%之间的省（直辖市、自治区）有5个，2020年增加至9个；2010年城市化率在50%以下的省份有19个，2020年缩小为仅1个。

（三）城市化与工业化趋向于协调发展

学术界一般采用 IU 比（劳动工业化率与城市化率之比，I/U）和 NU 比（劳动非农化率与城市化率之比，N/U）的标准，来判断工业化与城市化发展的协调程度。IU 比和 NU 比标准含义是：I 表示劳动工业化率，用工业劳动力与总劳动力之比来衡量；U 表示城市化率，用城镇人口与总人口之比来衡量；N 表示劳动非农化率，用第二、三产业劳动力与总劳动力之比来衡量。IU 比、NU 比可以考察工业化与城市化之间的关系。当城市化和工业化协调发展时，I/U 和 N/U 的国际标准值分别是 0.5 和 1.2 左右[①]；而当 IU 比小于 0.5，NU 比小于 1.2 时，说

---

① 王桂新：《中国人口分布与区域经济发展》，华东师范大学出版社1997年版，第251页。

明城市化发展超前于工业化;当 IU 比大于 0.5,NU 比大于 1.2 时,说明城市化发展滞后于工业化。

自 1978 年以来,我国 IU 比和 NU 比均呈下降趋势。1978 年时,我国 IU 比为 0.97,大于 0.5,而 NU 比为 1.65,大于 1.2,说明当时我国城市化发展滞后于工业化。1978 年我国工业化率达到 44.1%[①],城市化率仅 17.9%,相对于工业化率,城市化率处于较低水平。2021 年,我国的 IU 比为 0.45,略低于 0.5,而 NU 比为 1.19,略低于 1.2,综合上述分析,我国目前城市化与工业化发展总体上已经趋于协调。

表 2.5 中国 IU 比和 NU 比

年份	I(%)	N(%)	U(%)	I/U	N/U
1978	17.3	29.5	17.92	0.97	1.65
1980	18.2	31.3	19.39	0.94	1.61
1985	20.8	37.6	23.71	0.88	1.59
1990	21.4	39.9	26.41	0.81	1.51
1995	23	47.8	29.04	0.79	1.65
2000	22.5	50	36.22	0.62	1.38
2005	23.8	55.2	42.99	0.55	1.28
2010	28.7	63.3	49.95	0.57	1.27
2015	29.7	72	57.33	0.52	1.26
2020	28.7	76.4	63.89	0.45	1.20
2021	29.1	77.1	64.72	0.45	1.19

注:由于缺少相关数据,工业就业劳动力暂用第二产业就业劳动力替代,真实的 IU 比应低于表中统计数据。表 2.6 同。

数据来源:《中国统计年鉴 2022》。

再比较各省(直辖市、自治区)2021 年的 IU 比和 NU 比,发现各省的情况差异比较大。如河北、浙江、安徽三省,IU 比均大于 0.5,NU 比均大于 1.2,说明这三个省目前城市化仍滞后于工业化。又如江苏、广

[①] 工业化率即工业增加值占全部生产总值的比重,数据来源于《中国统计年鉴》。

东和山东,江苏 IU 比略高于 0.5,而 NU 比略低于 1.2,广东 IU 比略低于 0.5,而 NU 比恰好等于 1.2,山东 IU 比略高于 0.5,而 NU 比略低于 1.2,说明这三个省城市化与工业化发展基本协调。再如东部的北京、上海,东北的辽宁、吉林、黑龙江,中部的湖北,西部的云南、甘肃、新疆等省(直辖市、自治区),IU 比均小于 0.5,NU 比均小于 1.2,说明这些省(直辖市、自治区)城市化发展超前于工业化,而实际上除了东部省(直辖市、自治区)外,上述这些中西部省(直辖市、自治区)的城市化率并不高,说明这种超前实质上是一种建立在低水平城市化和工业化基础上的"超前"。

表 2.6　2021 年各省(直辖市、自治区)IU 比和 NU 比

省份	I(%)	N(%)	U(%)	I/U	N/U
北京	16.7	97.7	87.50	0.19	1.12
天津	34.2	94.7	84.88	0.40	1.12
河北	32.1	78.7	61.14	0.53	1.29
山西	25.5	76.6	63.42	0.40	1.21
内蒙古	17.2	65.4	68.21	0.25	0.96
辽宁	22.5	72.6	72.81	0.31	1.00
吉林	14.7	63.0	63.36	0.23	0.99
黑龙江	16.5	63.7	65.69	0.25	0.97
上海	32.6	98.2	89.30	0.37	1.10
江苏	40.2	87.0	73.94	0.54	1.18
浙江	44.3	94.7	72.66	0.61	1.30
安徽	31.9	75.8	59.39	0.54	1.28
福建	33.2	86.3	69.70	0.48	1.24
江西	34.5	81.1	61.46	0.56	1.32
山东	33.8	76.0	63.94	0.53	1.19
河南	29.9	75.8	56.45	0.53	1.34
湖北	26.8	73.2	64.09	0.42	1.14

(续表)

省份	I(%)	N(%)	U(%)	I/U	N/U
湖南	27.4	75.4	59.71	0.46	1.26
广东	36.3	89.4	74.63	0.49	1.20
广西	25.9	66.9	55.08	0.47	1.21
海南	11.4	68.9	60.97	0.19	1.13
重庆	25.6	78.1	70.32	0.36	1.11
四川	23.5	68.1	57.82	0.41	1.18
贵州	25.2	67.2	54.33	0.46	1.24
云南	18.0	57.2	51.05	0.35	1.12
西藏	15.5	64.4	36.61	0.42	1.76
陕西	21.2	70.8	63.63	0.33	1.11
甘肃	18.0	56.0	53.33	0.34	1.05
青海	22.0	75.1	61.02	0.36	1.23
宁夏	23.8	76.5	66.04	0.36	1.16
新疆	14.3	66.5	57.26	0.25	1.16

数据来源:《中国统计年鉴2022》。

(四)土地城市化快于人口城市化

2000年以来,中国城镇人口从45906万人增加到2021年的91425万人,年均增长3.3%。而城市建成区面积由2000年的22439.3平方公里增加到2021年的62420.5平方公里,年均增长5.0%,土地城市化的增长速度明显快于人口城市化的增长速度。在很多地区,农业用地被征用为城镇用地后,或者用于发展工业,或者被闲置,因此土地城镇化的速度相当快。中国城市化的一个重要特点是城市土地规模快速扩张,而非人口密度的增加,土地的城市化要快于人口城市化[①]。一些城市过于追求宽马路、大草坪,导致"城市蔓延"(Urban Sprawl)现象严

---

① 黄亚生:"农民工与城市化",《经济观察报》2010年2月1日。

重①,部分建成区人口密度较低,土地利用效率低下,与我国人多地少的国情相悖。

表2.7 2000年以来我国城镇人口、城市建成区面积及其增速

年份	城镇人口数		建成区面积	
	总数(万人)	增速(%)	总面积(平方公里)	增速(%)
2000	45906	4.9	22439.3	4.2
2001	48064	4.7	24026.6	7.1
2002	50212	4.5	25972.6	8.1
2003	52376	4.3	28308.0	9.0
2004	54283	3.6	30406.2	7.4
2005	56212	3.6	32520.7	7.0
2006	58288	3.7	33659.8	3.5
2007	60633	4.0	35469.7	5.4
2008	62403	2.9	36295.3	2.3
2009	64512	3.4	38107.3	5.0
2010	66978	3.8	40058.0	5.1
2011	69927	4.4	43603.2	8.9
2012	72175	3.2	45565.8	4.5
2013	74502	3.2	47855.3	5.0
2014	76738	3.0	49772.6	4.0
2015	79302	3.3	52102.3	4.7
2016	81924	3.3	54331.5	4.3
2017	84343	3.0	56225.4	3.5
2018	86433	2.5	58455.7	4.0

---

① 城市蔓延指城市和都市空间的增长,它的主要特征是低密度、依赖汽车,以及位于已经恶化的中心城周边的住区排斥新的开发,参见 Squires, G. D., *Urban Sprawl: Causes, Consequences, & Policy Responses*. Washington, D. C.: The Urban Institute Press, 2002, pp. 98-99。

(续表)

年份	城镇人口数		建成区面积	
	总数(万人)	增速(%)	总面积(平方公里)	增速(%)
2019	88426	2.3	60312.5	3.2
2020	90220	2.0	60721.3	0.7
2021	91425	1.3	62420.5	2.8

注：城镇人口指居住在城镇范围内的全部常住人口。建成区总面积按全社会范围计算。
数据来源：根据相关年份《中国统计年鉴》《中国城乡建设统计年鉴》数据计算。

(五) 城市群兴起并成为我国经济增长动能

随着我国城市化的快速发展，城市化已经不仅仅表现为人口等资源在单个城市的集聚，而发展为以一个特大城市为核心、多个大城市为组成的高度一体化的群体，即城市群的兴起。2006年，国家"十一五"规划第一次正式提出了"城市群"概念，规划指出"要把城市群作为推进城镇化的主体形态"，并指出"已形成城市群发展格局的京津冀、长江三角洲和珠江三角洲等区域，要继续发挥带动和辐射作用，加强城市群内各城市的分工协作和优势互补，增强城市群的整体竞争力"。[1] 2014年，《国家新型城镇化规划(2014—2020年)》提出优化提升东部地区城市群、培育发展中西部地区城市群、建立城市群发展协调机制等要求。[2] 2016年，国家"十三五"规划纲要明确提出"优化提升东部地区城市群，建设京津冀、长三角、珠三角世界级城市群，提升山东半岛、海峡西岸城市群开放竞争水平。培育中西部地区城市群，发展壮大东北地区、中原地区、长江中游、成渝地区、关中平原城市群，规划引导北部湾、山西中部、呼包鄂榆、黔中、滇中、兰州—西宁、宁夏沿黄、天山北坡

---

[1] "中华人民共和国国民经济和社会发展第十一个五年规划纲要"，2006年3月14日，http://www.gov.cn/gongbao/content/2006/content_268766.htm。
[2] "国家新型城镇化规划(2014—2020年)"，2014年3月16日，http://www.gov.cn/zhengce/2014-03/16/content_2640075.htm。

城市群发展,形成更多支撑区域发展的增长极"①。2017年,党的十九大报告指出,要以城市群为主体构建大中小城市和小城镇协调发展的城镇格局。"十四五"规划和2035年远景目标纲要明确提出:"以促进城市群发展为抓手,全面形成'两横三纵'城镇化战略格局。"②2022年,党的二十大报告提出"以城市群、都市圈为依托构建大中小城市协调发展格局"③。目前,我国已经形成了19个城市群,即长三角、珠三角、京津冀、长江中游、成渝、中原、哈长、辽中南、山东半岛、粤闽浙沿海、北部湾、关中平原、晋中、包鄂、黔中、滇中、兰州—西宁、宁夏沿黄和天山北坡,涵盖全国绝大部分的省(直辖市、自治区)。

在这19个城市群中,长三角、珠三角、京津冀、成渝、长江中游城市群发展潜力最大。2016年,国务院批复《长江三角洲城市群发展规划》,规划中包含上海市,江苏省的南京、无锡、常州、苏州、南通、盐城、扬州、镇江、泰州,浙江省的杭州、宁波、嘉兴、湖州、绍兴、金华、舟山、台州,安徽省的合肥、芜湖、马鞍山、铜陵、安庆、滁州、池州、宣城等26个城市④;国土面积为21.17万平方公里,占我国国土面积的2.2%;2020年实现国内生产总值20.51万亿元,占全国的20.2%;常住人口为1.65亿人,占全国的11.7%;人均GDP达到12.4万元。长三角城市群已经成为我国综合实力最强的城市群,2020年其GDP换算成美元为2.97万亿美元,高于英国(2.71万亿美元,世界排名第五)、印度(2.62万亿美元,世界排名第六)、法国(2.60万亿美元,世界排名第七)。

---

① "中华人民共和国国民经济和社会发展第十三个五年规划纲要",2016年3月17日,http://www.gov.cn/xinwen/2016-03/17/content_5054992.htm。
② "中华人民共和国国民经济和社会发展第十四个五年规划和2035年远景目标纲要",2021年3月13日,http://www.gov.cn/xinwen/2021-03/13/content_5592681.htm。
③ 习近平:"高举中国特色社会主义伟大旗帜 为全面建设社会主义现代化国家而团结奋斗——在中国共产党第二十次全国代表大会上的报告(2022年10月16日)",《人民日报》2022年10月26日。
④ 国家发展改革委、住房城乡建设部:"关于印发长江三角洲城市群发展规划的通知",2016年6月3日,https://www.ndrc.gov.cn/xxgk/zcfb/ghwb/201606/t20160603_962187.html?code=&state=123。

2008年,国务院批复《珠江三角洲地区改革发展规划纲要(2008—2020年)》,规划中包含广东省的广州、深圳、珠海、佛山、江门、东莞、中山、惠州和肇庆市等9个城市①;国土面积为5.53万平方公里,占我国国土面积的0.57%;2020年实现国内生产总值8.95万亿元,占全国的8.8%;常住人口为0.78亿人,占全国的5.5%;人均GDP达到11.5万元。

2015年6月,中共中央、国务院印发实施《京津冀协同发展规划纲要》,规划中包括北京、天津2个直辖市,以及河北省11个地级市②;国土面积为21.6万平方公里,占我国国土面积的2.3%;2020年实现国内生产总值8.64万亿元,占全国的8.5%;常住人口为1.1亿人,占全国的7.8%;人均GDP达到7.9万元。

2015年4月,《长江中游城市群发展规划》经国务院批复实施,包括湖北省武汉市、黄石市、鄂州市、黄冈市、孝感市、咸宁市、仙桃市、潜江市、天门市、襄阳市、宜昌市、荆州市、荆门市,湖南省长沙市、株洲市、湘潭市、岳阳市、益阳市、常德市、衡阳市、娄底市,江西省南昌市、九江市、景德镇市、鹰潭市、新余市、宜春市、萍乡市、上饶市及抚州市、吉安市的部分县(区)③;国土面积为31.7万平方公里,占我国国土面积的3.3%;2020年实现国内生产总值9.39万亿元,占全国的9.2%;常住人口为1.3亿人,占全国的9.0%;人均GDP达到7.2万元。

2016年4月,国务院批复了《成渝城市群发展规划》,具体范围包括重庆市的渝中、万州、黔江、涪陵、大渡口、江北、沙坪坝、九龙坡、南岸、北碚、綦江、大足、渝北、巴南、长寿、江津、合川、永川、南川、潼南、铜

---

① "珠江三角洲地区改革发展规划纲要(2008—2020年)",2011年6月7日,http://www.scio.gov.cn/xwfbh/xwbfbh/wqfbh/2014/20140610/xgzc31037/Document/1372733/1372733.htm。
② 国家发展改革委:"京津冀协同发展",2019年11月27日,https://www.ndrc.gov.cn/gjzl/jjjxtfz/201911/t20191127_1213171.html?code=&state=123。
③ 国家发展改革委:"关于印发长江中游城市群发展规划的通知",2015年4月16日,https://www.ndrc.gov.cn/fzggw/jgsj/dqs/sjdt/201504/t20150416_1052077.html?code=&state=123。

梁、荣昌、璧山、梁平、丰都、垫江、忠县等27个区(县)以及开县、云阳的部分地区,四川省的成都、自贡、泸州、德阳、绵阳(除北川县、平武县)、遂宁、内江、乐山、南充、眉山、宜宾、广安、达州(除万源市)、雅安(除天全县、宝兴县)、资阳等15个城市①;国土面积为18.5万平方公里,占我国国土面积的1.93%;2020年实现国内生产总值7.0万亿元,占全国的6.9%;常住人口为1.0亿人,占全国的7.3%;人均GDP达到7.0万元。

长三角、珠三角、京津冀、成渝、长江中游五大城市群共95个城市,以全国10.3%的国土面积,承载了全国41.3%的人口,创造出全国53.6%的经济总量,已经成为中国经济增长的重要动能,对我国经济社会发展具有重要的战略地位。

表2.8 2020年我国五大城市群主要指标

		长三角	珠三角	京津冀	长江中游	成渝
城市数量		26	9	13	31	16
面积(万平方公里)		21.17	5.53	21.6	31.7	18.5
GDP	总量(万亿元)	20.51	8.95	8.64	9.39	7.0
	占全国比重(%)	20.2	8.8	8.5	9.2	6.9
常住人口	总量(亿人)	1.65	0.78	1.1	1.3	1.0
	占全国比重(%)	11.7	5.5	7.8	9.0	7.3
人均GDP(万元)		12.4	11.5	7.9	7.2	7.0

注:成渝城市群统计GDP和人口数据时包含了重庆和四川15个市全域数据;长江中游城市群统计GDP和人口数据时包含了湖北、湖南、江西三省31个市全域数据。
数据来源:Wind金融终端、《江西统计年鉴2021》。

(六)都市圈成为我国城市化发展的重要空间形态

2019年,国家发展改革委印发了《关于培育发展现代化都市圈的指导意见》(以下简称《意见》),明确提出培育发展一批现代化都市圈,形成区域竞争新优势,为城市群高质量发展、经济转型升级提供重要支

---

① 国家发展改革委、住房城乡建设部:"关于印发成渝城市群发展规划的通知",2016年5月4日,https://www.ndrc.gov.cn/fzggw/jgsj/ghs/sjdt/201605/t20160504_1170022.html?code=&state=123。

撑。《意见》对城市群和都市圈做了明确的定义:"城市群是新型城镇化主体形态,是支撑全国经济增长、促进区域协调发展、参与国际竞争合作的重要平台。都市圈是城市群内部以超大特大城市或辐射带动功能强的大城市为中心、以 1 小时通勤圈为基本范围的城镇化空间形态。"①2021 年 2 月,《南京都市圈发展规划》获国家发展改革委批复,成为在国家层面第一个获批的都市圈规划。之后,福州都市圈、成都都市圈发展规划也相继获批。2022 年 12 月,《武汉都市圈发展规划》获国家发展改革委正式批复,成为继南京、福州、成都、长株潭、西安、重庆都市圈后,第 7 个获批的国家级都市圈发展规划。都市圈突出了中心城市的辐射带动作用,有助于缩小中小城市与中心城市在基础设施、公共服务等方面的差距,促进区域内大中小城市协调发展,同时防止中小城市人口流失,将成为当前和未来我国城镇化战略的重要空间载体。

第二节　我国城市化进程中的土地制度演变

一、1949 年以来我国城市土地制度改革的阶段

中华人民共和国成立以来,我国的城市土地制度发生了巨大变化,经历了从土地制度的确立、无偿使用到使用市场机制配置土地资源的有偿使用,再到土地制度不断完善发展的这样一个过程,取得了显著成效,可以说城市土地制度改革的历史就是土地市场制度不断完善的过程。

(一) 新中国成立后城市土地无偿使用阶段(1949—1978 年)

中华人民共和国成立初期,城市土地呈现国有和私有并存的局面。对于国有土地国家不允许买卖②,而对于私有土地,则可以买卖、

---

① 国家发展改革委:"关于培育发展现代化都市圈的指导意见",2019 年 2 月 21 日,https://www.gov.cn/xinwen/2019-02/21/content_5367465.htm。
② 如 1950 年 11 月政务院发布的《城市郊区土地改革条例》第十二条规定,"经营人不得以国有土地出租、出卖或荒废。原经营人如不需用该项土地时,必须交还国家"。转引自中国社会科学院法学研究所:《中华人民共和国经济法规选编:上》,中国财政经济出版社 1980 年版,第 74—75 页。

出租等①。1956年,国家开始对私有地产进行社会主义改造②,至此中国实现了城市土地国有化。而城市土地无偿使用的文件始见于1954年2月24日颁布的财政习字第15号文件,明确规定国营土地经市人民政府批准占用的土地"不必再向政府缴纳租金或使用费",机关、部队、学校经政府批准占用的土地,"亦不缴纳租金或使用费"。③ 这种无偿划拨土地使用制度是与中国当时的国情以及在计划经济条件下实施的工业化战略有关,保证了在新中国成立初期城市各项建设的土地需求,支持了国民经济的迅速恢复和发展,但同时也产生了土地资源配置不合理等问题,导致了土地资源的浪费和土地分配不均,影响了城市经济的发展。

(二)城市土地有偿使用制度的探索与建立阶段(1979—1997年)

党的十一届三中全会以后,随着对内改革、对外开放政策的实施,土地制度改革被提上日程。最初的有偿用地是由于外资进入而出现。1979年,国家出台了首部《中华人民共和国中外合资经营企业法》,其中第五条规定,"中国合营者的投资可包括为合营企业经营期间提供的场地使用权。如果场地使用权未作为中国合营者投资的一部分,合营企业应向中国政府缴纳使用费"④。1980年7月,国家颁布《国务院关于中外合营企业建设用地的暂行规定》,规定"中外合营企业用地,不论

---

① 1950年4月政务院发布的《契税暂行条例》第三条规定,"凡土地房屋之买卖、典当、赠与或交换,均应凭土地房屋所有证,并由当事人双方订立契约,由承受人依照本条例完纳契税"。转引自刘佐:"中国房地产税收制度的发展",《经济研究参考》2005年第81期。
② 中共中央批转中央书记处第二办公室《关于目前城市私有房产基本情况及进行社会主义改造的意见》,指出"对私有房产的社会主义改造,总的要求是加强国家控制,首先使私有房产出租完全服从国家的政策,进而逐步改变其所有制","对城市私人房屋通过采用国家经租、公私合营等方式,对城市房屋占有者用类似赎买的办法,即在一定时期内给以固定的租金,来逐步地改变他们的所有制"。转引自裴凌罡:"从民生视角看新中国城市住房供给制度变迁",《中国经济史研究》2017年第5期。
③ 国家发展改革委宏观经济研究院市场与价格研究所编:《市场决定的伟大历程:中国社会主义市场经济的执着探索与锐意创新》,人民出版社2018年版,第160页。
④ 资料来源:北大法宝—中国法律信息总库。下文有关法律法规资料来源如不做说明均来自中国法律信息总库。

新征用土地,还是利用原有企业的场地,都应计收场地使用费"。这是我国有偿使用土地制度开始的标志。

1982年,我国颁发了修订后的《中华人民共和国宪法》(简称"八二宪法"),其中第十条明确规定"城市的土地属于国家所有"。1986年,我国第一部《中华人民共和国土地管理法》出台,其中第六条再次强调"城市市区的土地属于全民所有即国家所有"。同年6月,国家土地管理局成立,由此开创了依法统一管理土地的新局面。

1987年4月,国务院提出土地使用权可以有偿转让,同年9月,深圳率先试行土地使用有偿出让,出让了一块5000多平方米的土地的使用权,限期50年,国有土地使用制度改革的序幕由此被拉开。随后很多城市都纷纷进行土地制度改革试点,对城市土地使用费进行了征收。同年12月,深圳市公开拍卖了一块国有土地的使用权,这是1949年后我国首次进行的土地拍卖。①

1988年9月,《中华人民共和国城镇土地使用税暂行条例》出台,根据第四条,不同规模的城市,土地使用税税额不同,同时第五条规定市、县政府应将城市土地划分等级,对不同等级的土地征收相应标准的土地使用税。1990年,《中华人民共和国城镇国有土地使用权出让和转让暂行条例》颁布,规定了城镇国有土地实行使用权出让、转让制度,土地使用权出让可采取协议、招标、拍卖方式,并规定了不同用途土地的国有土地使用权出让年限,进一步明确了城市土地有偿使用制度。

1992年国家土地管理局颁布了《划拨土地使用权管理暂行办法》,对划拨土地使用权的转让、出租、抵押做了进一步规范。1994年颁布的《中华人民共和国城市房地产管理法》明确规定"国家依法实行国有土地有偿、有限期使用制度"。

(三) 城市土地使用制度不断规范阶段(1998—2011年)

1998年8月,我国颁布了重新修订后的《中华人民共和国土地管

---

① 潘世炳:《中国城市国有土地产权研究》,企业管理出版社2006年版,第11页。

理法》,第一条明确规定"加强土地管理,维护土地的社会主义公有制,保护、开发土地资源,合理利用土地,切实保护耕地"。同年12月,《中华人民共和国土地管理法实施条例》发布实施。至此,我国土地管理的法规体系初步形成。

由于2001年以前土地出让方式以协议出让为主,导致地价随意减免,国有土地流失严重,为加强国有土地资产管理,国务院于2001年4月底发布了《国务院关于加强国有土地资产管理的通知》,要求严格实行国有土地有偿使用制度,大力推行国有土地使用权招标、拍卖制度,加强对土地使用权转让和地价的管理。2002年,国土资源部发布了《招标拍卖挂牌出让国有土地使用权规定》,规定必须以招标、拍卖或者挂牌方式出让各类经营性用地。2003年,国土资源部发布了《协议出让国有土地使用权规定》,要求对土地协议出让也引入市场机制。2004年,国务院发布了《国务院关于深化改革严格土地管理的决定》,指出对工业用地也要逐步实行招拍挂制度,推进土地资源市场化配置。2006年,国土资源部陆续出台了《招标拍卖挂牌出让国有土地使用权规范》《协议出让国有土地使用权规范》,进一步细化了招拍挂、协议出让土地使用权的范围和出让规程。同一年,国务院发布了《国务院关于加强土地调控有关问题的通知》,要求建立工业用地出让最低价标准统一公布制度,工业用地必须采用招标拍卖挂牌方式出让,其出让价格不得低于公布的最低价标准。2007年9月,国土资源部又发布了修订后的《招标拍卖挂牌出让国有建设用地使用权规定》,对国有建设用地使用权出让行为进行规范。这些政策和法规的实施,进一步完善和健全了国有土地出让制度,更大程度地发挥了市场机制在配置土地资源中的作用,推动了土地制度改革的进一步发展。

(四)城市土地制度改革创新和不断完善阶段(2012年至今)

党的十八大以来,在党的领导下,我国城市土地制度进入了改革创新和不断完善阶段。2013年,党的十八届三中全会通过了《中共中央关于全面深化改革若干重大问题的决定》,提出"建立城乡统一的建设用地市场""扩大国有土地有偿使用范围,减少非公益性用地划拨。建立兼顾国家、集体、个人的土地增值收益分配机制,合理提高个人收益。完善土地租赁、转让、抵押二级市场"①。

2014年,国家出台了《国家新型城镇化规划(2014—2020年)》,提出"深化国有建设用地有偿使用制度改革。扩大国有土地有偿使用范围,逐步对经营性基础设施和社会事业用地实行有偿使用。减少非公益性用地划拨,对以划拨方式取得用于经营性项目的土地,通过征收土地年租金等多种方式纳入有偿使用范围"。2016年底,国土资源部、发展改革委等8部门联合印发《关于扩大国有土地有偿使用范围的意见》,提出"进一步深化国有土地使用和管理制度改革,扩大国有土地有偿使用范围,促进国有土地资源全面节约集约利用,更好地支撑和保障经济社会持续健康发展"②。

土地有偿使用制度的健全与完善,也推动着土地市场逐步走向规范化。2017年1月,国土资源部印发《关于完善建设用地使用权转让、出租、抵押二级市场的试点方案》的通知,对全面开展完善建设用地使用权转让、出租、抵押二级市场试点做出重要部署。在30个省(区、市)的34个市县(区)全面启动为期2年的土地二级市场试点工作。试点期间,34个试点地区共出台各类交易细则和配套措施337份,形成了较为完善的土地二级市场政策体系;34个试点地区共转让土地6112

---

① 新华社:"中共中央关于全面深化改革若干重大问题的决定",2013年11月15日,http://www.scio.gov.cn/zxbd/nd/2013/Document/1374228/1374228.htm。
② 《关于扩大国有土地有偿使用范围的意见》第二条"扩大国有建设用地有偿使用范围"指出:"完善公共服务项目用地政策。根据投融资体制改革要求,对可以使用划拨土地的能源、环境保护、保障性安居工程、养老、教育、文化、体育及供水、燃气供应、供热设施等项目,除可按划拨方式供应土地外,鼓励以出让、租赁方式供应土地,支持市、县政府以国有建设用地使用权作价出资或者入股的方式提供土地,与社会资本共同投资建设","完善国有企事业单位改制建设用地资产处置政策。事业单位等改制为企业的,其使用的原划拨建设用地,改制后不符合划拨用地法定范围的,应按有偿使用方式进行土地资产处置,符合划拨用地法定范围的,可继续以划拨方式使用,也可依申请按有偿使用方式进行土地资产处置"。参见国务院新闻办公室网站,2017年2月8日,http://www.scio.gov.cn/xwfbh/xwbfbh/wqfbh/35861/36237/xgzc36243/Document/1541746/1541746.htm。

宗,面积 10.5 万公顷(157.5 万亩),成交金额 968.74 亿元;出租土地 6117 宗,面积 0.56 万公顷(8.4 万亩),其中 19 个试点地区收取划拨土地出租收益 4.02 亿元;抵押土地 26084 宗,面积 6.17 万公顷(92.5 万亩),涉及金额 22050 亿元,形成了土地一二级市场协调发展、规范有序的良好局面。①

2019 年 7 月,国务院办公厅发布了《关于完善建设用地使用权转让、出租、抵押二级市场的指导意见》(以下简称《指导意见》),这是我国首个专门规范土地二级市场的重要文件,是新时代完善我国土地二级市场的顶层设计,确立了一系列基础性、系统性的制度安排。《指导意见》提出,要建立产权明晰、市场定价、信息集聚、交易安全、监管有效的土地二级市场。文件的出台,对于促进一二级市场协调发展、加快建立城乡统一的建设用地市场、加快推动经济高质量发展具有重要意义。

与此同时,2019 年我国对《中华人民共和国土地管理法》进行了第三次修正,对《中华人民共和国城市房地产管理法》进行了第三次修正;2020 年对《城镇国有土地使用权出让和转让暂行条例》进行了修订。我国在土地管理法律法规方面也不断完善。②

二、目前我国城市土地制度面临的主要问题

改革开放以来,我国城市土地制度改革速度加快,取得了显著成效,推动了土地市场的健康发展,但是由于社会主义市场机制不完善,土地制度仍存在一些尚未解决的问题。

(一)土地产权关系不明晰

土地产权指有关土地财产的一切权利的总和。根据我国土地管理法,城市市区土地属国家所有,所有权应由国务院代表国家行使。但是

---

① 参见"自然资源部解读《关于完善建设用地使用权转让、出租、抵押二级市场的指导意见》",2019 年 7 月 23 日,http://www.gov.cn/xinwen/2019-07/23/content_5413193.htm。
② 董昕:"中国城市土地制度的百年演进、历史作用与内在逻辑",《中国软科学》2021 年第 S1 期。

由国务院直接对全国城市土地进行管理是不现实的,因此必须通过地方政府行使土地所有权。但由于各级政府在土地产权上界定不清,导致其在土地收益分配上分歧很大,造成土地违规审批、低价转让等情况时有发生。

(二)土地价格形成机制不健全

地价是土地收益的资本化表现,不同用途的土地价格差异较大。我国的城市土地根据用途分又可分为工业用地、商业用地、居住用地等。基础设施和公共服务用地一般采用划拨方式,价格一般比较低,而工业用地虽然采用出让方式,但由于地方政府发展工业化和政府竞争的需要,通常采用以低地价或零地价的方式招商引资,从而导致出让土地价格低于市场价格,而商业和居住用地则采用招拍挂方式出让,由于地方政府有获取土地出让金的需要,同时房地产公司为获取高额利润竞相采取高价竞标,导致其出让价格较高。由于不同用途的土地出让方式不同,导致土地价格相差较大,因此土地价格机制有待完善。

(三)征地补偿安置不完善

之前我国法律规定的土地补偿标准是以产值为基础,再乘以若干倍数进行补偿。不考虑土地本身的价值,也不考虑土地的预期收益,难以反映被征用土地的价值特征。2019年通过的《中华人民共和国土地管理法》修正案进一步完善了征地补偿标准,首次明确了土地征收补偿的基本原则是保障被征地农民原有生活水平不降低,长远生计有保障;改变以年产值倍数法来确定土地补偿费和安置补助费的做法,以区片综合地价取代原来的土地年产值倍数法;在原来的土地补偿费、安置补助费、地上附着物三项基础上又增加了农村村民住宅补偿和社会保障费。但从各地实践来看,我国目前的征地补偿标准仍旧偏低,有待提高。同时,对农村失地农民的补偿方式单一,缺乏妥善有效的安置方法,造成了大量失地农民无法就业或就业渠道狭窄,包括社会保障、医疗、教育等方面的社会服务保障不完善。

(四) 城乡土地市场发育不均衡

目前,我国土地所有权依然有城乡之分,城市土地由国家享有所有权,而城郊和农村土地所有权属于集体。随着城市土地制度的不断完善,城市国有土地市场化的程度在不断提高,而农村集体所有土地制度改革却进展缓慢,导致农用地非法转为建设用地现象不时发生。党的十八届三中全会对推进土地制度改革做出了原则规定,随着农村土地制度改革的推进,农村土地市场发育不健全的问题将会得到改善。

第三节 土地财政的兴起与我国城市化的发展

一、我国土地财政的兴起

(一) 土地财政产生的原因

1. 分税制改革的影响

严格意义上讲,在国有土地从无偿使用制度转变为有偿使用制度之时,土地财政就已经出现了。只是在城镇国有土地使用权有偿使用制度确立以后,关于土地出让金的归属问题一变再变。从"40%上缴中央财政;60%留归地方财政"[1],到"取得收入的城市财政部门先留下20%作城市土地开发建设费用,其余部分40%上缴中央财政,60%留归取得收入的城市财政部门"[2],再到"土地出让金总额的5%应上缴中央财政"[3],95%归地方财政。直到1994年我国实行分税制改革,土地出让金全部划归地方使用,中央不再参与分享[4],至此我国的土地财政

---

[1] 1989年5月12日,国务院发布《国务院关于加强国有土地使用权有偿出让收入管理的通知》中规定。

[2] 1989年9月26日,财政部发布《国有土地使用权有偿出让收入管理暂行实施办法的通知》中规定。

[3] 1992年9月21日,财政部发布《关于国有土地使用权有偿使用收入征收管理的暂行办法》和《关于国有土地使用权有偿使用收入若干财政问题的暂行规定》中规定。

[4] 许光建、卢倩倩、许坤、张瑾玥:"我国土地出让收入分配制度改革:历史、现状及展望",《价格理论与实践》2020年第12期。

制度正式确立。

中华人民共和国成立后,受苏联影响,我国实行高度集中的计划经济体制,财政收支由中央政府"统收统支",统一决定,地方财政自主权很小。1978年改革开放后,财政上实行包干制度①。包干制极大调动了地方政府的积极性,但也导致了财政收入占国内生产总值比重和中央财政收入占全国财政总收入的比重(即"两个比重")下降,到分税制前的1993年,国家一般公共预算收入中中央财政收入仅占22.0%,财力分散,严重制约了中央宏观调控能力。1993年11月,党的十四大通过的《中共中央关于建立社会主义市场经济体制若干问题的决定》指出,要积极推进财税体制改革,将地方财政包干制改为分税制。把维护国家权益和实施宏观调控所必需的税种列为中央税,同经济发展直接相关的主要税种列为共享税,同时采取办法充实地方税税种,增加地方税收收入;改革和完善税收制度,推行以增值税为主体的流转税制度,对少数商品征收消费税,对大部分非商品经营继续征收营业税;统一企业所得税和个人所得税等。1993年12月,《国务院关于实行分税制财政管理体制的决定》出台,进一步细化中央与地方的事权和财权划分、税收返还、配套改革和其他政策措施等。1994年1月1日,分税制改革正式拉开帷幕。

分税制改革之前,包干制的财政体制使得额外增长的财政收入大部分归地方政府所有。1994年分税制改革以后,中央财权大幅度提高,地方财权大幅度下降,进而形成纵向财力差距。如表2.9所示,分税制改革前的1993年,中央财政一般预算收入957.51亿元,1994年

---

① 1980年实行"划分收支、分级包干"财政体制,即按照经济管理体制规定的隶属关系,明确划分中央和地方财政的收支范围。从1982年开始,又逐步改为"总额分成、比例包干"的包干办法。从1985年起国家对各省区市(除广东和福建以外)实行"划分税种、核定收支、分级包干"的财政管理体制。从1988年起,按照先调动地方组织收入的积极性,在地方财政收入增长以后,中央再从收入增量中多拿一些的思路,财政包干体制进行了调整,实行多种形式的财政包干办法。参见赵全厚:"我国财税体制改革演进轨迹及其阶段性特征",《改革》2018年第4期。

改革后增加至 2906.50 亿元,增加了 1948.99 亿元,中央财政一般预算收入占全国一般预算收入的比重也由 1993 年的 22.0% 提高到 1994 年的 55.7%,提高了 33.7 个百分点。而地方财政预算收入占全国一般预算收入的比重则迅速下降。尽管分税制对央地财政收入划分重新进行了调整,但对于央地财政支出划分却未作大的变化。地方财政支出占全部财政支出比重到 2021 年已经持续攀升到 85% 以上,尽管近几年地方预算收入比重有所上升,但与其所承担的各项职能需要的支出相比,中央、地方财权事权明显不匹配。由于事权、财权的不匹配导致政府投资资金存在很大缺口。对此,中央主要通过转移支付和税收返还来填补预算内的资金缺口。然而对于地方政府而言,招商引资、土地开发资金压力仅靠转移支付和税收返还仍然难以缓解。随着国家规定地方政府独享国有土地出让收入以后,土地收入作为地方政府的收入来源变得越来越重要。

表 2.9 中央和地方财政一般预算收入、支出及比重

年份	中央和地方一般公共预算收入				中央和地方一般公共预算支出			
	中央		地方		中央		地方	
	绝对数(亿元)	比重(%)	绝对数(亿元)	比重(%)	绝对数(亿元)	比重(%)	绝对数(亿元)	比重(%)
1978	175.77	15.5	956.49	84.5	532.12	47.4	589.97	52.6
1979	231.34	20.2	915.04	79.8	655.08	51.1	626.71	48.9
1980	284.45	24.5	875.48	75.5	666.81	54.3	562.02	45.7
1981	311.07	26.5	864.72	73.5	625.81	55.0	512.76	45.0
1982	346.84	28.6	865.49	71.4	651.81	53.0	578.17	47.0
1983	490.01	35.8	876.94	64.2	759.60	53.9	649.92	46.1
1984	665.47	40.5	977.39	59.5	893.33	52.5	807.69	47.5
1985	769.63	38.4	1235.19	61.6	795.25	39.7	1209.00	60.3
1986	778.42	36.7	1343.59	63.3	836.36	37.9	1368.55	62.1
1987	736.29	33.5	1463.06	66.5	845.63	37.4	1416.55	62.6

(续表)

年份	中央和地方一般公共预算收入				中央和地方一般公共预算支出			
	中央		地方		中央		地方	
	绝对数（亿元）	比重（%）	绝对数（亿元）	比重（%）	绝对数（亿元）	比重（%）	绝对数（亿元）	比重（%）
1988	774.76	32.9	1582.48	67.1	845.04	33.9	1646.17	66.1
1989	822.52	30.9	1842.38	69.1	888.77	31.5	1935.01	68.5
1990	992.42	33.8	1944.68	66.2	1004.47	32.6	2079.12	67.4
1991	938.25	29.8	2211.23	70.2	1090.81	32.2	2295.81	67.8
1992	979.51	28.1	2503.86	71.9	1170.44	31.3	2571.76	68.7
1993	957.51	22.0	3391.44	78.0	1312.06	28.3	3330.24	71.7
1994	2906.50	55.7	2311.60	44.3	1754.43	30.3	4038.19	69.7
1995	3256.62	52.2	2985.58	47.8	1995.39	29.2	4828.33	70.8
1996	3661.07	49.4	3746.92	50.6	2151.27	27.1	5786.28	72.9
1997	4226.92	48.9	4424.22	51.1	2532.50	27.4	6701.06	72.6
1998	4892.00	49.5	4983.95	50.5	3125.6	28.9	7672.58	71.1
1999	5849.21	51.1	5594.87	48.9	4152.33	31.5	9035.34	68.5
2000	6989.17	52.2	6406.06	47.8	5519.85	34.7	10366.65	65.3
2001	8582.74	52.4	7803.30	47.6	5768.02	30.5	13134.56	69.5
2002	10388.64	55.0	8515.00	45.0	6771.70	30.7	15281.45	69.3
2003	11865.27	54.6	9849.98	45.4	7420.10	30.1	17229.85	69.9
2004	14503.10	54.9	11893.37	45.1	7894.08	27.7	20592.81	72.3
2005	16548.53	52.3	15100.76	47.7	8775.97	25.9	25154.31	74.1
2006	20456.62	52.8	18303.58	47.2	9991.40	24.7	30431.33	75.3
2007	27749.16	54.1	23572.62	45.9	11442.06	23.0	38339.29	77.0
2008	32680.56	53.3	28649.79	46.7	13344.17	21.3	49248.49	78.7
2009	35915.71	52.4	32602.59	47.6	15255.79	20.0	61044.14	80.0
2010	42488.47	51.1	40613.04	48.9	15989.73	17.8	73884.43	82.2

(续表)

年份	中央和地方一般公共预算收入				中央和地方一般公共预算支出			
	中央		地方		中央		地方	
	绝对数（亿元）	比重（%）	绝对数（亿元）	比重（%）	绝对数（亿元）	比重（%）	绝对数（亿元）	比重（%）
2011	51327.32	49.4	52547.11	50.6	16514.11	15.1	92733.68	84.9
2012	56175.23	47.9	61078.29	52.1	18764.63	14.9	107188.3	85.1
2013	60198.48	46.6	69011.16	53.4	20471.76	14.6	119740.3	85.4
2014	64493.45	45.9	75876.58	54.1	22570.07	14.9	129215.5	85.1
2015	69267.19	45.5	83002.04	54.5	25542.15	14.5	150335.6	85.5
2016	72365.62	45.3	87239.35	54.7	27403.85	14.6	160351.4	85.4
2017	81123.36	47.0	91469.41	53.0	29857.15	14.7	173228.1	85.3
2018	85456.46	46.6	97903.38	53.4	32707.81	14.8	188196.3	85.2
2019	89309.47	46.9	101080.6	53.1	35115.15	14.7	203743.2	85.3
2020	82770.72	45.3	100143.2	54.7	35095.57	14.3	210583.5	85.7
2021	91470.41	45.2	111084.23	54.8	35049.96	14.3	210623.04	85.7

数据来源：《中国统计年鉴2022》。

2. 地方政府事权与支出责任的扩大

分税制改革后，出现财权向上集中而事权与支出责任下移的状况。2016年，国务院出台了《国务院关于推进中央与地方财政事权和支出责任划分改革的指导意见》（国发〔2016〕49号），提出按照"谁的财政事权谁承担支出责任"的原则，确定各级政府支出责任；要逐步将国防、外交、国家安全、出入境管理、国防公路、国界河湖治理、全国性重大传染病防治、全国性大通道、全国性战略性自然资源使用和保护等基本公共服务确定或上划为中央的财政事权；要逐步将社会治安、市政交通、农村公路、城乡社区事务等受益范围地域性强、信息较为复杂且主要与当地居民密切相关的基本公共服务确定为地方的财政事权；要逐步将义务教育、高等教育、科技研发、公共文化、基本养老保险、基本医疗和公共卫生、城乡居民基本医疗保险、就业、粮食安全、跨省（区、市）重大基础设施项目建设和环境保护与治理等体现中央战略意图、跨省（区、市）且具有地域管理信息优势的基本公共服务确定为中央与地方共同财政事权，并明确各承担主体的职责。[①]

之后，国务院办公厅又出台了关于基本公共服务领域、医疗卫生领域、科技领域、教育领域、交通运输领域等多个中央与地方财政事权和支出责任划分改革方案，包括《基本公共服务领域中央与地方共同财政事权和支出责任划分改革方案》《医疗卫生领域中央与地方财政事权和支出责任划分改革方案》《科技领域中央与地方财政事权和支出责任划分改革方案》《教育领域中央与地方财政事权和支出责任划分改革方案》《交通运输领域中央与地方财政事权和支出责任划分改革方案》《生态环境领域中央与地方财政事权和支出责任划分改革方案》《公共文化领域中央与地方财政事权和支出责任划分改革方案》《自然资源领域中央与地方财政事权和支出责任划分改革方案》《应急救援领域中央与地方财政事权和支出责任划分改革方案》。尽管如此，到目前为止，不同层级政府之间、同一层级政府不同职能部门之间事权与支出责任划分仍不够明晰，地方仍承担了大量的事权和支出责任。以 2021 年为例，中央负责绝大部分支出的项目为外交支出、国防支出；地方负责绝大部分支出的项目为一般公共服务支出、公共安全支出、教育支出、文化旅游体育与传媒支出、社会保障和就业支出、卫生健康支出、节能环保支出、农林水支出、交通运输支出、资源勘探工业信息等支出、商业服务业等支出、援助其他地区支出、自然资源海洋气象等支出、住房保障支出等（见表 2.10）。地方政府在财政收入不足以支撑财政支出的情况下，一方面需要依靠中央的转移支付，另一方面也加大了其对土地财政的依赖。

[①] 国务院："国务院关于推进中央与地方财政事权和支出责任划分改革的指导意见"，2016 年 8 月 24 日，http://www.gov.cn/zhengce/content/2016-08/24/content_5101963.htm。

表 2.10 2021 年中央和地方一般预算支出项目及其比重

项目	中央		地方	
	绝对数(亿元)	比重(%)	绝对数(亿元)	比重(%)
合计	35049.96	14.3	210623.04	85.7
一般公共服务支出	1572.70	7.9	18307.54	92.1
外交支出	490.96	99.7	1.70	0.3
国防支出	13557.58	98.3	229.65	1.7
公共安全支出	1890.05	13.7	11891.10	86.3
教育支出	1690.35	4.5	35778.50	95.5
科学技术支出	3205.53	33.2	6464.24	66.8
文化旅游体育与传媒支出	211.13	5.3	3774.10	94.7
社会保障和就业支出	887.29	2.6	32900.97	97.4
卫生健康支出	223.51	1.2	18919.17	98.8
节能环保支出	273.78	5.0	5251.36	95.0
城乡社区支出	87.27	0.4	19366.72	99.6
农林水支出	498.91	2.3	21535.59	97.7
交通运输支出	821.64	7.2	10599.04	92.8
资源勘探工业信息等支出	314.14	4.8	6273.05	95.2
商业服务业等支出	38.10	2.4	1536.36	97.6
金融支出	618.58	39.6	942.57	60.4
援助其他地区支出	0	0.0	467.81	100.0
自然资源海洋气象等支出	281.80	12.3	2001.36	87.7
住房保障支出	633.42	8.9	6463.02	91.1
粮油物资储备支出	1112.49	62.7	660.66	37.3
灾害防治及应急管理支出	426.99	21.2	1583.80	78.8
债务付息支出	5867.69	56.2	4579.56	43.8
债务发行费用支出	40.79	62.6	24.38	37.4
其他支出	305.26	22.2	1070.79	77.8

数据来源:《中国统计年鉴 2022》。

3. 城市土地管理制度造成的地方土地供给垄断

尽管我国土地管理法规定,城市市区土地属国家所有,但中央政府并不掌握土地,不能直接行使对土地的所有权。根据2004年修正的《中华人民共和国土地管理法》第四十三条,"任何单位和个人进行建设,需要使用土地的,必须依法申请使用国有土地",同时2020年修订的《中华人民共和国城镇国有土地使用权出让和转让暂行条例》第九条规定"土地使用权的出让,由市、县人民政府负责,有计划、有步骤地进行",地方政府既负责土地管理,也负责土地使用权的出让等。尽管2019年我国新修订的《中华人民共和国土地管理法》第四条明确规定"严格限制农用地转为建设用地,控制建设用地总量,对耕地实行特殊保护",但一些地方政府出于筹集财政收入的需要,在土地征用过程中,仍存在擅自扩大建设用地规模的现象。

4. 地方政府竞争压力与政绩考核制度的影响

地方政府竞争是指一个国家内部不同行政区域的地方政府之间为吸引资本、技术等生产要素而在投资环境、政府效率、公共服务等方面开展的跨区域政府间的竞争。地方政府为了经济发展、吸引外部企业,通常更多地通过公共产品供给、制度上的创新和政策上的优惠吸引资源流入,从而形成新的税源,实现政府和企业及居民共赢。因此,为了强化地方竞争优势,地方政府需要不断加大基础设施投资,提供更有吸引力的基础环境。在中国地方官员的选拔标准中,经济发展是考核地方官员业绩的最重要指标,地方GDP的增长更是居于核心地位。在这种考核制度刺激下,某些地方政府官员为了晋升,纷纷投资上新项目,搞形象工程、政绩工程。而所有的这些,都需要资金。在地方财政收入不足以支撑地方政府城市建设和发展经济的情况下,土地财政收入就成了地方政府的"必选项"。

(二) 土地财政的规模

1. 国有土地出让收入

根据国土部门和财政部门统计数据①,我国国有土地出让收入从

---

① 1999—2017年数据来自国土资源部编制的《中国国土资源年鉴》《中国国土资源(转下页)

1999 年的 514 亿元提高到 2021 年的 87132 亿元,年均增长 26.3%。其中 2005 年以前增长相对缓慢,2005 年以后,我国土地出让收入开始急剧增加,2007 年首次突破了 1 万亿元;2008 年受国际金融危机影响出现了下降,2009 年迅速升至 1.7 万亿元,2012、2014、2015 年受房地产宏观调控等宏观形势的影响曾出现短暂下降,但总体上我国土地出让成交价款还是呈现快速上升的趋势。

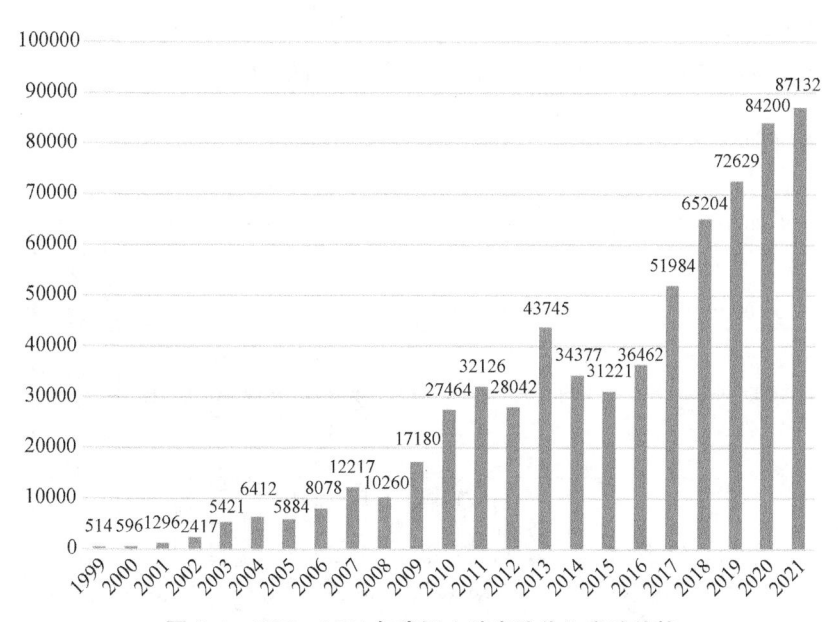

图 2.4　1999—2021 年我国土地出让收入变动趋势

注:单位为亿元。

数据来源:相关年份《中国国土资源年鉴》《中国国土资源统计年鉴》《中国统计年鉴》。

(接上页)统计年鉴》中的"国有建设用地出让成交价款",2018—2021 年数据来自《中国统计年鉴》财政部分"全国政府性基金收入决算表"中"国有土地使用权出让金收入""国有土地收益基金收入""农业土地开发资金收入"三项决算数之和,根据财政部、国土资源部、中国人民银行 2006 年印发的《国有土地使用权出让收支管理办法》,国有土地使用权出让收入(以下简称"土地出让收入")是指政府以出让等方式配置国有土地使用权取得的全部土地价款。土地出让收入包括了国有土地使用权出让金收入(包括土地出让总价款、补缴的土地价款、划拨土地收入、其他土地出让收入)、国有土地收益基金收入和农业土地开发资金收入。故 2018 年之后数据采用财政部土地出让收入中的三项合计。国土资源部公布的全国土地出让收入数为当年全国各地签订的土地出让合同价款数,而财政部公布的全国土地出让收入数为当年全国各地实际缴入地方国库的土地出让收入数,两者口径不同。

2. 土地税收收入

图 2.5 反映了 2002 年以来我国土地直接税收的变动情况,从图中可以看出,2002 年以来,我国契税和土地增值税增长较快,契税由 2002 年的 239.07 亿元增长到 2021 年的 7427.49 亿元,2021 年是 2002 年的 31.1 倍,土地增值税由 2002 年的 20.51 亿元增长到 2021 年的 6892.02 亿元,2021 年是 2002 年的 336 倍。但与土地出让收入相比,五项土地直接税收增长相对仍然缓慢,2021 年五项税收合计 20788.79 亿元,仅相当于 2021 年我国的土地出让收入的 23.9%。

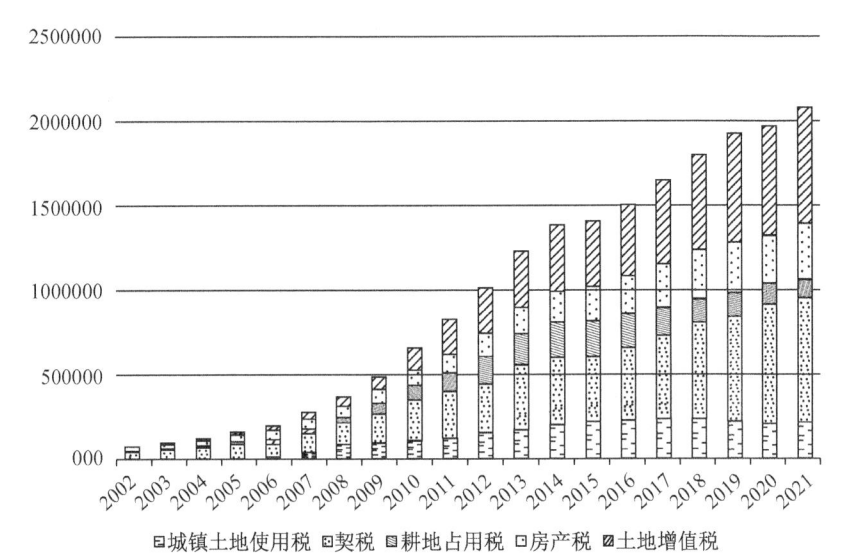

图 2.5　2002—2021 年我国土地直接税收情况

注:单位为亿元。
数据来源:《中国税务年鉴》(2003—2008 年)、国研网统计数据库、Wind 金融终端。

3. 土地抵押贷款收入

根据 2009—2015 年《国土资源公报》数据,截至 2015 年底,我国 84 个重点城市处于抵押状态的土地面积为 49.08 万公顷,抵押贷款总额 11.33 万亿元。全年土地抵押面积净增 3.87 万公顷,抵押贷款净增 1.78 万亿元。而在 2009 年末,这 84 个城市处于抵押状态的土地共有 21.7 万公顷,抵押贷款 2.59 万亿元。尽管 2015 年抵押土地净增面积低于 2009 年,但抵押贷款净增额却远高于 2009 年。虽然土地抵押贷款融资额中也包括企业抵押融资,但政府城投、建投等融资平台占绝大部分。土地抵押贷款所获得的资金额远远超出土地出让收入和土地直接税收收入的总额,尽管土地抵押贷款为地方政府推动城市化建设和完成各项职能提供了重要资金来源,但到期的巨额本息偿还一方面加剧了地方政府对土地出让收入的依赖,另一方面也带来了地方债务无法偿还的巨大风险。

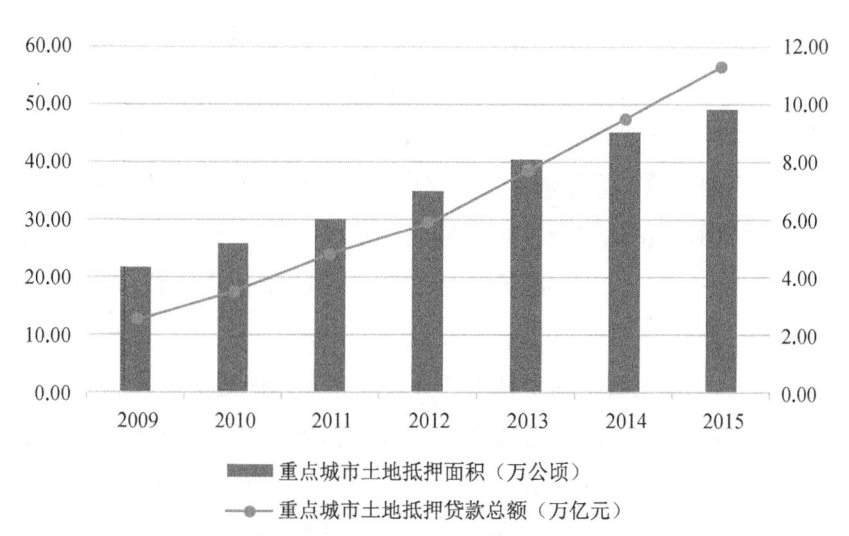

图 2.6　2009—2015 年我国 84 个重点城市土地抵押情况
数据来源:2009—2015 年《中国国土资源公报》。

二、土地财政对我国城市化发展的作用

转型期中国的土地财政对城市化发展具有重要的作用,主要体现在几个方面:

第一,土地财政为中国城市化发展提供了重要资金来源。城市化发展过程中城市基础设施建设、公共服务需要大量的资金做支撑,而目前我国地方政府的财政收入和财政支出存在巨大的缺口:对于西部不发达地区而言,缺口主要依靠国家转移支付;而对于东部发达地区来说,土地财政则成为弥补财政收支缺口的重要来源。2021 年全国土

出让收入8.7万亿元,达到全国一般公共预算收入的43%,达到地方一般公共预算收入的78%,而在一些省份,土地出让收入已经超过了其地方一般公共预算收入。以浙江为例,2021年浙江省地方一般公共预算收入为8262.6亿元,而土地出让收入达到10686.6亿元,远高于其财政收入,土地财政依赖程度比较严重。

第二,土地财政为中国城市化建设提供了所需建设用地。我国正处于城市化快速发展阶段,对土地的需求量很大。尽管最近几年土地资源的集约节约利用开始越来越被重视,但道路交通基础设施建设、农村劳动力转移、产业发展仍产生了大量城市建设用地指标。土地财政除了提供城市化建设资金以外,通过出让国有建设用地,为城市化提供了大量土地资源。国务院发展研究中心课题组的调查结果显示,基础设施、公共服务用地占地方政府征收土地的30%—40%左右;工业用地占30%—40%左右;剩下大约三分之一的土地用于商业和住宅用地。[①]

第三,土地财政推动了城市产业发展。一方面是工业的发展。在推动工业化的进程中,政府通常为了招商引资而将土地免费或低价提供给投资方,吸引外来资金,加快本地发展。土地出让制度的建立,通过促进地方工业的发展进一步推动城市经济的繁荣。另一方面是建筑业和房地产业的发展。尽管房价的高涨为人所诟病,但不得不承认,近些年房地产业以及一系列关联产业的发展,与中国经济保持高增长速度有着紧密的联系。而房地产业和商业的发展,正是以商业和住宅用地的出让为前提的。

本章对新中国成立以来我国城市化发展的进程、土地制度的演变,以及土地财政的兴起及其对城市化的作用进行了系统的回顾和总结,得出以下结论:

---

① 赵国玲、胡贤辉、杨钢桥:"'土地财政'的效应分析",《生态经济》2008年第7期。

（1）新中国成立以来我国城市化进程分为四个主要发展阶段：新中国成立初期的恢复发展阶段（1949—1957年）、波动起伏阶段（1958—1978年）、改革开放后恢复补偿性发展阶段（1979—1995年）和城市化进程加速阶段（1996年至今）。

（2）目前我国城市化发展主要特征有：城市化水平落后于发达国家；地区之间城市化发展不平衡；城市化与工业化趋向于协调发展；土地城市化快于人口城市化；城市群兴起并成为我国经济增长动能；都市圈成为我国城市化发展的重要空间形态。

（3）新中国成立以来我国城市土地制度改革分为四个主要阶段：新中国成立后城市土地无偿使用阶段（1949—1978年）、城市土地有偿使用制度的探索与建立阶段（1979—1997年）、城市土地使用制度不断规范阶段（1998—2011年）、城市土地制度改革创新和不断完善阶段（2012年至今）。

（4）目前我国城市土地制度面临的主要问题包括：土地产权关系不明晰、土地价格形成机制不健全、征地补偿安置不完善、城乡土地市场发育不均衡等。

（5）土地财政产生的原因包括：分税制改革的影响、地方政府事权与支出责任的扩大、城市土地管理制度造成的地方土地供给垄断、地方政府竞争压力与政绩考核制度的影响。我国土地财政的规模巨大，地方政府对土地财政依赖严重。转型期中国的土地财政对城市化发展具有重要的作用，既为城市化发展提供了重要资金来源、所需土地，也推动了城市产业发展。

第三章
土地财政与城市化质量关系的实证分析

当前我国正处于城市化加速发展时期,城市基础设施建设、居住环境改善、公共服务等需要大量的资金,但在目前的财政体制下,地方政府财政资金有限,土地财政成为我国城市化建设的主要资金来源。通过征地,一方面城市空间得到扩张,另一方面卖地获得的土地出让收入又支持了城市建设;城市环境改善后地价升高,产业不断集聚,进而导致土地需求增加,土地财政收入进一步提高,如此不断循环,造就了今日土地推动型的城市化发展模式。但是,土地财政推动城市化发展模式的不可持续性始终是我们无法回避的问题。在城市化发展的早期,依靠土地发展城市化具有合理性,但城市化进入高质量发展阶段后,土地财政又会对城市化质量提升带来怎样的影响?本章试图通过全局主成分分析法测算中国城市化质量,继而利用面板数据模型等方法从理论和实证层面探讨土地财政与城市化质量的关系,为土地财政转型和城市化质量提升提供参考依据。

第一节 中国城市化质量的测度与比较

国内外有关城市化质量的测度的研究是很多的,指标体系和评价方法在城市化进程中考虑得越来越全面,相关研究也日益成熟。

前人的研究虽然丰富,但还存在一些不足:其一,有些指标体系存在着理论与实践联系不紧、缺乏统一标准等问题,有的指标体系难于综合与操作,仅仅限于理论探讨而缺乏具体实践操作。其二,在以往的研究中,大多数是研究某一具体区域某一时间点的城市化质量,尽管已有学者开始探索时序变动的城市化质量,但或者是不同年份间无法纵向比较,或者局限于某一区域无法横向对比,或者仅从省级层面选取有限年份进行分析。

本章在前人研究基础上,采用全局主成分分析法(GPCA),试图从地级及以上城市的角度,选取多年城市化相关数据进行全面、深入、系统的分析,为城市化质量的测度、不同时空的城市间横向和纵向的比较进行探索和努力。

一、城市化质量综合指标体系的建立

（一）指标选取的原则

城市化质量是一个综合性概念,评价应该在系统科学的指导下进行,因此,指标体系的选择应该遵循以下原则:

1. 系统性原则。城市化质量指标体系是一个系统,其指标反映了人口城市化、土地城市化、经济城市化等各个方面。因此,指标体系的设计必须从整个系统的整体出发,选取的各个指标之间要具有一定的逻辑关系,而不是杂乱无章地罗列;各个指标要能够作为一个有机整体全面、准确、科学地描述城市化质量的内涵和特征。

2. 全面性原则。为了有效评价城市化发展质量与发展趋势,在评价体系设计中应坚持全面性原则。因此在指标筛选中,应当多角度地设计评价指标。指标体系应在对某一城市的城市化发展过程中各方面的相互关系做出准确、全面地分析和描述的基础上,能够较好地量化该城市的城市化质量。

3. 可行性原则。评价指标体系的可操作性和指标的可度量性是建立评价指标体系的一个基本原则,否则评价指标体系的建立缺乏实际意义。指标并不是越多越好,首先要考虑指标量化及数据取得的难易程度和可靠性。努力做到评价模型及方法易掌握,设计的每一个指标应当做到概念清晰、数据易于通过统计资料整理或直接从有关部门获取。尽量避免形成庞大的指标群或层次复杂的指标数。

4. 可比性原则。指标体系应该具有动态可比和横向可比的功能，可以与不同城市的城市化质量情况进行比较，也可以与同一城市过去的城市化质量情况进行对比。

(二) 指标体系的确立

本章根据上文对城市化质量内涵的界定，按照系统性、全面性、可行性和可比性的原则构建了包括人口城市化、土地城市化、经济城市化、基础设施城市化、公共服务城市化五个方面在内的城市化质量指标体系，具体如下。[①]

(1) 人口城市化质量：从农村人口向城市人口转变的角度反映城市化质量。

(2) 土地城市化质量：从土地利用数量结构和人口聚集程度反映城市化质量。

(3) 经济城市化质量：从产业结构的角度反映城市化质量。

(4) 基础设施城市化质量：从道路建设和公共交通的角度反映城市化质量。

(5) 公共服务城市化质量：从教育资源、卫生医疗水平、城市绿化等方面反映城市化质量。

综上，所构建的城市化质量指标体系及计算公式如表 3.1 所示。

表 3.1 城市化质量指标体系

	指标类别	指标名称	指标代码	指标计算
城市化质量指标体系	人口城市化质量	城市化率	X_1	市辖区人口/年末全市总人口(%)

[①] 李慧、葛扬："中国城市化质量的测度与比较——基于 227 个城市的全局主成分分析"，《河北地质大学学报》2018 年第 5 期。

(续表)

指标类别		指标名称	指标代码	指标计算
城市化质量指标体系	土地城市化质量	人口密度	X_2	人口数/行政区域土地面积(人/平方千米)
		地均GDP	X_3	地区生产总值/行政区域土地面积(万元/平方千米)
	经济城市化质量	非农产业产值比重	X_4	第二产业产值占GDP比重+第三产业产值占GDP比重(%)
	基础设施城市化质量	人均铺装道路面积	X_5	铺装道路/人口数(平方米/人)
		每万人拥有公共汽电车数	X_6	公共交通营运车辆标台数/人口数(辆/万人)
	公共服务城市化质量	万人中小学专任教师数	X_7	(小学专任教师数+中学专任教师数)/人口数(人/万人)
		万人医生数	X_8	医生总数/人口数(人/万人)
		万人床位数	X_9	床位数/人口数(张)
		人均园林绿地面积	X_{10}	园林绿地面积/人口数(平方米/人)

注：由于2012年后各地级市不再公布非农人口数据，为了研究需要，参考既有研究，各地级市城市化率数据采用市辖区人口占年末全市人口比重表示。参见李静萍、周景博："工业化与城市化对中国城市空气质量影响路径差异的研究"，《统计研究》2017年第4期。

（三）全局主成分分析方法

1. 经典主成分分析法(PCA)

在主成分分析法中，称选取的第一个尽可能多地反映原来指标的综合指标为 F_1。第一个综合指标的方差最大，即 $Var(F_1)$ 最大，表示包含的信息最多，所以称其为第一主成分。如果第一主成分包含的原有指标的信息不足，可以选取第二个综合指标 F_2，这时 F_2 中不再包含 F_1 已有的信息，即 $Cov(F_1, F_2)=0$，F_2 被称为第二主成分，依次类推可以得出第三、第四……第 m 个主成分。

设有 n 个样本，对每个样本要进行主成分分析的原始指标有 m

个,这些指标之间往往互相影响,对应的观察值为 x_{ij},其中 $i=1,2,\cdots,n$,而 $j=1,2,\cdots,m$。主成分分析的目的就是从这些原始指标中找出既能综合反映原来指标和信息,又相互之间没有关系的综合指标。

主成分分析的步骤包括：

(1) 将原始数据标准化

将原始数据写成矩阵即为

$$X=\begin{bmatrix} x_{11} & x_{12} & \cdots & x_{1m} \\ x_{21} & x_{22} & \cdots & x_{2m} \\ \vdots & \vdots & \vdots & \vdots \\ x_{n1} & x_{n2} & \cdots & x_{nm} \end{bmatrix}$$

标准化后 $\qquad Z_{ij}=(x_{ij}-x_j)/S_j \qquad$ (3.1)

式中 x_j、S_j 分别是 x_{ij} 的平均值和标准差,即

$$x_j=\sum_{i=1}^{n}x_{ij}\Big/n \qquad (3.2)$$

$$S_j^2=\sum_{i=1}^{n}(x_{ij}-x_j)^2\Big/(n-1) \qquad (3.3)$$

其中,$i=1,2,\cdots,n;j=1,2,\cdots,m$;标准化数据 Z_{ij} 的平均值为 0,标准差为 1。

(2) 计算变量的相关系数矩阵

$$R=(r_{ij})_{m\times m}$$

其中,$i=1,2,\cdots,m \quad j=1,2,\cdots,m$

$$r_{ij}=\frac{\sum_{k=1}^{n}z_{ki}\times z_{kj}}{n-1}$$

(3) 求相关矩阵 R 的特征值和特征单位向量

求出特征值 $\lambda_i(i=1,2,\cdots,m)$

按大小顺序排列 $\lambda_1 \geqslant \lambda_2 \geqslant \cdots \geqslant \lambda_m \geqslant 0$

相应的特征单位向量为

$$a_1 = \begin{pmatrix} a_{11} \\ a_{21} \\ \vdots \\ a_{m1} \end{pmatrix}, a_2 = \begin{pmatrix} a_{12} \\ a_{22} \\ \vdots \\ a_{m2} \end{pmatrix}, a_p = \begin{pmatrix} a_{1m} \\ a_{2m} \\ \vdots \\ a_{mm} \end{pmatrix}$$

(4) 写出主成分

$$F_i = a_{1i}Z_1 + a_{2i}Z_2 + \cdots a_{mi}Z_m \quad i = 1, 2, \cdots, m \quad (3.4)$$

称 F_1 为第一主成分，称 F_2 为第二主成分，……，称 F_m 为第 m 主成分。

(5) 求方差贡献率，确定主成分个数

计算前 k 个主成分的累积方差贡献率 $\sum_{i=1}^{k}\lambda_i \bigg/ \sum_{i=1}^{m}\lambda_i$

一般而言，当前 k 个主成分的累积方差贡献率$\geqslant 80\%$时，选择前 k 个主成分，同时还要使损失的信息量尽可能少。

(6) 构造综合评价模型

对 k 个主成分进行综合评价，即 $F_i = a_{1i}Z_1 + a_{2i}Z_2 + \cdots a_{mi}Z_m (i = 1, 2, \cdots, k)$，再进行加权求和，权数为每个主成分方差的贡献率：$\lambda_i \bigg/ \sum_{i=1}^{m}\lambda_i$，得出最终评价值 $F = \sum_{i=1}^{k}\left(\lambda_i \bigg/ \sum_{i=1}^{m}\lambda_i\right)F_i (i = 1, 2, \cdots, k)$。

2. 全局主成分分析方法

经典主成分分析只针对截面数据，并未加入时间序列，所以对不同时点的同一样本没办法使用经典主成分分析进行评价比较。全局主成分分析正是从经典主成分分析方法延续而来，区别是评价的样本是不同时点的平面数据合成的时序立体数据表 K：

$$K = \{X^t \in R^{n \times p}, t = 1, 2, \cdots T\} \quad (3.5)$$

这里 K 是一组按照时间 t 排放的平面数据表序列，并且所有的数据表有完全同名的样本点和完全同名的同方向规格化变量指标,对整张时序立体数据表 K 执行经典主成分分析并实现对样本群点的量化评价。

二、各市城市化质量的实证分析

(一)数据来源

本章选取中国地级及以上城市作为样本,在剔除了含有缺失值的数据后,选取了中国 223 个地级市和 4 个直辖市共 227 个城市作为研究对象,研究时间跨度为 2000—2017 年共 18 年时间。由于土地出让收入数据的统计口径是全市(包含市辖县),因此在选取衡量城市化指标的数据时也采取全市的数据,由于人均铺装道路面积、每万人拥有公共汽电车数和人均园林绿地面积在《中国城市统计年鉴》仅有市辖区数据,因此这三个指标采取的是市辖区数据。

全市数据来源于国研网统计数据库,市辖区数据来源于中经网—中国经济统计数据库,部分城市的缺失数据来源于历年《中国人口与就业统计年鉴》《中国城市统计年鉴》,以及相关省市统计年鉴与 Wind 金融终端。

(二)评价指标的标准化与样本的检验

因为不同指标具有不同的单位,难以进行综合,因此还应将各指标进行无量纲化即标准化处理,从而排除因各指标的单位和量纲差异较大所带来的影响。如上文所述,采用 SPSS 22.0 软件对数据进行标准化处理。

主成分分析法是否有效一般采用 KMO 检验和 Bartlett 检验(巴特利特球形检验)。KMO 检验用于检验样本的充足度。它的取值范围在 0—1 之间:一般 KMO 值越接近于 1,表示变量越适合进行主成分分析;如果 KMO 值越小,则越不适合进行主成分分析;如果 KMO 值在 0.5—1 之间,说明主成分分析是可以进行的。Bartlett 检验的零假设是相关系数矩阵为单位阵,如果显著性大于 0.05 则接受原假设,变量之间相互独立,不适合进行全局主成分分析;反之,则全局主成分分析可以进行。

对本章中 4086 个样本进行 KMO 检验和 Bartlett 检验,KMO 值为 0.802,大于 0.5,说明样本充足,Bartlett 球形检验显著性 p＝0.000,拒绝原假设,说明变量间有一定相关性,适合用全局主成分分析法对城市化水平做综合评价。

表 3.2　KMO 检验和 Bartlett 检验结果

取样足够行的 Kaiser-Meyer-Olkin 检验		0.802
Bartlett 的球形度检验	Approx. Chi-Square	21020.029
	df	45
	Sig.	0.000

（三）进行全局主成分分析

运用全局主成分分析法可得到主成分的特征值、方差贡献率、累积方差贡献率。本章采用将累积方差贡献率与特征值两者结合起来的方法来综合确定主成分的个数。如表 3.3 所示,共提取了五个主成分,它们的特征值分别是 4.583、1.201、1.158、0.939 和 0.579,前三个大于 1,后两个小于 1。主成分的累积贡献率为 84.597%,说明前五个主成分基本可以代表原来的 10 个指标的数值特征。

表 3.3　解释的总方差

成分	初始特征值			提取平方和载入			旋转平方和载入		
	合计	方差贡献率	累积方差贡献率	合计	方差贡献率	累积方差贡献率	合计	方差贡献率	累积方差贡献率
1	4.583	45.826	45.826	4.583	45.826	45.826	2.577	25.768	25.768
2	1.201	12.015	57.84	1.201	12.015	57.84	2.13	21.298	47.066
3	1.158	11.578	69.419	1.158	11.578	69.419	1.391	13.907	60.973
4	0.939	9.389	78.808	0.939	9.389	78.808	1.25	12.495	73.468
5	0.579	5.789	84.597	0.579	5.789	84.597	1.113	11.129	84.597
6	0.485	4.853	89.45						
7	0.392	3.922	93.372						
8	0.322	3.216	96.588						

(续表)

成分	初始特征值			提取平方和载入			旋转平方和载入		
	合计	方差贡献率	累积方差贡献率	合计	方差贡献率	累积方差贡献率	合计	方差贡献率	累积方差贡献率
9	0.213	2.129	98.717						
10	0.128	1.283	100						

注:提取方法为主成分分析法。

特征值的碎石图可以将各个全局主成分与其特征值的关系用图形的方式表现出来。图 3.1 中横坐标为主成分的序号,纵坐标为各主成分的特征值。可以看出整个曲线呈下降趋势,特别是在第五个主成分后曲线基本趋向平缓,因此表明可以提取前五个全局主成分。

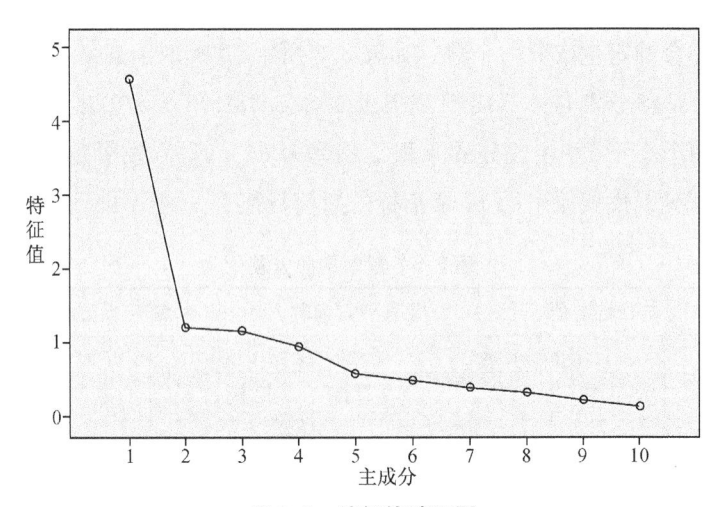

图 3.1 特征值碎石图

表 3.4 旋转前的全局主成分矩阵

	全局主成分				
	1	2	3	4	5
城市化率	0.652	0.164	−0.509	0.258	−0.118
人口密度	0.31	0.899	0.147	−0.018	0.124
地均 GDP	0.741	0.374	0.291	0.191	−0.122

(续表)

	全局主成分				
	1	2	3	4	5
非农产业产值比重	0.711	0.041	−0.366	−0.209	0.39
人均铺装道路面积	0.632	−0.149	0.247	−0.527	0.325
每万人拥有公共汽电车数	0.733	−0.075	0.407	0.047	−0.169
万人中小学专任教师数	0.472	−0.324	0.233	0.673	0.381
万人医生数	0.888	−0.142	−0.214	0.064	−0.134
万人床位数	0.802	−0.155	−0.393	−0.131	−0.176
人均园林绿地面积	0.645	−0.217	0.421	−0.195	−0.232

注：提取方法为主成分分析法。

在进行主成分分析时，经常出现主成分的经济含义不十分明确的问题，解决这一问题的方法是进行旋转，以得到新的主成分矩阵。经过正交旋转后，虽然每个主成分对模型综合评价的贡献率不改变，但各个主成分的经济意义变得更明确，样本旋转后的全局主成分矩阵如下：

表3.5　旋转后的全局主成分矩阵

	全局主成分				
	1	2	3	4	5
城市化率	0.847	0.039	0.226	−0.035	0.144
人口密度	0.061	0.035	0.96	0.094	−0.076
地均GDP	0.32	0.563	0.591	0.021	0.237
非农产业产值比重	0.616	0.008	0.174	0.641	0.126
人均铺装道路面积	0.098	0.46	0.055	0.801	0.02
每万人拥有公共汽电车数	0.226	0.761	0.171	0.136	0.248
万人中小学专任教师数	0.15	0.209	−0.026	0.055	0.954
万人医生数	0.768	0.452	0.033	0.204	0.196
万人床位数	0.825	0.339	−0.06	0.265	−0.03
人均园林绿地面积	0.142	0.81	−0.014	0.23	0.052

注：旋转法为具有Kaiser标准化的正交旋转法。

根据表 3.5,第一主成分主要解释了 X_1、X_8 和 X_9,即城市化率、万人医生数和万人床位数,反映了人口城市化和公共服务城市化水平;第二主成分主要解释了 X_6、X_{10},即每万人拥有公共汽电车数和人均园林绿地面积,反映了基础设施城市化水平和公共服务城市化水平;第三主成分主要解释了 X_2、X_3,即人口密度和地均 GDP,反映了土地城市化水平;第四主成分主要解释了 X_4、X_5,即非农产业产值比重和人均铺装道路面积,反映了经济城市化和基础设施城市化水平;第五主成分主要解释了 X_7,即万人中小学专任教师数,反映了公共服务城市化水平。

(四)构建综合指数并计算结果

由旋转后全局主成分矩阵 A 可以得到如表 3.6 的全局主成分得分系数矩阵 A^{-1}。在全局主成分得分系数矩阵的基础上,建立主成分得分模型 $F=A^{-1}X$(X 是均值为 0、标准差为 1 的原有变量标准化矩阵)。

表 3.6 全局主成分得分系数矩阵

	全局主成分				
	1	2	3	4	5
城市化率	0.486	−0.163	0.079	−0.283	0.007
人口密度	−0.1	−0.128	0.768	0.088	−0.058
地均 GDP	−0.007	0.262	0.372	−0.249	0.063
非农产业产值比重	0.158	−0.408	0.077	0.645	0.13
人均铺装道路面积	−0.253	0.046	−0.022	0.801	−0.027
每万人拥有公共汽电车数	−0.08	0.456	0.015	−0.159	0.027
万人中小学专任教师数	−0.121	−0.168	−0.03	0.076	1.011
万人医生数	0.317	0.118	−0.122	−0.118	−0.026
万人床位数	0.404	0.073	−0.197	−0.046	−0.254
人均园林绿地面积	−0.111	0.562	−0.138	−0.064	−0.193

由表 3.6 可得:

$F_1 = 0.486ZX_1 - 0.1ZX_2 - 0.007ZX_3 + 0.158ZX_4 - 0.253ZX_5 -$

$$0.08ZX_6 - 0.121ZX_7 + 0.317ZX_8 + 0.404ZX_9 - 0.111ZX_{10}$$

$$F_2 = -0.163ZX_1 - 0.128ZX_2 + 0.262ZX_3 - 0.408ZX_4 + 0.046ZX_5$$
$$+ 0.456ZX_6 - 0.168ZX_7 + 0.118ZX_8 + 0.073ZX_9 + 0.562ZX_{10}$$

$$F_3 = 0.079ZX_1 + 0.768ZX_2 + 0.372ZX_3 + 0.077ZX_4 - 0.022ZX_5 +$$
$$0.015ZX_6 - 0.03ZX_7 - 0.122ZX_8 - 0.197ZX_9 - 0.138ZX_{10}$$

$$F_4 = -0.283ZX_1 + 0.088ZX_2 - 0.249ZX_3 + 0.645ZX_4 + 0.801ZX_5$$
$$-0.159ZX_6 + 0.076ZX_7 - 0.118ZX_8 - 0.046ZX_9 - 0.064ZX_{10}$$

$$F_5 = 0.007ZX_1 - 0.058ZX_2 + 0.063ZX_3 + 0.13ZX_4 - 0.027ZX_5 +$$
$$0.027ZX_6 + 1.011ZX_7 - 0.026ZX_8 - 0.254ZX_9 - 0.193ZX_{10}$$

其中Z表示标准化值。

以旋转后的各主成分方差贡献率占总方差贡献率的比重作为指标权重进行加权汇总,建立综合得分模型,从而初步反映各城市的城市化水平:

$$F = 0.305F_1 + 0.252F_2 + 0.164F_3 + 0.148F_4 + 0.132F_5$$

将标准化后的数据代入 F_1、F_2、F_3、F_4 及 F_5,可计算出 227 个地级及以上城市 18 年的城市化综合评价值,同时,为了获取直观感受,我们将综合评价值按照公式 $Y' = \dfrac{Y}{Y_{max} - Y_{min}} \times 40 + 60$ 换算成百分制值,对不同年份城市化水平进行了排序(详见附录1,表3.7摘取了前20位和后20位城市的信息)。

表3.7 地级及以上城市的城市化质量综合评价值

城市名称	综合评价值	百分制值	排名	城市名称	综合评价值	百分制值	排名
17—深圳	5.1125	95.1752	1	14—深圳	4.6892	92.2629	4
16—深圳	4.9536	94.0820	2	13—深圳	4.5658	91.4135	5
15—深圳	4.7712	92.8271	3	12—深圳	4.5126	91.0475	6

(续表)

城市名称	综合评价值	百分制值	排名	城市名称	综合评价值	百分制值	排名
11—深圳	4.3909	90.2104	7	01—贵港	−0.6633	55.4365	4070
10—深圳	4.1160	88.3191	8	01—清远	−0.6660	55.4180	4071
08—深圳	4.0853	88.1081	9	02—亳州	−0.6707	55.3851	4072
09—深圳	4.0320	87.7412	10	02—玉林	−0.6720	55.3764	4073
07—深圳	3.9927	87.4707	11	01—亳州	−0.6771	55.3411	4074
06—深圳	3.8660	86.5986	12	04—钦州	−0.6813	55.3127	4075
05—深圳	3.7104	85.5286	13	00—清远	−0.6826	55.3033	4076
03—深圳	3.6448	85.0772	14	01—达州	−0.6831	55.3004	4077
04—深圳	3.5930	84.7206	15	00—玉林	−0.6870	55.2736	4078
02—深圳	2.4743	77.0237	16	00—遵义	−0.6903	55.2509	4079
01—深圳	2.3893	76.4392	17	00—亳州	−0.6999	55.1847	4080
00—深圳	2.2301	75.3435	18	00—贵港	−0.7020	55.1700	4081
17—上海	2.1493	74.7876	19	03—钦州	−0.7225	55.0287	4082
16—上海	2.0771	74.2907	20	00—河源	−0.7612	54.7628	4083
01—玉林	−0.6578	55.4745	4067	02—钦州	−0.7656	54.7326	4084
00—六安	−0.6615	55.4484	4068	00—钦州	−0.7823	54.6179	4085
01—宿州	−0.6627	55.4407	4069	01—钦州	−0.7873	54.5834	4086

注:城市前数字代表年份,如00代表2000年,01代表2001年,以此类推。

表3.7显示,在4086个不同年份的城市中,综合评价值最高的为5.1125(17—深圳),最小的是−0.7873(01—钦州)。4086个不同年份的城市中,超过平均水平(有比较优势)的有1683个城市,占41.2%,低于平均水平(有比较劣势)的有2403个城市。同时比较这些城市的原始数据,发现位于前20位的城市的原始数据相对要好于位于后20位的城市。因此,利用全局主成分分析得到的综合指标能够比较客观、准确地反映各个城市的城市化质量,并且可以进行城市间纵向、横向的比较。

(五) 分析结果

1. 地级及以上城市的城市化质量不断提高

在18年的时间里,各地级及以上城市的城市化质量整体上都在随年份提高。我们提取了2000年和2017年的城市化综合值,从各组城市的数量变化可以反映出各城市的城市化质量的总体变动。2000年城市化质量综合评价值为1—58分的城市有107个,到了2017年减少到4个;2000年城市化质量综合评价值为58—60分的城市有69个,到了2017年增加到73个;2000年城市化质量综合评价值为60—65分的城市有47个,到了2017年增加到121个;2000年城市化质量综合评价值在65以上的城市有3个,到了2017年增加到29个;2000年最高分值仅为75.34分(深圳),到了2017年最高分值为95.18分(深圳)。

2. 城市化发展的区域差异较大

从各城市不同年份的城市化质量综合评价值来看,不同年份不同城市之间的城市化水平差异较大。得分较高的城市主要分布在东部沿海地区,特别是深圳,连续18年的城市化质量均排在各城市之首。而位于中西部的广西的钦州、贵港、玉林,安徽的亳州、宿州等城市早些年的城市化质量则相对较低。总体来看,东、中、西部的城市化质量依次降低。之所以会出现这样的结果,这主要与我国东、中、西部地区在人口、经济、社会、资源、环境等各方面的发展水平存在较大差异有关。以人口城市化为例,1985年,东部、中部和西部地区城市化率分别是15.3%、15.2%和10.8%,差距还不是很大;可是到了1995年以后,三大区域之间城市化率差距开始变大,到了2017年,东部地区城市化率达到67.0%,分别高于中部和西部地区12.1和15.3个百分点。同样,在经济城市化方面,2017年我国东、中、西部地区非农产业产值比重分别为95.1%、90.4%和88.6%,三大地区依然依次降低。基础设施城市化方面同样如此,2017年我国东、中、西部地区人均年末实有道路面积分别是7.2、4.7和4.5平方米。

尽管东部地区一些城市在人口城市化、经济城市化方面领先于其他地区，但公共服务城市化水平的落后，仍然是这些城市需要关注的问题。以万人中小学专任教师数为例，2017年我国东、中、西部地区该指标分别为76.4、81.4和88.1人。西部地区万人中小学专任教师数高于中部，东部地区最低。上文的实证分析也印证了这一点。乌鲁木齐的城市化质量水平在各城市中相对较高，与东部沿海城市的城市化质量水平不相上下，一方面是因为乌鲁木齐的人口城市化水平较高，如2017年乌鲁木齐以市辖区人口占全市人口比重衡量的城市化率达到97.3%，另一方面是因为作为自治区首府，乌鲁木齐公共服务供给水平相对较高，造成非农产业产值比重、万人拥有公共汽电车数、万人医生数、万人病床数等人均指标在同等条件下相对较高。

第二节　土地财政对城市化质量的影响效应分析

一、理论分析与研究假说

（一）土地财政对城市化质量的影响

土地财政对城市化质量的影响取决于其正负效应的综合作用。一方面，土地财政对城市化质量存在正效应。第一，土地财政促进人口城市化。尽管《中华人民共和国土地管理法》规定，城市市区的土地属国家所有，但中央政府并不掌握土地，不能直接行使对土地的所有权。地方政府成为实际上国家行使土地管理权的代理人。地方政府征用土地后，农村失地劳动力加速向城市流动，从而为经济增长提供了更多劳动力。第二，土地财政促进土地城市化。在城市化发展过程中，道路交通基础设施建设、农村劳动力转移、产业发展需要大量城市建设用地指标。地方政府通过出让国有建设用地，或将农村用地转变为国有建设用地后再出让，为城市化提供了大量土地资源。第三，为完成工业化目标，实现经济的高速增长和获取地方税源，地方政府长期以协议出让的方式低价供应工业用地，推进了工业化进程的加快，从而促进了经济城市化。第四，土地财政同时也为道路、桥梁等基础设施建设和教育、科研、卫生、环保等公共服务提供了资金和土地资源，从而推动了基础设施城市化和公共服务城市化。

另一方面，当地方政府对土地财政的依赖程度加深后，土地财政对城市化质量的负效应就开始显现。第一，对土地财政依赖程度的加深导致一些地区地价快速上升，进而推动了房价的上升，反过来又会加重城市人口的购房负担，从而阻碍了农村人口向城市迁移。同时，由于我国传统户籍制度的影响，相当部分城市的流动人口无法享受与普通市民同等的教育、医疗、社保等公共服务权利，加之城市高昂的生活成本，也会对人口城市化造成不利影响。第二，伴随着地方政府对土地财政依赖程度的加深，大片的农用地转化为国有建设用地，会加剧土地资源错配，一方面造成耕地面积的减少，另一方面也导致对国有建设用地的低效粗放利用，从而对土地城市化产生负面效果。第三，地方政府通过压低工业用地价格，推动了工业化进程，但由于政府间竞争加剧，导致大量低端制造业项目被引进①，制造业产能过剩、同质化现象严重，反而不利于产业结构的优化升级。同时，由于房价上涨导致企业用工成本提高和利润下降，使得一些工业企业退出原有行业，甚至转向投资利润率高的虚拟经济，间接造成"去工业化"现象，不利于经济城市化的发展。第四，依靠土地财政推动城市化发展的模式短期内促进了资金、人才等资源要素的聚集，但同时也引发了严重的"大城市病"，包括交通拥堵、供水紧张、环境污染、能源短缺等，对基础设施城市化和公共服务城市化产生负面影响，既不利于城市的抗风险能力提升和韧性城市建设，更降低了城市居民的生活质量。

综上所述，土地财政对城市化质量的影响取决于正负效应两种力量的对比。在城市化建设的初期，对土地财政的适度依赖可以快速提

---

① 李勇刚："土地资源错配阻碍了经济高质量发展吗？——基于中国 35 个大中城市的实证研究"，《南京社会科学》2019 年第 10 期。

升城市化进程,推动城市"外延式"扩张;但当城市化开始向"内涵式"发展转变后,对土地财政的严重依赖会导致土地财政的负效应超过正效应,从而对城市化质量产生抑制作用。

据此本章提出假说1:土地财政与城市化质量呈倒U形关系,即随着地方政府对土地财政依赖程度的加深,城市化质量先提高后下降。

(二)创新驱动的调节作用

创新驱动对城市化质量的作用主要体现在:创新是城市高质量发展的重要动力,有助于提升城市化质量,促进城市化由外延式扩张向内涵式发展转变。根据推拉理论,人口迁移受拉力和推力两种力量共同作用,拉力即人口流入地良好的生活条件,而推力则是人口流出地不利的生活条件。创新驱动可以通过改善城市的竞争力、优化城市的创新创业氛围、提升收入水平等方式提高迁入地的拉力,促进农村剩余劳动人口向城市流动,从而提高人口城市化水平。创新驱动还可以通过改善产业布局,促进城市化、工业化和信息化的融合,提升城市土地资源利用效率,从而提高土地城市化水平。根据熊彼特的观点,创新通过导入一种新的生产函数,可以有效提高潜在的产出水平,而产业结构的升级过程,就是伴随着技术进步和生产社会化程度的提高,不断提高产业结构作为资源转换器的效能和效益的过程。[1] 因此,创新驱动也就成为城市产业结构升级即经济城市化的最直接的推动力。创新驱动还有助于提升城市基础设施和公共服务产品的信息化、智能化、数字化水平。

创新驱动将强化土地财政与城市化质量间的倒U形关系,表现为创新驱动能力越高,土地财政与城市化质量的倒U形关系曲线越陡峭。[2] 在地方政府对土地财政依赖程度不高的情况下,城市的土地出

---

[1] 孙梁、韦森:"重温熊彼特的创新驱动经济周期理论",《济南大学学报》(社会科学版)2020年第4期。

[2] Haans, R. F. J., Pieters, C., He, Z.-L., "Thinking about U: Theorizing and Testing U-and Inverted U-Shaped Relationships in Strategy Research", *Strategic Management Journal*, Vol. 37, No. 7(2016), pp:1177-1195.

让收入有助于拓展城市化建设资金,推动城市化水平提升,土地财政在缓解地方政府财政压力的同时,也使得其更有能力为创新活动提供财政支持和更好的基础设施条件,加剧创新资源的集聚,因而创新驱动的发展进一步提升了土地财政对城市化质量的正效应。当地方政府对土地财政依赖程度较高时,大量同质的低端制造企业被引进,引发产能过剩现象,而资本偏向型技术进步又会导致"投资诱导效应"[1],从而固化产能过剩,加之就业结构调整滞后于产业结构调整,进而导致人口城市化产生的过剩劳动力无法释放。这些低端企业科技创新基础薄弱、创新动力不足,相反大企业和高技术企业拥有更多的专利,其创新能力更强,从而可能产生较高的市场准入壁垒,导致市场分割现象[2],不仅影响城市居民的福利水平,也会带来城市发展的非均衡问题。同时,土地财政依赖程度较高意味着大量流动人口从农村迁到城市,而创新驱动带来的产业智能化水平的提升会产生"机器换人"现象,由此会造成低技能劳动力的失业加剧,以及高、低技能劳动力之间的收入失衡,从而降低城市流动人口的就业稳定性、社会保障水平,扩大居民收入差距。科技创新如果使得能源投入份额增加,反而会带来能源消耗和环境污染[3],从而不利于城市资源环境的可持续发展。所以当地方政府对土地财政依赖程度过高时,创新驱动又会强化土地财政对城市化质量的负效应。[4]

据此本章提出假说2:创新驱动强化了土地财政与城市化质量之间的倒U形关系。

---

[1] 肖明月、郑亚莉:"供给质量提升能否化解中国制造业的产能过剩?——基于结构优化与技术进步视角",《中国软科学》2018年第12期。
[2] 聂长飞、冯苑、宋丹丹:"专利与中国经济增长质量——基于创新数量和质量的双重视角",《宏观质量研究》2022年第3期。
[3] 宋炜、周勇:"偏向型技术进步、要素替代与城镇化扭曲效应——基于中国省级面板数据的空间经济计量分析",《经济问题探索》2017年第7期。
[4] 李慧:"土地财政、创新驱动与城市化质量",《江海学刊》2022年第6期。

二、模型设定和核心指标构建

(一) 计量模型设计

钱纳里等利用100多个国家的经济发展数据,对这些国家包括城市化在内的10个经济过程进行解释,其计量模型如下①:

$$X = \alpha + \beta_1 \ln Y + \beta_2 (\ln Y)^2 + \gamma_1 \ln N + \gamma_2 (\ln N)^2 + \sum \delta_i T_j + eF$$

其中 X 代表27个被解释变量(包含城市化率),Y 代表人均国民收入,N 代表人口,T_j 代表发展阶段的虚拟变量,F 代表净资源流入。结论是经济水平与城市化率呈显著的相关关系。

中国的经济地理学者魏冶等采用如下计量模型分析21世纪以来中国城镇化的动力机制②:

$$Y = \mu + \beta_1 XZ + \beta_2 SC + \beta_3 WX + \beta_4 NY + \varepsilon$$

其中 Y 代表城镇化水平,用城镇人口占总人口比重的城镇化率来表示;XZ 代表行政力,用国有经济对全社会固定资产投资和地方财政支出两个指标拟合的综合指标来表示;SC 代表市场力,用非国有经济对全社会固定资产投资和社会消费品零售总额两个指标拟合的综合指标来表示;WX 代表外向力,用外贸依存度和外商直接投资总额(FDI)两个指标拟合的综合指标来表示;NY 代表内源力,用私营企业就业人员数量和乡镇企业就业人员数量两个指标拟合的综合指标来表示。

近些年开始有学者分析土地财政与城市化之间的关系,叶红构建了关于城市化与土地财政关系的模型③:

$$urban_{it} = \beta_0 + \beta_1 (rent_{it})^2 + \beta_2 rent_{it} + \sum \beta_k M_k + \varepsilon_{it}$$

---

① 〔美〕霍利斯·钱纳里、〔美〕莫伊思·赛尔昆:《发展的型式:1950—1970》,第163页。
② 魏冶、修春亮、孙平军:"21世纪以来中国城镇化动力机制分析",《地理研究》2013年第9期。
③ 叶红:"土地财政对城市化的影响分析"。

其中 urban 是被解释变量，用非农人口比重表示，代表城市化水平。解释变量是 rent，为土地出让收入，代表土地财政。M 为控制变量，包括 GDP、二产比重、三产比重、人均固定资产投资、人力资本、人均财政支出、FDI。

谢小丽构建了三个计量模型，用于分析土地财政与城市化之间的关系[①]：

$$urbrate_{it} = c + \gamma_1 EXFD_{it} + \gamma_2 TD_{it} + \gamma_3 \ln(perGDP) + \gamma_4 industry_{it} + \gamma_5 edu_{it} + \varepsilon_{it}$$

$$\ln(citysize)_{it} = c + \lambda_1 EXFD_{it} + \lambda_2 \ln(GDP)_{it} + \ln(industry)_{it} + \varepsilon_{it}$$

$$\ln(density) = c + \beta_1 TD_{it} + \beta_2 \ln(price)_{it} + \beta_3 \ln(GDP)_{it} + \varepsilon_{it}$$

第一个模型中 $urbrate_{it}$ 代表城市化率，$EXFD_{it}$ 代表政府分权，TD_{it} 代表土地财政，控制变量包括：人均国民生产总值（$perGDP$）、工业化水平（$industry_{it}$）、全民教育水平（edu_{it}）；第二个模型中 $citysize$ 代表城市规模，用建成区面积表示；第三个模型中 $density$ 代表城市人口密度，$price$ 代表土地价格。

已有的城市化理论模型和实证分析为研究中国城市化问题奠定了基础。本章在借鉴已有的城市化模型基础上，为了重点考察土地财政对城市化质量的非线性影响，本章用上文所建立的城市化质量综合评价值代替城市化率指标，构建了关于城市化质量决定因素的双向固定效应模型：

$$Y_{it} = \alpha_0 + \alpha_1 LF_{it} + \alpha_2 X_{it} + \mu_i + \lambda_t + \varepsilon_{it} \quad (3.6)$$

$$Y_{it} = \beta_0 + \beta_1 LF_{it} + \beta_2 LF_{it}^2 + \beta_3 X_{it} + \mu_i + \lambda_t + \varepsilon_{it} \quad (3.7)$$

式 3.6 和式 3.7 中，下标 i 代表第 i 个城市，下标 t 代表第 t 年，Y 代表城市化质量，LF 代表土地财政，X 代表可能影响城市化质量的控

---

① 谢小丽："中国财政分权、土地财政与城市化研究"，重庆大学公共管理学院硕士论文，2013 年。

制变量，α_0、β_0 是常数项，μ_i 表示城市固定效应，λ_t 表示时间固定效应，ε_{it} 表示随机扰动项，系数 α_1、α_2、β_1、β_2、β_3 为待估参数。我们首先对式 3.6 进行回归，再对式 3.7 进行回归，如果 β_1、β_2 均通过显著性检验，且式 3.7 回归的拟合优度高于式 3.6，则说明土地财政对城市化质量的影响是非线性的。如果 β_1 是正值而 β_2 是负值，说明影响是倒 U 形的，则假说 1 得到验证。式中各变量的含义及计量方法见表 3.8。

表 3.8 各变量及其计量方法

类型	代码	名称	计量方法
被解释变量	Y	城市化质量综合评价值	见上文
核心解释变量	LF	土地财政依赖程度	土地出让收入/地方财政支出(%)
控制变量	FD	财政分权	各市人均财政支出/全国人均财政支出(%)
	TRSCO	市场规模	社会消费品零售总额/全市人口数(元)
	OP	对外开放度	当年实际利用外资金额/地区国内生产总值(%)
	POP	人口规模	全市年末总人口(万人)
	LAND	土地面积	全市行政区域土地面积(平方千米)
调节变量	INNO	创新驱动	城市创新指数

被解释变量：本书的研究目标是考察土地财政对城市化质量的作用效应，所以被解释变量取上文得出的城市化质量综合评价值 Y。

核心解释变量：本章的核心解释变量为土地财政依赖程度（LF）。考虑到土地税收目前仅公布省一级的数据，缺乏市级数据，而土地抵押贷款收入也缺乏详细的省级和市级数据，本章使用土地出让收入表征土地财政。为了准确表达地方政府对土地财政的依赖程度，借鉴已有研究[1]，采用土地出让收入与地方财政支出的比重来衡量土地财政依

---

[1] 谢旻琪、闫梦露、刘敏、杨奎、张宇、赵小凤、钟太洋："土地财政对城市密度的影响"，《地域研究与开发》2021 年第 3 期。

赖程度指标。

控制变量：本章的研究目标是考察土地财政对城市化质量的影响，关注的重点是变量 LF，但其他一些因素也可能对城市化产生影响，参考现有文献，选择财政分权、市场规模、对外开放度、人口规模、土地面积作为控制变量。

财政分权（FD），用各市人均财政支出占全国人均财政支出比重来表示，其中全国人均财政支出用全国的公共财政支出总额与全国总人口比重来计算。踪家峰和杨琦采用 GMM 方法验证了财政分权对城市扩张的正向作用。[1] 杨志安和邱国庆发现，随着地方财政分权程度不断提高，新型城镇化水平先上升后下降。[2] 因此，本章将财政分权纳入模型。

市场规模（$TRSCO$），用各市人均社会消费品零售总额来表示。一般认为，市场经济是城市化快速推进的制度前提[3]，市场经济的发展，会促进人口、资金、商品、信息等要素向城市聚集。

对外开放度（OP），用各市当年实际利用外资金额占其地区国内生产总值比重来表示，其中各市当年实际利用外资金额按照当年汇率水平换算成人民币计算。一般认为利用外资水平的提高会导致更多的农用土地转化为工业用地以满足更大规模的工业开发，从而提升了土地城市化水平；同时外资规模的扩大推动了产业结构向第二、三产业转变从而提升了经济城市化水平。

同时，考虑到不同的城市规模（人口规模、土地规模）对城市化效应的差异，将城市人口规模（POP）和城市土地面积（$LAND$）也列为控制变量。

---

[1] 踪家峰、杨琦："中国城市扩张的财政激励：基于 1998—2009 年我国省级面板数据的实证分析"，《城市发展研究》2012 年第 8 期。

[2] 杨志安、邱国庆："地方财政分权与新型城镇化：线性抑或倒'U'"，《云南财经大学学报》2019 年第 2 期。

[3] 冯云廷：《城市聚集经济——一般理论及其对中国城市化问题的应用分析》，东北财经大学出版社 2001 年版，第 33 页。

调节变量。本章的调节变量为创新驱动($INNO$),采用复旦大学产业发展研究中心编制的《中国城市与产业创新力报告2017》中测算的城市创新指数来衡量。①

(二) 数据来源与描述性统计分析

2002年以前,我国虽然已经开始了国有土地出让,但大部分土地仍然以协议出让为主,甚至为了吸引外资部分土地低价或零地价出让。② 2003年,国土资源部发布《协议出让国有土地所有权规定》,对土地协议出让也要求引入市场竞争机制,因此,自2003年下半年开始,各地区的土地出让收入增长加快。同时,由于本章的土地出让收入来源于《中国国土资源统计年鉴》中各城市"国有建设用地出让成交价款",而现有的《中国国土资源统计年鉴》仅更新至2018年,"国有建设用地出让成交价款"数据仅更新至2017年,因此,本章的样本在剔除土地出让收入严重缺失的城市后包括了中国227个地级及以上城市,研究时间跨度为2004—2017年共14年时间。

样本数据中城市化综合评价值数据根据国研网统计数据库、中经网—中国经济统计数据库、历年《中国人口与就业统计年鉴》《中国城市统计年鉴》、相关省市统计年鉴与Wind金融终端等相关数据计算而得;各市土地出让数据来源于《中国国土资源统计年鉴》和Wind金融终端;财政分权数据来源于国研网统计数据库、EPS全球统计数据平台;社会消费品零售数据来源于国研网统计数据库、Wind金融终端、相关省市统计年鉴;对外开放度数据来源于国研网统计数据库、Wind金融终端;各市年末人口数据和行政区域土地面积数据来源于国研网统计数据库、历年《中国城市统计年鉴》;城市创新驱动数据来源于《中国城市与产业创新力报告2017》。在进行回归分析之前,为了消除变

---

① 寇宗来、刘学悦:"中国城市和产业创新力报告2017",复旦大学产业发展研究中心,2017年。
② 李郁、洪国志、黄亮雄:"中国土地财政增长之谜:分税制改革、土地财政增长的策略性",《经济学》(季刊)2013年第4期。

量异常值所引起的估计结果的偏误,本章对模型中的创新驱动(INNO)、市场规模(TRSCO)、人口规模(POP)和土地面积(LAND)进行自然对数处理,并采用插值法补齐变量的少量缺失值。由于城市创新驱动数据只更新到2016年,2017年数据借鉴既有文献的处理方法[1],采用几何平均增长法补齐。为了消除物价因素对该指标的影响,我们使用消费价格指数对TRSCO进行平减,将上述指标折算为2004年不变价格水平。

数据处理使用STATA 15软件。变量的描述性统计结果见表3.9。

表3.9 基于227个地级及以上城市的变量描述性统计

变量	样本量	均值	标准值	最小值	最大值
Y	3178	60.3711	3.3364	55.3127	95.1752
LF	3178	0.2964	0.2547	0.0008	1.7856
FD	3178	0.7300	0.7136	0.1572	12.6915
TRSCO	3178	11168.16	11235.38	276.5643	109575.9
OP	3178	0.02	0.021	0	0.21
POP	3178	464.8934	324.576	16.76	3392
LAND	3178	13918.68	11910.21	1113	90659
INNO	3178	10.7171	55.9750	0.0051	1381.825

三、实证检验与分析

(一)土地财政对城市化质量影响的实证分析

1. 全样本检验

表3.10中列(3)和列(4)分别为利用式3.6和式3.7进行的土地财政对城市化影响的基准回归结果。为了展示结果的稳健性,同时考虑未加入控制变量的回归,即列(1)和列(2)。

列(1)中,未加入土地财政依赖程度的二次项(LF^2)时,一次项

---

[1] 周祎庆、顾帆:"土地资源错配对城市绿色经济效率的影响研究",《学术探索》2022年第2期。

(LF)系数显著为正,列(2)中,加入了土地财政依赖程度的一次项和二次项,一次项系数为正,二次项系数为负,且两者均通过了显著性检验。与列(1)相比,列(2)的拟合优度有所提高,说明土地财政(LF)与城市化质量(Y)之间是显著的倒 U 形关系。

列(3)和列(4)显示了加入控制变量的结果,列(4)的拟合优度高于列(3),土地财政依赖程度的一次项和二次项均显著,说明土地财政与城市化质量之间的关系是非线性,同时一次项系数为正,二次项系数为负,说明土地财政先促进后抑制城市化质量。综上,假说 1 得证。在分税制改革后土地财政发展初期,地方政府依靠土地财政改善了基础设施,提升了公共服务水平,促进了人口向城市集聚,推动了城市工业化和经济社会的发展,总体而言对城市化质量的提高有促进作用。但当地方政府对土地财政依赖程度过高时,土地财政对城市化质量的负效应逐步显现,如过度的土地开发导致城市规模无序扩张,使得土地城市化快于人口城市化,偏离了以人为核心的城市化发展轨道[①];社会资本更多流向房地产业,不利于产业结构优化升级和实体经济健康发展;城市空间的盲目扩张也引发了环境问题,带来了财政和金融风险。

根据列(4)可以算出土地财政先促进后抑制城市化质量的拐点发生在土地财政依赖程度为 1.075 时[②],即当土地财政依赖程度达到 1.075 以上时,土地财政依赖对城市化质量的影响是负向的。而数据显示,部分城市如南京(2013、2016、2017 年)、杭州(2017 年)、合肥(2016 年)、济南(2017 年)等均已处于土地财政与城市化质量倒 U 形关系曲线拐点右侧,说明在这些城市,土地财政对城市化质量的负效应已经超过正效应,依靠土地财政推动城市化发展的模式亟待转型。

---

① 江波:"'以人为核心'的城镇化:内涵、价值与路径",《苏州大学学报》(哲学社会科学版)2017 年第 3 期。

② 拐点$=-\beta_1/2\beta_2=(-0.5399)/[2\times(-0.2512)]=1.075$。

表 3.10　土地财政对城市化质量影响的基准回归结果

变量	(1)	(2)	(3)	(4)
LF	0.2426*** (3.22)	0.5459*** (3.10)	0.2219*** (3.09)	0.5399*** (3.21)
LF^2		−0.24* (−1.90)		−0.2512** (−2.09)
FD			−0.3029*** (−5.56)	−0.3014*** (−5.54)
$\ln TRSCO$			0.1268 (1.56)	0.1226 (1.51)
OP			−8.2247*** (−9.75)	−8.3380*** (−9.87)
$\ln POP$			2.4481*** (8.25)	2.4265*** (8.18)
$\ln LAND$			−3.3705*** (−12.28)	−3.3482*** (−12.20)
C	58.9324*** (1243.05)	58.8803*** (1075.97)	75.1575*** (36.51)	75.0584*** (36.47)
控制变量	未控制	未控制	已控制	已控制
城市固定效应	已控制	已控制	已控制	已控制
时间固定效应	已控制	已控制	已控制	已控制
N	3178	3178	3178	3178
R^2	0.6858	0.6862	0.7175	0.7179

注：***、**和*分别表示在1%、5%和10%的统计水平上显著，全书表格同；括号内为t值。表3.11—表3.18、表3.21、表3.22同。

从控制变量的回归估计结果来看：财政分权（FD）的系数为负，且通过了1%的显著性检验，说明财政分权制度对城市化质量产生了不利影响，这与一般的分析似乎不一致，可能的原因在于，本书所指的城市化质量包括了土地城市化、人口城市化、经济城市化等方面，而财政分权制度并非对其中所有方面都起正面作用。如彭代彦和彭旭辉所言①,财政分权促进了土地城市化的发展,却有可能对人口城市化具有抑制作用,财政分权的冲击在土地城市化和人口城市化中表现出相反的作用效果。

市场规模($\ln TRSCO$)的系数为正,尽管其显著性水平接近10%(显著性水平为13%),但尚未通过显著性检验,说明市场经济规模的扩大,对城市化质量的提升作用尚未显现。

对外开放度(OP)的系数为负,且通过了1%的显著性检验,这与上文的分析矛盾,可能的原因在于,外商投资通过加剧环境的污染从而降低了公共服务城市化水平。②

人口规模($\ln POP$)的系数为正,且通过了1%的显著性检验,原因在于城市人口规模越大,人口城市化水平越高。

土地面积($\ln LAND$)与城市化发展负相关,且通过了1%的显著性检验,原因在于城市土地面积越大,土地城市化水平也相对越低。

(二)稳健性检验

尽管本章控制了一些可能影响城市化综合水平的指标,并控制了城市和时间变量,一定程度上缓解了遗漏变量带来的偏误,但仍然不可避免地存在同时影响城市化和土地财政的不可观测因素。为保证研究结论的可靠性和在一定程度上缓解内生性问题,本章采取以下几种方法进行稳健性检验:

一是在式3.7中引入土地财政依赖程度的三次项并进行回归分析。为了进一步验证土地财政与城市化质量是倒U形而非S形关系,本章在式3.7的基础上添加土地财政依赖程度的三次项(LF^3),结果如表3.11所示。列(1)未加入控制变量,列(2)加入了控制变量。列(1)(2)均显示,土地财政依赖程度的三次项系数不显著,说明土地财政

---

① 彭代彦、彭旭辉:"财政分权对人口城镇化与土地城镇化的影响——基于1981—2013年数据的分析",《城市问题》2016年第8期。
② 张磊、韩雷、叶金珍:"外商直接投资与雾霾污染:一个跨国经验研究",《经济评论》2018年第6期。

与城市化质量的关系是倒 U 形而非 S 形。

表 3.11 稳健性检验——添加核心解释变量的三次项

变量	(1)	(2)
LF	0.8990*** (2.77)	0.8642** (2.80)
LF^2	−0.9208* (−1.71)	−0.8755* (−1.70)
LF^3	0.3270 (1.30)	0.2995 (1.25)
FD		−2.9999*** (−5.51)
$\ln TRSCO$		0.1221 (1.51)
OP		−8.3830*** (−9.92)
$\ln POP$		2.4081*** (8.11)
$\ln LAND$		−3.3400*** (−12.17)
C	58.8437*** (956.20)	75.0612*** (36.47)
控制变量	未控制	已控制
城市固定效应	已控制	已控制
时间固定效应	已控制	已控制
N	3178	3178
R^2	0.6864	0.7181

二是使用核心解释变量的滞后项替换核心解释变量。表 3.12 为核心解释变量滞后项纳入模型后的回归结果。列(1)未加入控制变量,列(2)加入了控制变量。结果显示,核心解释变量系数的显著性均与基准回归的结果一致,表明了土地财政对城市化质量的影响效应是倒 U 形的,基准回归的结果是稳健的。

表3.12 稳健性检验——核心解释变量滞后一期

变量	(1)	(2)
$L.LF$	0.3754** (2.05)	0.4513** (2.56)
$(L.LF)^2$	−0.2388* (−1.82)	−0.2734** (−2.17)
FD		−0.2519*** (−4.45)
$\ln TRSCO$		0.0681 (0.74)
OP		−8.0067*** (−8.53)
$\ln POP$		1.9609*** (6.20)
$\ln LAND$		−3.1538*** (−11.02)
C	59.0946*** (1074.03)	76.5543*** (35.62)
控制变量	未控制	已控制
城市固定效应	已控制	已控制
时间固定效应	已控制	已控制
N	2951	2951
R^2	0.6674	0.6946

三是剔除直辖市样本。由于中国地域广阔，不同地区城市化发展不平衡，这可能导致土地财政对城市化质量的影响效应不一致。因此，本章去掉北京、天津、上海和重庆四个直辖市的数据，估计结果见表3.13。列(1)未加入控制变量，列(2)加入了控制变量。结果显示，与表3.10相比，核心解释变量的参数估计和显著性均未发生明显变化，说明基准回归的结果是稳健的。

表 3.13　稳健性检验——剔除直辖市样本

变量	(1)	(2)
LF	0.5763*** (3.28)	0.5737*** (3.43)
LF^2	−0.2496** (−1.99)	−0.2619** (−2.19)
FD		−0.2704*** (−4.90)
$\ln TRSCO$		0.1768** (2.20)
OP		−8.5257*** (−10.11)
$\ln POP$		2.4269*** (8.24)
$\ln LAND$		−3.2845*** (−12.07)
C	58.7996*** (1082.26)	73.9463*** (36.28)
控制变量	未控制	已控制
城市固定效应	已控制	已控制
时间固定效应	已控制	已控制
N	3122	3122
R^2	0.6847	0.7163

四是缩尾后进行回归。异常值的存在会使估计结果产生偏误，对各变量的缩尾处理能有效解决此偏差，对所有变量在1%的水平上进行缩尾处理。回归结果见表3.14。表3.14列(2)的回归结果显示，与表3.10相比，核心解释变量的参数估计和显著性均未发生明显变化，说明基准回归的结果是稳健的。

表 3.14 稳健性检验——缩尾后回归

变量	(1)	(2)
LF	0.3759** (2.02)	0.4620** (2.56)
LF^2	−0.1517 (−1.02)	−0.2400* (−1.66)
FD		−0.2069** (−2.44)
$\ln TRSCO$		0.5602*** (5.34)
OP		−8.6855*** (−9.68)
$\ln POP$		0.8058*** (2.80)
$\ln LAND$		−2.1924*** (−7.89)
C	58.8775*** (1118.08)	70.2009*** (32.05)
控制变量	未控制	已控制
城市固定效应	已控制	已控制
时间固定效应	已控制	已控制
N	3178	3178
R^2	0.6992	0.7197

五是寻找工具变量缓解内生性问题。参考既有研究[①]，本章采用与地形相关的各市土地坡度均值与各市财政自给率的交互项作为土地财政依赖程度的工具变量。坡度(slope)是地表单元陡缓的程度，通常把坡面的垂直高度和水平方向的距离的比叫作坡度。中国住房和城乡建设部 2016 年 6 月发布的《城乡建设用地竖向规

---

① 张少辉、余泳泽："土地出让、资源错配与全要素生产率"，《财经研究》2019 年第 2 期。

划规范》①规定,城镇中心区用地应选择地质、排水防涝及防洪条件较好且相对平坦和完整的用地,其自然坡度宜小于20%,规划坡度宜小于15%。由此可见,城市土地出让对土地坡度有一定要求,一般住宅、工业用地要求坡度较低。因此,城市土地坡度的高低会影响其土地出让的规模。而城市财政自给率是城市地方财政一般预算内收入与地方财政一般预算内支出的比值。该指标反映了一个城市的财政实力,本书认为,当一个城市的财政自给率较低时,其更倾向于利用土地财政来获取城市化发展所需的资金。

表3.15为工具变量回归结果。2SLS回归的第一阶段的F值均大于10,工具变量的系数显著异于0,说明本章选取的工具变量较为有效,不存在弱工具变量问题,本章使用城市土地坡度均值与财政自给率的交互项作为土地财政依赖程度的工具变量的做法是合理的。表3.15的工具变量回归结果显示,无论是否在模型中加入控制变量,土地出让收入均正向影响城市化,且通过了1%的显著性检验。由此可见,工具变量回归结果与基准回归结果一致,从而进一步验证了基准回归结果的稳健性。②

表3.15 稳健性检验——工具变量回归结果

变量	(1)	(2)
LF	7.2935*** (3.71)	8.4483*** (3.69)
LF^2	−4.6055*** (−3.62)	−5.3608*** (−3.62)
FD		−0.2190 (−1.43)

---

① 参见《住房城乡建设部关于发布行业标准〈城乡建设用地竖向规划规范〉的公告》,中国住房和城乡建设部网站,2016年7月25日,https://www.mohurd.gov.cn/gongkai/fdzdgknr/tzgg/201607/20160725_228283.html。

② 陈强:《高级计量经济学及Stata应用》,高等教育出版社2010年版,第120—145页。

(续表)

变量	(1)	(2)
ln*TRSCO*		0.0171 (0.16)
OP		−11.3236*** (−7.30)
ln*POP*		2.1155*** (3.41)
ln*LAND*		−2.7071*** (−5.20)
C	57.9206*** (107.20)	69.3197*** (18.52)
第一阶段回归		
IV	0.0344*** (4.59)	0.0323*** (4.29)
控制变量	未控制	已控制
城市固定效应	已控制	已控制
时间固定效应	已控制	已控制
弱工具变量检验(F值)	21.0434	18.4048
N	3178	3178

(三) 异质性检验

1. 地理区位异质性

中国幅员广阔,不同城市区位存在明显差别,为了研究土地财政对城市化质量影响的异质性,本章按照地理区位划分,将除港澳台地区以外的各地级及以上城市按其所属省份划分成东部、中部、西部和东北四个地区[①],进行分样本回归(见表3.16)。

---

① 东部地区包括北京、天津、河北、上海、江苏、浙江、福建、山东、广东和海南10个省(直辖市);中部地区包括山西、安徽、江西、河南、湖北、湖南6个省;西部地区包括四川、重庆、贵州、云南、西藏、陕西、甘肃、青海、宁夏、新疆、广西、内蒙古12个省(自治区、直辖市);东北地区包括黑龙江、吉林、辽宁3个省。

表 3.16 地理区位异质性回归结果

变量	东部 (1)	东部 (2)	中部 (3)	中部 (4)	西部 (5)	西部 (6)	东北 (7)	东北 (8)
LF	0.1438 (1.48)	−0.0878 (−0.33)	0.5155*** (3.67)	1.0134*** (3.03)	−0.2624 (−1.21)	0.9377** (2.47)	−0.1049 (−0.65)	−0.1176 (−0.32)
LF^2		0.1589 (0.94)		−0.5277 (−1.74)		−1.2427*** (−3.84)		0.0099 (0.04)
FD	−0.3664*** (−5.98)	−0.3668*** (−5.98)	2.0637*** (8.43)	2.0398*** (8.32)	0.3151* (1.75)	0.3556* (1.70)	−0.7073*** (−2.81)	−0.7077*** (−2.81)
$\ln TRSCO$	−0.2847** (−2.03)	−0.2820** (−2.01)	0.3303** (2.31)	0.3260** (2.28)	0.0253 (0.16)	0.0080 (0.05)	0.3561** (2.18)	0.3559** (2.18)
OP	−6.0418*** (−4.35)	−6.0694*** (−4.37)	0.1820 (0.09)	−0.0402 (−0.02)	−4.1344 (−1.35)	−5.7849* (−1.89)	−1.4151 (−0.98)	−1.4136 (−0.97)
$\ln POP$	4.0181*** (8.11)	4.0501*** (8.16)	2.3373*** (4.05)	2.2493*** (3.88)	−2.0940*** (−3.11)	−2.1534*** (−3.23)	−0.3588 (−0.37)	−0.3627 (−0.38)
$\ln LAND$	−0.0677 (−0.08)	−0.0401 (−0.05)	−2.1277*** (−4.95)	−2.0885*** (−4.86)	0.3051 (0.36)	0.3286 (0.39)	1.5842 (1.11)	1.5882 (1.10)
C	39.1853*** (4.62)	38.7749*** (4.56)	60.3206*** (23.29)	60.4649*** (23.35)	67.1077*** (9.31)	67.1983*** (9.41)	45.1744*** (2.93)	43.1621*** (2.93)
控制变量	已控制	已控制	已控制	已控制	已控制	已控制	已控制	已控制
城市固定效应	已控制	已控制	已控制	已控制	已控制	已控制	已控制	已控制
时间固定效应	已控制	已控制	已控制	已控制	已控制	已控制	已控制	已控制
N	1050	1050	896	896	798	798	434	434
R^2	0.8242	0.8244	0.7586	0.7594	0.6796	0.6860	0.6221	0.6221

结果显示,土地财政对城市化质量的影响存在明显的地理区位异质性。东部地区和东北地区土地财政与城市化质量的相关关系不显著。原因可能在于,对于东部地区来说,尽管数据显示东部地区对土地财政依赖程度明显高于其他地区(东、中、西、东北地区土地依赖程度 LF 的均值分别为 0.449、0.246、0.207 和 0.195),但由于东部地区土地利用率显著高于其他地区,土地的产出效益较高,经济基础好,基础设施和公共服务水平高,对外来人口吸引力强,在一定程度上抵消了房价上涨过快等不利因素的影响,土地财政对城市化质量正负效应相抵消,导致东部地区土地财政与城市化质量的相关关系不显著。而在东北地区,由于当地对土地财政依赖程度最低,土地财政对城市化正负作用都比较有限。因此,东北地区土地财政对城市化质量的作用效果同样不明显。

中部地区土地财政依赖程度的系数在 1% 的水平上显著为正,添加土地财政依赖程度的二次项系数后,土地财政依赖程度的一次项系数依然在 1% 的水平上显著为正,二次项系数为负,尽管显著性水平接近 10%(显著性水平为 10.1%),但尚未通过显著性检验。中部地区城市化水平不及沿海发达地区,但又高于西部地区。2010 年,国家发展改革委发布《关于促进中部地区城市群发展的指导意见》,明确要求引导和支持中部地区城市群加快发展,加快工业化和城镇化进程;2012 年,《国务院关于大力实施促进中部地区崛起战略的若干意见》指出,中部地区是推进新一轮工业化和城镇化的重点区域。中部地区城市化发展要求,导致其对土地财政依赖程度不断加深。中部地区土地财政对城市化质量存在一定的促进作用。尽管如此,中部地区土地财政依赖程度的二次项系数的显著性接近于 10%,这说明中部地区土地财政对城市化质量的影响已接近于倒 U 形。

西部地区土地财政与城市化质量之间呈显著的倒 U 形关系,拐点为 0.377,因此可以说西部地区在土地财政依赖程度较低时即已出现拐点。西部地区不同省份之间土地出让收入情况差异较大。四川、贵州、广西等省(自治区)近年新型城镇化和基础设施建设布局加快,对土地出让收入依赖程度比较高。与中部地区相似,土地财政在最初促进了西部地区城市化水平的提升,但随着土地财政依赖程度的加深,其对城市化质量的负效应也越来越明显,并且与中部地区相比,西部地区土地财政依赖程度达到 0.377 时,城市化质量的负效应即已超过正效应,具体而言,西部的成都(2017 年)、贵阳(2017 年)、南宁(2014—2017 年)、重庆(2017 年)均已处于土地财政与城市化质量倒 U 形曲线拐点右侧,尽管这些城市的土地财政依赖程度与东部城市相比还比较低,但是其土地财政对城市化质量的负效应已经开始超过正效应。

因此,虽然中西部地区城市化质量仍有较大提升空间,但传统的土地财政模式已经不再适合这些地区。

2. 城市等级异质性

为了进一步分析不同等级的城市土地财政对其城市化质量影响的异质性,本章将 227 个城市分高等级城市(直辖市、省会、计划单列市[①])、普通地级市两类。回归结果显示,在高等级城市,土地财政与城市化质量之间呈倒 U 形关系,拐点为 0.912,略低于全国水平。而在普通地级市,情况则有所不同。表 3.17 列(3)中,土地财政依赖程度的系数在 1‰的水平上显著为正;列(4)中,添加二次项后,土地财政依赖程度的一次项系数依然在 5‰的水平上显著为正,二次项系数虽然为负却不显著。说明在普通地级市,土地财政对城市化质量呈现显著的促进作用。

可能的原因在于,高等级城市的土地财政依赖程度(LF)均值高于普通地级市,所以当其土地财政依赖程度加深而对城市化质量产生抑制作用时,普通地级市的土地财政仍然发挥着对城市化质量的促进作

[①] 计划单列市全称"国家社会与经济发展计划单列市",是在第三次计划单列时期后经过一系列调整所形成的,是在行政建制不变的情况下,省辖市在国家计划中列入户头并赋予这些城市相当于省一级的经济管理权限。目前,我国计划单列市有 5 个,即深圳、宁波、青岛、大连、厦门。

用,尚未达到拐点,因此其倒 U 形关系不显著。普通地级市出现拐点的时间可能更晚,这有待于以更长时间的样本加以验证。

表 3.17 城市等级异质性回归结果

变量	高等级城市		普通地级市	
	(1)	(2)	(3)	(4)
LF	0.1474 (1.13)	0.8317** (2.41)	0.2764*** (3.46)	0.4320** (2.40)
LF^2		−0.4562** (−2.15)		−0.1321 (−0.96)
FD	−0.4908*** (−5.84)	−0.4890*** (−5.85)	−0.0729 (−1.05)	−0.0720 (−1.04)
$\ln TRSCO$	−0.5612 (−1.26)	−0.5170 (−1.17)	0.2230*** (2.92)	0.2206*** (2.89)
OP	−0.6533 (−0.35)	−0.8412 (−0.45)	−8.1976*** (−9.43)	−8.2570*** (−9.47)
$\ln POP$	1.3162* (1.96)	1.3313** (1.99)	0.4602 (1.37)	0.4506 (1.35)
$\ln LAND$	−2.1727*** (−3.23)	−2.1823*** (−3.26)	−2.1000*** (−7.17)	−2.0909*** (−7.14)
C	80.3792*** (11.59)	79.8036*** (11.56)	73.5880*** (36.23)	73.5544*** (36.21)
控制变量	已控制	已控制	已控制	已控制
城市固定效应	已控制	已控制	已控制	已控制
时间固定效应	已控制	已控制	已控制	已控制
N	420	420	2758	2758
R^2	0.8917	0.8931	0.7040	0.7041

(四)创新驱动调节作用的实证分析

为验证假说2,在式3.7的基础上构建调节效应模型如下[1]:

---

[1] Haans, R. F. J., Pieters, C., He, Z.-L., "Thinking about U: Theorizing and Testing U-and Inverted U-Shaped Relationships in Strategy Research".

$$Y_{it} = \gamma_0 + \gamma_1 LF_{it} + \gamma_2 LF_{it}^2 + \gamma_3 \ln INNO_{it} + \gamma_4 LF_{it} \times \ln INNO_{it}$$
$$+ \gamma_5 LF_{it}^2 \times \ln INNO_{it} + \gamma_6 X_{it} + \mu_i + \lambda_t + \varepsilon_{it} \quad (3.8)$$

式 3.8 中，$INNO$ 代表城市创新驱动，其他符号含义同式 3.7。式 3.8 中如果回归系数 γ_5 通过显著性检验且结果为负值，说明创新驱动越强，土地财政与城市化质量的倒 U 形曲线越陡峭，创新驱动正向调节土地财政与城市化质量的倒 U 形关系。若 γ_1、γ_2、γ_4、γ_5 均显著，且 $\gamma_1\gamma_5 - \gamma_2\gamma_4$ 符号为正，则曲线拐点将随着创新驱动能力的提高向右移动，反之则向左移动。①

利用式 3.8 的调节效应模型考察创新驱动对土地财政与城镇化质量的调节作用，回归结果见表 3.18。在未加入控制变量时[列(1)]，创新驱动变量的系数为正，但不显著(显著性为 10.1%，接近 10%)。加入控制变量后[列(2)]，创新驱动变量的系数在 10% 的水平上显著为正，这说明创新驱动是城市化质量提升的重要动力，创新驱动通过提高人口城市化、土地城市化、经济城市化、基础设施城市化和公共服务城市化的水平带动整个城市化质量的提升。无论是否加入控制变量，$LF^2 \times \ln INNO$ 的系数均在 1% 的水平上显著为负，说明城市的创新驱动正向调节土地财政与城市化质量的关系，土地财政与城市化质量倒 U 形关系曲线变得更加陡峭了，因此假说 2 得证。在倒 U 形关系曲线拐点的左侧，创新驱动可以提升土地财政对城市化质量的促进作用，而在倒 U 形关系曲线拐点的右侧，创新驱动则会强化土地财政对城市化质量的抑制作用。进一步地，计算 $\gamma_1\gamma_5 - \gamma_2\gamma_4$，发现无论是否加入控制变量，其值均大于 0，因此说明，创新驱动能力越高，倒 U 形曲线拐点越向右移，创新驱动的提高可以使得土地财政由促进转为抑制城市化质量的拐点推迟到来(见图 3.2)。由此可见，在当前新发展阶段，利用创新驱动降低土地财政的负面影响，全面提升城市化发展质量变得

---

① 张岳、周应恒："数字金融发展对农村金融机构经营风险的影响——基于金融监管强度调节效应的分析"，《中国农村经济》2022 年第 4 期。

尤为重要。

表 3.18 创新驱动的调节作用检验

变量	(1)	(2)
LF	0.7373*** (4.15)	0.6541*** (3.85)
LF^2	−0.6211*** (−4.37)	−0.5636*** (−4.16)
$\ln INNO$	0.0623 (1.64)	0.0677* (1.84)
$LF \times \ln INNO$	0.6560*** (9.29)	0.6426*** (9.50)
$LF^2 \times \ln INNO$	−0.2215*** (−4.24)	−0.2295*** (−4.61)
FD		−0.2391*** (−4.59)
$\ln TRSCO$		0.1204 (1.56)
OP		−5.7020*** (−6.98)
$\ln POP$		2.0980*** (7.39)
$\ln LAND$		−3.7142*** (−14.19)
C	59.1343*** (877.39)	80.5607*** (40.30)
控制变量	未控制	已控制
城市固定效应	已控制	已控制
时间固定效应	已控制	已控制
N	3178	3178
R^2	0.7181	0.7453

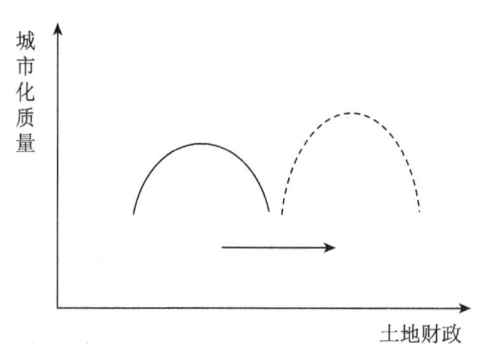

图 3.2 创新驱动的调节作用

第三节 土地税收与城市化质量：基于省级面板数据的分析

为了验证土地财政的重要指标——土地税收对城市化质量的影响，我们采用分省数据替换分城市数据①，再一次进行回归分析。由于上文仅得出各地级及以上城市的城市化质量综合指标，这里回归时根据分省数据首先构建城市化质量指标体系（见表 3.19），继而利用全局主成分分析法测算 2004—2017 年各省的城市化质量。省份为除西藏、台湾、香港、澳门以外的 30 个省（自治区、直辖市）。

表 3.19 城市化质量指标体系

一级指标	二级指标	三级指标
城市化质量	人口城市化	城镇化率(%)
	土地城市化	人口密度(人/平方千米)
		地均 GDP(万元/平方千米)
	经济城市化	非农产业产值比重(%)

---

① 由于缺乏各地级市 2004 年以来包括土地税收在内的财政收入明细数据，故采用分省数据实证分析。样本时间同样为 2004—2017 年。

(续表)

一级指标	二级指标	三级指标
城市化质量	基础设施城市化	人均城市道路面积(平方米/人)
		每万人拥有公共汽电车数(辆/万人)
	公共服务城市化	万人中小学专任教师数(人/万人)
		万人医生数(人/万人)
		万人床位数(张/万人)
		人均城市园林绿地面积(平方米/人)

为了综合评估土地税收对城市化的影响,将模型3.6、3.7的核心解释变量替换为新的核心解释变量 TF,从而验证土地税收依赖程度对城市化质量的作用,模型如下:

$$Y_{it}=\alpha_0+\alpha_1 TF_{it}+\alpha_2 X_{it}+\mu_i+\lambda_t+\varepsilon_{it} \quad (3.9)$$

$$Y_{it}=\beta_0+\beta_1 TF_{it}+\beta_2 TF_{it}^2+\beta_3 X_{it}+\mu_i+\lambda_t+\varepsilon_{it} \quad (3.10)$$

式3.9、3.10中下标 i 代表第 i 个省份,下标 t 代表第 t 年;Y 代表各省城市化质量,TF 代表各省的土地税收(耕地占用税、契税、城镇土地使用税、土地增值税和房产税五项合计)依赖程度,即土地税收收入与地方财政支出的比重,X 代表可能影响城市化水平的控制变量[包括财政分权(FD)、市场规模($TRSCO$)、对外开放度(OP)、人口规模(POP)];其他符号含义同式3.6、3.7。

样本数据来源于国研网统计数据库、相关省市统计年鉴与 Wind 金融终端。对模型中的市场规模($TRSCO$)、人口规模(POP)进行自然对数处理,并采用插值法补齐变量的少量缺失值。为了消除物价因素对该指标的影响,我们使用消费价格指数对 $TRSCO$ 进行平减,将上述指标折算为2004年不变价格水平。变量的描述性统计结果见表3.20。

表 3.20 变量描述性统计

变量	样本量	均值	标准值	最小值	最大值
省级城市化质量	420	60	8.4257	44.9600	84.9600
土地税收依赖程度	420	0.0734	0.0388	0.0071	0.2016
财政分权	420	0.9876	0.5067	0.4132	3.6215
市场规模	420	10865.93	7221.984	1325.82	38119.59
对外开放度	420	0.0238	0.0183	0.0004	0.0819
人口规模	420	4435.547	2661.131	539	11169

回归结果如表 3.21 所示。列(1)中未加入土地税收依赖程度二次项(TF^2)时,土地税收依赖程度一次项系数(TF)在 1% 的统计水平上显著为正,列(2)加入土地税收依赖程度一次项和二次项后,一次项和二次项系数均未通过显著性检验。回归结果表明,不同于土地出让收入,作为土地财政的组成部分,土地税收对城市化质量产生促进作用。

表 3.21 土地税收影响城市化质量的回归结果

变量	(1)	(2)
TF	16.2589*** (3.52)	17.7524 (1.34)
TF^2		−6.6936 (−0.12)
FD	1.6497*** (3.98)	1.6493*** (3.97)
$\ln TRSCO$	5.9145*** (4.29)	5.8865*** (4.21)
OP	−15.4601** (−2.22)	−15.6261** (−2.20)
$\ln POP$	4.6862** (2.05)	4.6928** (2.04)
C	−34.9155 (−1.24)	−34.7851 (−1.23)
控制变量	已控制	已控制

(续表)

变量	(1)	(2)
城市固定效应	已控制	已控制
时间固定效应	已控制	已控制
N	420	420
R^2	0.9390	0.9390

为了验证土地税收对城市化质量回归结果的准确性,采用两种方法进行稳健性分析:一是使用解释变量的滞后项替换解释变量。表3.22中列(1)(2)为解释变量滞后项纳入模型后的回归结果。结果显示,土地税收依赖程度一次(TF)对城市化质量(Y)有显著的正向影响,土地税收依赖程度二次项(TF^2)系数不显著,土地税收对城市化质量回归结果是稳健的。二是对所有变量在1%的水平上进行缩尾处理。表3.22中列(3)(4)为变量缩尾后回归结果。结果再次验证了土地税收对城市化质量回归结果的稳健性。

表3.22 土地税收影响城市化质量的稳健性检验

变量	所有解释变量滞后一期		缩尾后回归	
	(1)	(2)	(3)	(4)
TF	16.5323*** (3.87)	32.8587*** (2.68)	15.2786*** (3.11)	6.8900 (0.49)
TF^2		−72.3871 (−1.42)		40.2082 (0.64)
FD	1.2170*** (3.19)	1.2185*** (3.20)	1.2915*** (2.69)	1.3124*** (2.73)
$\ln TRSCO$	5.2450*** (3.88)	4.8960*** (3.57)	8.9372*** (7.70)	9.0017*** (7.72)
OP	−12.4819* (−1.85)	−14.4420** (−2.10)	−15.0302* (−2.13)	−13.8648* (−1.90)
$\ln POP$	2.6465 (1.22)	2.6790 (1.24)	7.8654*** (3.80)	7.7126*** (3.69)

(续表)

变量	所有解释变量滞后一期		缩尾后回归	
	(1)	(2)	(3)	(4)
C	−11.5167 (−0.43)	−9.4332 (−0.35)	−85.2956*** (−3.51)	−84.3494*** (−3.46)
控制变量	已控制	已控制	已控制	已控制
城市固定效应	已控制	已控制	已控制	已控制
时间固定效应	已控制	已控制	已控制	已控制
N	390	390	420	420
R^2	0.9444	0.9448	0.9367	0.9368

本章从人口城市化、土地城市化、经济城市化、基础设施城市化、公共服务城市化五个方面建立了衡量城市化质量的综合指标体系,使得分析更为全面、系统。同时利用城市化质量综合指标作为被解释变量,运用我国2004—2017年227个城市的面板数据研究土地财政对城市化质量的作用,并对土地财政的作用进行了异质性分析,继而分析了创新驱动在土地财政与城市化质量关系中的调节作用,进一步地还利用省级面板数据验证了土地税收与城市化质量的关系,结论如下:

(1)依据经过筛选、确定的10个具体指标,运用全局主成分分析法对227个城市18年的城市化质量进行综合测度,发现指标拟合结果较为理想,不仅同一年份不同城市间的城市化水平可以进行比较,相同城市不同年份的城市化也可以比较。

(2)以土地出让收入与财政支出比重代表的中国土地财政与城市化质量之间有显著的倒U形关系,即土地财政对城市化质量存在先促进后抑制的作用。

(3)土地财政与城市化质量之间的倒U形关系存在明显的地理区位和城市等级异质性,西部地区、直辖市与省会及计划单列市的土地财政与城市化质量倒U形关系更显著。

(4)创新驱动在土地财政与城市化质量之间起调节作用,提高创新驱动将使土地财政与城市化质量的倒 U 形关系曲线变得更为陡峭，且使得倒 U 形关系曲线拐点右移。

（5）土地出让收入、土地税收对城市化质量的作用不同，土地出让收入对城市化质量的作用为先促进再抑制，而土地税收对城市化质量有正向的促进作用。

（6）通过模型分析，验证了用本书所建立的城市化质量综合指标体系代替城市化率指标能更全面地反映我国城市的城市化质量，也说明土地财政对城市发展的影响主要表现在人口、土地、产业结构、基础设施、公共服务等方面。相对于以前分析土地财政影响城市化论文中，仅仅分析土地出让收入或土地出让面积对城市化率的影响，本书的分析更加系统且全面。

第四章
土地财政与城市产业

在我国城市化发展进程中,不可否认的是,土地财政发挥了重要的作用,为城市化发展提供了资金支持和土地资源。土地财政对城市化的作用方式之一就是通过城市产业作用于城市化。地方政府在府际竞争中纷纷通过低价的工业用地吸引投资,从而促进了工业的集聚,带动了城市化的发展。那么,在城市化进入高质量发展阶段后,土地财政对工业发展有怎样的影响?土地财政通过不同性质的土地出让,对工业、服务业,以及服务业中的房地产业的影响有何差异?土地财政与城市不同产业之间关系的差异,对城市化质量又会产生怎样的影响?本章试图从理论上分析土地财政与城市产业之间的关系,并通过构建计量模型进行实证检验,为中国城市化高质量发展、土地财政转型提供参考依据。

关于土地财政与城市产业之间的关系,学术界目前主要集中于土地财政与房地产业、建筑业等相关产业的研究。李世蓉和马小刚运用制度分析理论来考察土地出让制度对房地产开发企业行为的影响,认为土地出让会带来垄断利润和高房价,造成金融和投资风险。[①] 张双长和李稻葵认为土地财政依赖程度越高的城市,其房地产

---

① 李世蓉、马小刚:"土地出让制度对房地产市场的影响分析——基于结构—行为—绩效分析范式",《经济体制改革》2009年第2期。

价格上涨越快。① 唐云锋和吴琦琦通过实证分析认为,地方政府依靠土地财政和房地产维持地方财政,土地财政是导致房价上涨的根本原因。② 李成刚和潘康通过构建联立方程探究土地财政、城镇化与房地产三者之间的关系,认为地方政府过于依赖土地财政,短期内促进房地产行业发展,长期来看,破坏了房地产业发展平衡,不利于土地财政。③

关于土地财政和工业的关系,蒋省三等通过对广东、浙江、江苏等10个省市进行土地问题实地调研,发现土地成为高速工业化的助推器,政府创办园区、以地招商引资成为推进工业化的主要方式,而工业用地的低价协议供应,保证了工业化的高速推进,但同时也滋生了园区土地投机现象。④ 陈多长和沈莉莉基于面板数据分析得出结论:工业化通过间接推动作用对土地财政依赖产生影响,而城市化通过直接方式对土地财政依赖产生影响,两者均对加深地方政府土地财政依赖产生正效应,但城市化对土地财政依赖的作用要强于工业化。⑤ 吴旭冉从工业化发展水平和模式两个角度,分析了工业化对地方政府土地财政依赖的影响机制,并对浙江省11个地级市2001—2010年相关数据进行了实证分析,得出工业化发展与地方政府土地财政依赖正相关。⑥ 雷潇雨和龚六堂构建了城市经济模型,从理论上验证地方政府通过低价出让工业用地、高价出让商住用地,可以推进工业化和城镇化,并用186个地级市数据实证研究得出,通过以上策略可以达到推进工业化和城镇化的目的,但随着城市集聚效应和经济发展水平的提高其效果

---

① 张双长、李稻葵:"'二次房改'的财政基础分析——基于土地财政与房地产价格关系的视角",《财政研究》2010年第7期。
② 唐云锋、吴琦琦:"土地财政制度对房地产价格的影响因素研究",《经济理论与经济管理》2018年第3期。
③ 李成刚、潘康:"土地财政、城镇化与房地产发展——基于面板数据联立方程模型的实证",《经济问题探索》2018年第6期。
④ 蒋省三、刘守英、李青:"土地制度改革与国民经济成长",《管理世界》2007年第9期。
⑤ 陈多长、沈莉莉:"工业化、城市化对地方政府土地财政依赖的影响机制"。
⑥ 吴旭冉:"工业化对地方政府土地财政依赖影响研究——基于浙江的实证分析",浙江工业大学经贸管理学院硕士论文,2013年。

也在减弱。① 郑倩认为土地财政为工业发展提供了市场和劳动力,但土地价格的提高,又会引起厂房租金和劳动力工资提高,从而抬高工业成本制约工业发展。她通过实证分析得出结论:一方面,土地价格与工业比重负相关,土地财政具有去工业化作用;另一方面,土地财政通过促进城镇化间接推进工业发展。②

关于土地财政与服务业(第三产业)之间的关系,徐雷利用省级面板数据进行实证分析,认为土地财政与第三产业产值关系为正。③ 邹薇和刘红艺通过构建空间动态与时空动态面板模型,得出土地财政会抑制第三产业发展的结论。④ 李勇刚和王猛利用35个大中城市面板数据,采用GMM方法分析了土地财政对产业结构服务化的影响,结论是土地财政有助于推进工业化,但会抑制产业结构服务化。⑤ 张国建等通过实证分析得出结论:地方政府对土地财政的依存度增加会显著抑制生产性服务业和高端服务业的结构升级。⑥

综上所述,现有的文献对于土地财政与城市产业之间的关系观点并不一致,并且未能在统一的框架内系统地分析土地财政与城市工业、服务业及房地产业的关系,并分析这种关系对提升城市化质量的影响。有鉴于此,本章希望通过不同类型出让土地与产业关系的实证分析,验证土地财政与城市工业、服务业及房地产业的关系,从而为中国城市化质量提升、利用土地资源促进产业发展提供决策参考。

---

① 雷潇雨、龚六堂:"基于土地出让的工业化与城镇化",《管理世界》2014年第9期。
② 郑倩:"土地财政、城镇化与产业结构",厦门大学经济学院硕士论文,2014年。
③ 徐雷:"中国东中西部地区土地财政差异性研究",《中国人口·资源与环境》2014年第11期。
④ 邹薇、刘红艺:"土地财政'饮鸩止渴'了吗——基于中国地级市的时空动态空间面板分析",《经济学家》2015年第9期。
⑤ 李勇刚、王猛:"土地财政与产业结构服务化——一个解释产业结构服务化'中国悖论'的新视角",《财经研究》2015年第9期。
⑥ 张国建、孙治宇、艾永芳:"土地财政、要素错配与服务业结构升级滞后",《山西财经大学学报》2021年第8期。

第一节 土地财政、城市产业与城市化的关系探析

一、城市产业对城市化的作用

(一) 工业对城市化的作用

工业化是城市化的根本动力,同时两者又是相互促进的,城市化为工业化提供发展载体。钱纳里和赛尔昆提出了城市化与工业化比较的世界发展模型,认为工业化与城市化经历的是由紧密到松弛的发展过程。城市化进程的初期是由工业化推动的;而当城市化率和工业化率共同达到 13% 左右后,城市化开始加速,并明显超过工业化,促进工业化的进程;到工业化后期,工业化对城市化的贡献作用开始减弱。[①]

1. 工业化通过生产要素的空间集聚推动城市化

工业化过程中城市的形成和发展,除了源自工业本身规模的扩大外,更重要的是在于工业要素的集聚或者集中。这些生产要素包括自然资源、人口、资本、技术等。一开始是一个工厂的规模扩大,发展到后来就是由于追求外部集聚效应产生的产业集群。[②] 这些外部集聚效应包括因为规模经济和范围经济带来的成本优势、集聚促进的企业间分工与合作、享有的区域与品牌优势等。企业集聚的过程也是城市的产生与发展的过程。工业集聚或者向已有的城市集中,或者向新的优势区位推进,由此造成原有城市规模的不断扩大,或新城市的不断涌现。因此,工业化过程中存在的空间集聚效应和规模经济效益,是工业化引起城市化发展的内在原因。

[①] 〔美〕霍利斯·钱纳里、〔美〕莫伊思·赛尔昆:《发展的型式:1950—1970》,第 22—23 页。
[②] Krugman, P., "Increasing Returns and Economic Geography", *Journal of Political Economy*, Vol. 99, No. 3(1991), pp. 483-499.

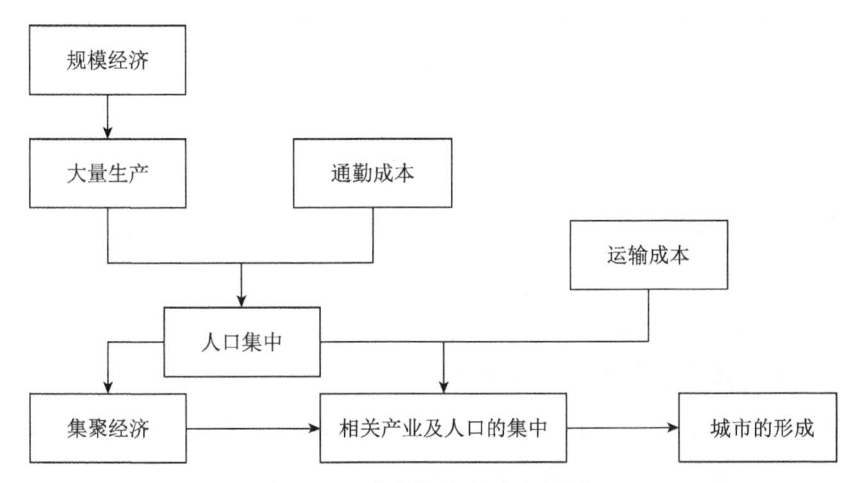

```
┌────────┐
│ 规模经济 │
└────┬───┘
     ↓
┌────────┐      ┌────────┐
│ 大量生产 │      │ 通勤成本 │
└────┬───┘      └────┬───┘
     │               │           ┌────────┐
     │               │           │ 运输成本 │
     │               │           └────┬───┘
     ↓               ↓                │
     └──→┌────────┐←─┘                │
         │ 人口集中 │                  │
         └────┬───┘                   │
     ┌───────┴───────┐                │
     ↓               ↓                │
┌────────┐    ┌──────────────┐   ┌────────┐
│ 集聚经济 │──→│相关产业及人口的集中│──→│ 城市的形成 │
└────────┘    └──────────────┘   └────────┘
```

图 4.1　米尔斯-汉密尔顿模型

资料来源：李清娟：《产业发展与城市化》，复旦大学出版社 2003 年版，第 54 页。

2. 工业化通过带动相关产业发展为城市化提供后续动力

工业企业的集聚不仅仅包括生产过程的集聚，还带来人口、生产生活服务、第三产业市场等的集聚。当工业化发展到中期阶段以后，一方面工业企业对城市的生产性服务业提出越来越多的需求，另一方面城市居民由于生活水平的提高对生活性服务业也提出新的需求。同时生产的专业化也对交通、生产要素市场、服务市场提出新的要求，由此造成第三产业的发展。尽管这时工业化仍是城市化发展的重要动力，第三产业对城市化的推动力也开始显现。第三产业的发展必然会加速人口的集聚，促进城市化的发展，同时也赋予城市新的活力，使城市化进入更高层次，为城市化提供后续动力。

3. 工业化通过经济整体水平提高为城市化发展提供基础和前提

工业化发展首先引起某一地区产业结构变动，进而推进其经济整体水平的提高，表现为收入和储蓄的提高、资本的积累。而城市化过程无论是城乡社会事业的发展和提高，还是城市的规模扩大，都是需要经济成本的，必须以一定的资本为基础和前提。因此工业化通过产业结构调整提供了就业机会，增强了一个地区的整体经济实力，从而促进城市职能的变化、数量的增加、规模的扩大以及城市基础设施、公共服务的改善。

4. 工业化通过科技进步为城市化提供长远动力保障

工业化和技术进步的关系十分密切。一开始,工业化都是以技术进步为基础来推动的,正是因为技术上的不断突破和创新,才促进了工业化的发展。除了可以节约资本、劳动等要素、原材料投入,引起经济增长,技术进步还会引起分工与协作的深化,导致经济结构的变动。历史上每一次科技革命发生的同时也伴随着产业革命。与此同时,工业化也为技术进步提供了重要的物质基础。而技术进步又会进一步促进劳动生产率的提高和产业现代化,加速经济增长,推动产业集聚和产业结构演变,从而进一步影响城市化进程。

(二)服务业对城市化的作用

1. 服务业加速了城市集聚过程

服务业的特点在于生产和消费的不可分性、不可储存性,因此服务业在空间上集聚的特征要比工业集聚更为显著。[①] 尽管工业是城市化发展的第一动力,但在工业化发展的中期以后,服务业不管是规模还是发展速度均开始超越工业,因此服务业开始成为城市化发展的最重要动力。一方面是生产性服务业,即为各类市场主体的生产活动提供服务的服务行业,主要包括批发业,交通运输、仓储和邮政业,信息传输、软件和信息技术服务业,金融业,租赁和商务服务业,科学研究和技术服务业,生态环保和环境治理业等。生产性服务业依附于制造业企业而存在,它的发展有助于为工业的集聚提供各种原材料、市场,从而通过工业的集聚促进城市的集聚。另一方面是生活性服务业,即满足居民最终消费需求的服务行业,主要包括零售业,住宿和餐饮业,房地产业,旅游业,居民服务,修理和其他服务业,教育,卫生和社会工作,文化、

---

① Illeris, S. & Philippe, J., "Introduction: The Role of Services in Regional Economic Growth", *Service Industries Journal*, Vol. 13, No. 2(1993), pp. 3-10.

体育和娱乐业等。生活性服务业的发展有助于为人口集聚提供各种先决条件。因此,服务业的发展是促进工业集聚、劳动力集聚的重要途径。

2. 服务业发展推动了人口城市化

衡量城市化水平最重要的指标是城市化率,即城市人口占总人口的比重。没有人口向城市的迁徙和集中,城市化就无法实现。而促进人口由农业部门向工业部门转移,除了经济利益的作用以外,根据人口推拉理论,还在于流入地良好的生活条件的吸引。服务业则可以通过推动各种软硬设施、公共服务的发展,提升城市的功能,提高城市的吸引力和辐射力,进一步加强对农村人口的吸引力,从而提高人口城市化的水平。

(三) 房地产业对城市化的正面作用

1. 房地产业的发展为城市化提供了重要的活动空间

房地产业为生产活动、住房和商业活动提供了所需的空间。首先,房地产业通过工业地产为工业发展提供了物质基础。工业地产是指为人类生产活动提供空间的房地产,包括工业厂房、仓库、高科技产业屋、研发屋等。房地产投资开发企业在工业园区或其他地方取得工业用地后,建设项目道路、绿化等基础设施,以及建设工厂、仓库等房地产项目,这些项目为工业生产活动提供了空间,有助于工业企业的集聚和发展。其次,房地产业通过开发住宅及其配套措施为市民以及城市新增人口提供了居住空间。住宅的开发改善了居住条件,提供了更好的生活方式,有助于吸引人口流入。同时配套的道路、燃气等基础设施建设,以及学校等教育用房的开发,都强化了城市功能。最后,房地产业通过建设写字楼、商业用房为商业活动提供了活动场所。

2. 房地产业促进了城市经济增长

城市经济增长由投资、消费、进出口"三驾马车"拉动。房地产投资作为固定资产投资的重要组成部分,对经济增长起到一定的拉动作用。同时,由于房地产业关联度很强,如房地产业对矿物采选、制造业、邮电运输业等原材料消耗型产业具有后向关联作业,对轻纺工业、技术服务以及电子通信业等生活消费型、服务型产业具有前向关联作用,对金融保险业、建筑业、社会服务业、商业等产业具有双向关联作用①,因此,房地产业不仅通过自身的投资额拉动城市经济增长,还会通过带动其他产业的发展进一步促进城市经济繁荣。

3. 房地产业加快了人口城市化

房地产业自身的发展会带来大量的就业机会,同时,由于其高关联性,也会带动其他行业就业机会的增加,这些都会吸引农村剩余人口转移到城市。同时,由于房地产也会带来城市居住条件和工作环境的改善、基础设施和公共服务等城市功能的不断完善、商业活动和消费供给的增加、城市生活品质的提升,这些都会成为提升人口城市化水平的重要拉力。

二、土地财政对城市产业的作用

(一)土地财政与工业

在中国地方官员的选拔标准中,经济发展是考核地方官员业绩的最重要指标,地方 GDP 的增长更是长期居于核心地位。在这种考核制度刺激下,地方政府为了经济发展、吸引外部企业,通常通过压低工业用地价格进行招商引资。压低工业价格出让工业用地不仅会吸引资本流入、带动地方产业发展,而且会增加就业,为地方政府带来更多的财政收入②,可以缓解分税制改革后地方政府因财权事权不匹配面临的资金缺口,这也是土地财政产生的重要原因之一。

其一,土地财政为工业发展提供了所需的土地资源。按用途分,国有建设用地分为工矿仓储用地、住宅用地、商服用地、公共管理与公共服务用地、交通运输用地等。2003 年以来,随着工业化和城市化的快速推进,国有建设用地供地总量快速增长,其中工矿仓储用地也呈现出先扩大再缩小的趋势,2013 年工矿仓储用地供应面积达到 213520.95 公顷,是 2003 年的约一倍,之后工矿仓储用地供应面积慢慢下降,2017

---

① 王国军、刘水杏:"房地产业对相关产业的带动效应研究",《经济研究》2004 年第 8 期。
② 刘守英、王志锋、张维凡、熊雪锋:"'以地谋发展'模式的衰竭——基于门槛回归模型的实证研究",《管理世界》2020 年第 6 期。

年为125196.94公顷,略高于2003年水平。工矿仓储用地占供地总量的比重在2006年达到最高点50.4%,近年来比重有所下降,2017年下降到20.2%,但仍占总供地量的五分之一,比重仅次于国有建设用地供应类型中的其他用地(包括公共管理与公共服务用地、特殊用地、交通运输用地、水域及水利设施用地、其他土地,比重为60.6%),超过住宅用地供应面积比重(14.0%)和商服用地供应面积比重(5.2%)。

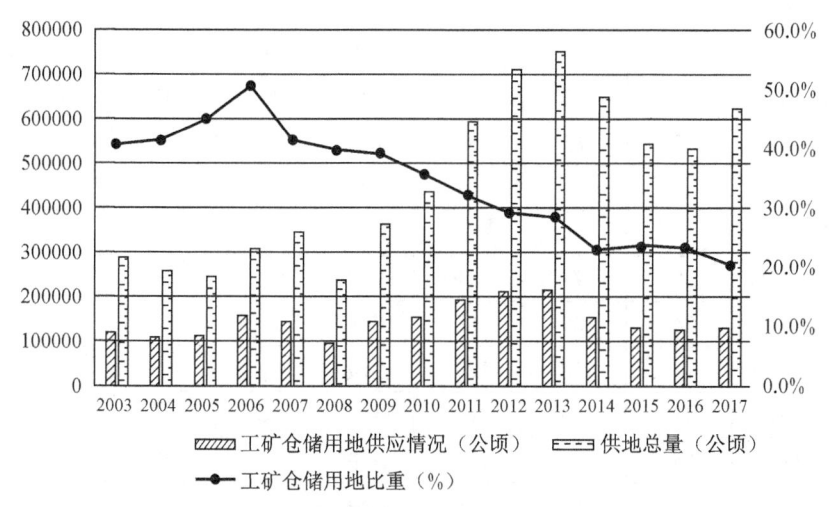

图 4.2　2003 年以来我国工矿仓储用地供应情况
数据来源:历年《中国国土资源年鉴》《中国国土资源统计年鉴》。

我国工业化发展过程中比较有代表性的是各地兴起的开发区热潮。[①] 根据国土资源部对579个国家级开发区的土地利用状况的调查,截至2021年12月31日,我国579个国家级开发区审批范围面积52.53万公顷(5253平方公里),平均每个开发区面积907.19公顷(约9.07平方公里),土地开发率89.66%,工业用地率47.78%。[②] 而根据

[①] 开发区是指在城市或其他有开发前景的区域,划出一定范围,经政府科学规划论证和严格审批,实行特殊体制和特殊政策的开放开发区域,包括经济技术开发区、高新技术开发区、保税区、边境合作区、出口加工区、工业园、软件园和物流产业园等各级各类开发区(园区)。

[②] "自然资源部办公厅关于2022年度国家级开发区土地集约利用监测统计情况的通报",2023年2月3日,http://gi.mnr.gov.cn/202302/t20230209_2775605.html。

中国开发区网披露的数据,截至2023年3月3日,我国共有开发区2800家,其中国家级开发区689家,省级开发区2111家。

表4.1 各省(直辖市、自治区)国家级开发区、省级开发区数量

省份	国家级开发区	省级开发区	开发区总数	省份	国家级开发区	省级开发区	开发区总数
北京	7	16	23	湖北	28	82	110
天津	15	21	36	湖南	26	106	132
河北	18	139	157	广东	46	100	146
山西	7	42	49	广西	17	49	66
内蒙古	12	51	64	海南	7	2	9
辽宁	29	64	93	四川	24	118	142
吉林	17	56	73	重庆	15	39	54
黑龙江	20	74	94	贵州	9	56	65
上海	24	39	63	云南	17	62	79
江苏	72	118	190	西藏	2	5	7
浙江	47	100	147	陕西	23	49	72
安徽	28	93	121	甘肃	9	70	79
福建	36	67	103	青海	3	12	15
江西	25	79	104	宁夏	4	13	17
山东	46	138	184	新疆	25	60	85
河南	22	194	216	全国	689	2111	2800

注:国家级开发区包括国家级经济技术开发区、国家级高新技术产业开发区、海关特殊监管区、边/跨境经济合作区、国家级自贸区、国家级新区、国家级自创区、其他国家级开发区。

数据来源:中国开发区网,2023年3月3日,https://www.cadz.org.cn/index.php/develop/index.html。

其二,土地财政为工业发展提供了所需的劳动力资源。地方政府征用土地后,会对农村失地农民产生"驱赶"效应,使其被动到城市就业,从而为经济增长提供更多人力资本。① 同时,根据推拉理论,改善

---

① 曾龙、杨建坤:"城市扩张、土地财政与农村剩余劳动力转移——来自中国281个地级市的经验证据",《经济与管理研究》2020年第5期。

生活条件是人口流动的主要目的,拉力即人口流入地良好的生活条件,而推力则是人口流出地不利的生活条件,人口迁移受拉力和推力两种力量共同作用。而土地财政一定程度上为改善城市基础设施和城市公共服务水平带来了资金支持,同时工业工资水平显著高于农业,导致城市对农村劳动力的拉力增强,使其主动到城市就业。

其三,土地财政通过"变相补贴"为工业发展提供了资本要素。改革开放以来,为实现工业化目标,实现经济的高速增长和地方税源,全国各地人为压低了生产要素供给的价格,以优惠的土地政策营造良好的投资环境进行招商引资,工业用地长期以低价协议出让的方式供应。在2006年,全国工业用地中协议出让的比例超过90%。① 2006年,国务院下发了《国务院关于加强土地调控有关问题的通知》(国发〔2006〕31号),明确规定"工业用地必须采用招标拍卖挂牌方式出让,其出让价格不得低于公布的最低价标准"②,并于当年年末公布了《全国工业用地出让最低价标准》(国土资发〔2006〕307号)③。尽管如此,部分地方政府仍然在工业用地出让以后通过其他途径返还土地出让收入或对用地主体进行财政补贴等方式化解中央政府对工业用地最低价格的管制。④ 从自然资源部发布的《全国主要城市地价监测报告》也可以看出,工业用地价格长期低于商住地价,而且差距在近几年有不断拉大的趋势。2021年第三季度,以2000年为基期的全国重点城市商服、住宅、工业平均地价指数分别为305、415和237。⑤ 图4.3显示,2000年

---

① 杨其静、卓品、杨继东:"工业用地出让与引资质量底线竞争——基于2007—2011年中国地级市面板数据的经验研究",《管理世界》2014年第11期。
② "国务院关于加强土地调控有关问题的通知",2006年8月31日,http://www.gov.cn/gongbao/content/2006/content_421751.htm。
③ "关于发布实施《全国工业用地出让最低价标准》的通知",2017年5月16日,https://www.ndrc.gov.cn/xwdt/ztzl/jdstjjqycb/zccs/201705/t20170516_1028523.html?state=123。
④ 曹飞:"城市存量建设用地低效利用问题的解决途径——以工业用地为例",《城市问题》2017年第11期。
⑤ 中国国土勘测规划院、城市地价动态监测组:"2021年第三季度全国主要城市地价监测报告",2021年10月20日,http://gi.mnr.gov.cn/202201/t20220102_2716448.html。

以来全国主要城市工业地价增长缓慢,仅从 2000 年的 444 元/平方米增长到 2020 年的 864 元/平方米,增长了不到一倍,而商服用地价格则从 2000 年的 1615 元/平方米增长到 2020 年的 7803 元/平方米,增长了 3.8 倍,住宅用地价格由 2000 年的 923 元/平方米增长到 2020 年的 7663 元/平方米,增长了 7.3 倍。我国工业土地出让实际上采取的是廉价让地策略,通过变相补贴的方式为工业发展提供资本要素。

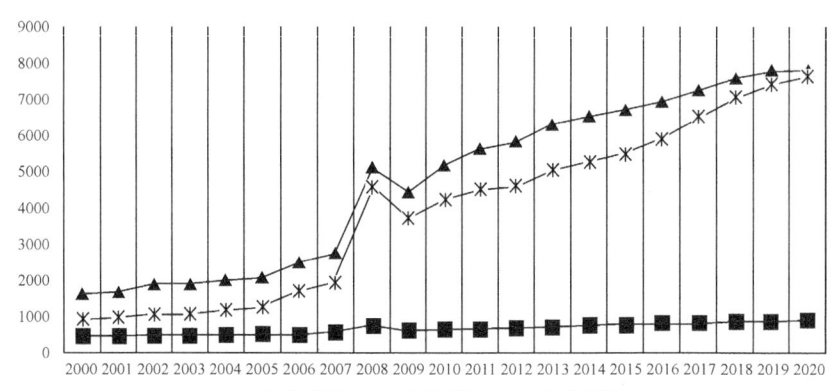

图 4.3 2000 年以来主要城市地价监测结果

注:其中 2005、2009—2018 年数据来源于当年第四季度《全国主要城市地价监测报告》,由于 2019 年以后公布的主要城市地价监测报告不再公布地价水平值,2019、2020 年数据根据当年第四季度《全国主要城市地价监测报告》公布的地价同比增速计算得到,其余年份数据来自当年《全国主要城市地价状况分析报告》。纵坐标单位为元/平方米。

数据来源:中国地价网,http://www.landvalue.com.cn。

(二) 土地财政与服务业

一方面,土地财政为服务业发展提供所需土地和劳动力资源。除低价供应工业用地"招商引资"发展工业外,地方政府还有较强的激励对不同区位、不同用途的土地采取不同的供给策略。[①] 为了弥补低价出让工业用地的损失,以及出于对土地收入最大化的追求,地方政府还通过招拍挂的方式高价出让商服用地和住宅用地,获取高额的土地出让收入。而出让商服用地,则直接为服务业发展提供了所需的土地资

---

① 赵祥、曹佳斌:"地方政府'两手'供地策略促进产业结构升级了吗——基于 105 个城市面板数据的实证分析",《财贸经济》2017 年第 7 期。

源。据统计,我国国有建设用地中商业服务业用地供地面积2017年约有32094.49公顷(见图4.4)。同时,农村人口被动或主动到城市就业,也为服务业提供了大量劳动力。《2022年农民工监测调查报告》显示,全国从事第三产业的农民工比重为51.7%,超过第二产业。

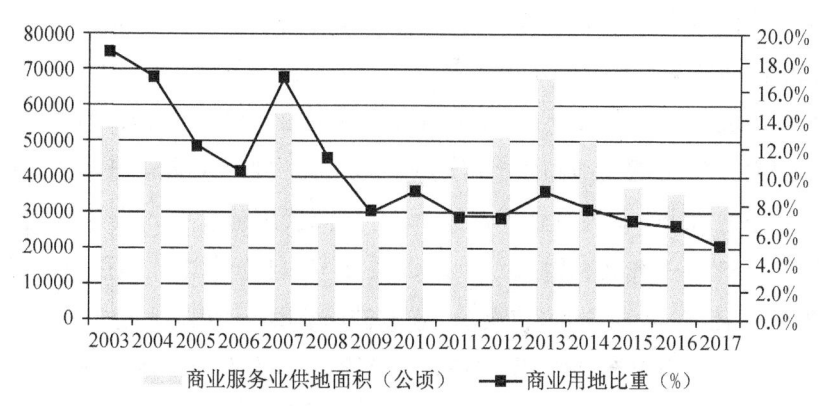

图 4.4 2003 年以来我国商业服务业用地供应情况

数据来源:历年《中国国土资源年鉴》《中国国土资源统计年鉴》。

另一方面,从土地收入最大化的目的来看,地方政府倾向于减少商服用地的供给数量,通过"饿地"策略抬高商服用地价格,从而以较少的土地获取较高的土地出让收入①,这导致的后果就是商服用地价格较高。而高昂的商服用地价格又提高了服务业的用地成本,限制了服务业的发展。②

(三)土地财政与房地产业

与商服用地价格居高不下类似,出于最大化获取土地出让收入的目的,地方政府有维持高房价的动机,而通过"招拍挂"方式出让住宅用地就成为推高房价的重要工具。一些地方政府还鼓励、扩大甚至虚拟地方土地市场竞争,在一定程度上提高了地价,而高昂的地价又会进一

---

① 张莉、年永威、皮嘉勇、周越:"土地政策、供地结构与房价",《经济学报》2017年第1期。
② 白雪洁、耿仁强:"土地财政是产业结构升级的制度阻力吗?——基于土地资源错配的视角",《经济问题探索》2022年第7期。

步提高房价。① 但不同于商服用地,住宅作为一种特殊商品,其供需都有其特殊性。由于住宅兼具居住和投资属性,当房价上涨时,消费者会形成恐慌心理和上涨预期,即便价格上涨需求仍然增加,所以住宅需求弹性大,同时土地的稀缺性导致住宅的供给弹性小,因此即便住宅类用地出让价格提高,也不会对房地产业发展形成明显的抑制作用。住宅用地出让价格的提高,导致地方政府土地财政收入显著增加,同时房地产投资的增加又会带来地方 GDP 的迅速增长,这些都会强化其维持高地价的动机和行为,从而导致房地产业逐渐成为很多地方的支柱产业。既有研究表明,商服用地和住宅用地对土地出让收入的贡献显著不同,住宅用地的出让收益约占总收益的 60%,而商服用地仅占 20%。② 根据《国土资源统计年鉴》数据显示,2003—2017 年,我国住宅用地供应面积累计达 1315758.31 公顷,仅次于工矿仓储用地供应面积。住宅用地供应面积在 2013 年达到顶峰,为 141966.6 公顷,2017 年仍有 87087.28 公顷。

第二节 模型与实证分析

一、模型设定与变量选择

借鉴已有研究,构建土地财政与工业、服务业的双向固定效应模型如下:

$$SEC_{it} = \alpha_0 + \alpha_1 ILAND_{it} + \alpha_2 X_{it} + \mu_i + \lambda_t + \varepsilon_{it} \quad (4.1)$$

$$THIR_{it} = \beta_0 + \beta_1 CLAND_{it} + \beta_2 X_{it} + \mu_i + \lambda_t + \varepsilon_{it} \quad (4.2)$$

其中 4.1 式是为了研究土地财政与城市工业之间的关系,SEC 代表第二产业产值比重,$ILAND$ 代表工业用地成交面积。4.2 式是为

---

① 关劲峤:"基于财政分权的房价上涨对产业升级的影响",《哈尔滨工业大学学报》(社会科学版)2017 年第 5 期。
② 张莉、陆铭、刘雅丽:"税收激励与城市商住用地结构——来自'营改增'的经验证据",《经济学》(季刊)2022 年第 4 期。

了研究土地财政与城市服务业之间的关系，$THIR$ 代表第三产业产值比重，$CLAND$ 代表商服用地成交面积。X 代表控制变量。下标 i 代表第 i 个城市，下标 t 代表第 t 年。α_0、β_0 是常数项，系数 α_1、α_2、β_1、β_2 为待估参数，μ_i 表示城市固定效应，λ_t 表示时间固定效应，ε_{it} 表示随机误差项。具体的变量说明如下：

被解释变量：第二产业产值比重（SEC）和第三产业产值比重（$THIR$）。本书分别用第二产业产值占本地区 GDP 的比重、第三产业产值占本地区 GDP 的比重来衡量城市工业和服务业发展水平。

核心解释变量：工业用地成交面积（$ILAND$）。Wind 金融终端数据库统计了中国 100 个大中城市包括住宅类（包括住宅和商住综合）、商服、工业、其他等不同类型土地成交情况，而工业用地成交面积可以代表土地出让行为对城市工业发展水平产生直接影响。因此，选择其为式 4.1 的核心解释变量。同样，商服用地成交面积（$CLAND$）可以代表土地出让行为对城市服务业水平产生影响，选择其为式 4.2 的核心解释变量。

控制变量：财政自给率（$AUTO$）。财政自给率是指地方财政一般预算内收入与地方财政一般预算内支出的比值。该指标反映了一个城市的财政收入能力，考虑到财政能力与中国式财政分权对城市产业发展的影响，将其作为控制变量纳入模型。

经济发展水平（$PGDP$）。经济发展水平是促进地区产业发展的重要因素，一般认为，经济发展水平越高，产业结构水平越高。参考大多数文献，选择人均地区生产总值代表地区的经济发展水平。

对外开放度（OP）。用各市当年实际利用外资金额占其地区生产总值比重来表示，其中各市当年实际利用外资金额按照当年汇率水平换算成人民币计算。一般认为，FDI 的流入会对一个地区的产业结构升级产生影响。

人力资本水平（EDU）。用普通高等学校在校学生数与地区人口比重表示。人力资本水平是产业结构变化的重要影响因素。

人口规模（POP）。人口数量是地区经济增长的重要因素，直接决定了产业发展的劳动力投入水平。

市场化水平（MAR）。采用 1 减去地方政府预算内财政支出占 GDP 的比重来表示。① 一般认为，市场化水平有助于提高资源配置效率，从而影响地区产业结构水平。

劳动力成本（WAGE）。用在岗职工平均工资表示。一般认为，工资水平的不同会引起不同行业劳动力的流动，从而影响产业结构。

金融发展水平（FINA）。用年末金融机构人民币贷款余额占 GDP 比重来表示。

表 4.2　各变量及其计量方法

类型	代码	名称	计量方法
被解释变量	SEC	第二产业产值比重	第二产业产值/本地区 GDP(%)
	THIR	第三产业产值比重	第三产业产值/本地区 GDP(%)
核心解释变量	ILAND	工业用地成交面积	工业用地成交土地占地面积(万平方米)
	CLAND	商服用地成交面积	商服用地成交土地占地面积(万平方米)
控制变量	AUTO	财政自给率	地方财政一般预算内收入/地方财政一般预算内支出(%)
	PGDP	经济发展水平	人均地区生产总值(元)
	OP	对外开放度	当年实际利用外资金额/地区生产总值(%)
	EDU	人力资本水平	普通高等学校在校学生数/地区人口比重(%)
	POP	人口规模	全市年末总人口(万人)
	MAR	市场化水平	1—地方政府预算内财政支出/GDP(%)
	WAGE	劳动力成本	在岗职工平均工资(元)
	FINA	金融发展水平	年末金融机构人民币贷款余额/GDP(%)

---

① 李勇刚、王猛："土地财政与产业结构服务化——一个解释产业结构服务化'中国悖论'的新视角"。

二、数据说明与描述性统计

本章在研究中以年度数据为基础,对2009—2020年全国100个重点城市(城市样本来源于Wind金融终端数据库)的数据进行实证分析。

样本数据中来源于历年《中国城市统计年鉴》、国研网统计数据库、Wind金融终端数据库、各市历年《统计年鉴》。在进行回归分析之前,为了消除变量异常值所引起的估计结果的偏误,本章对模型中的工业用地成交面积($ILAND$)、商服用地成交面积($CLAND$)、经济发展水平($PGDP$)、人口规模(POP)和劳动力成本($WAGE$)进行自然对数处理,并采用插值法补齐变量的少量缺失值。由于某些城市的$ILAND$、$CLAND$原始数据显示为0,考虑到取对数,将所有$ILAND$、$CLAND$在原数据基础上加0.001。为了消除物价因素对该指标的影响,我们使用各市所在省份的消费价格指数对$PGDP$、$WAGE$进行平减,将其折算为2009年不变价格水平。

数据处理使用STATA 15软件。变量的描述性统计结果见表4.3。

表4.3 基于100个大中城市的变量描述性统计

变量	样本量	均值	标准值	最小值	最大值
SEC	1200	0.4537	0.0916	0.151	0.6949
$THIR$	1200	0.4680	0.1016	0.2492	0.839
$ILAND$	1200	586.204	572.582	0.001	3952.571
$CLAND$	1200	148.798	163.378	0.001	1386.921
$AUTO$	1200	0.646	0.233	0.069	1.795
$PGDP$	1200	56266.320	26141.120	10982.000	156114.300
OP	1200	0.024	0.020	0.000	0.132
EDU	1200	0.031	0.026	0.002	0.128
POP	1200	660.303	462.121	58.000	3208.911

(续表)

变量	样本量	均值	标准值	最小值	最大值
MAR	1200	0.851	0.066	−0.485	0.956
$WAGE$	1200	50499.400	16612.410	7857.671	140701.200
$FINA$	1200	1.327	0.726	0.264	5.305

三、实证分析

表 4.4 中列(2)和列(4)分别是利用式 4.1 和式 4.2 对不同土地出让类型影响城市工业和服务业发展的实证分析结果。为了展示结果的稳健性，同时考虑未加入控制变量的回归，即列(1)和列(3)。列(1)和列(2)结果显示，无论是否加入控制变量，工业用地成交面积(lnILAND)均对第二产业产值比重(SEC)产生显著的正向影响，即城市出让工业用地有助于促进第二产业比重提升，由于第二产业中占主要比例的是工业产值，由此可以认为，土地财政促进了工业化发展。列(3)和列(4)结果显示，无论是否加入控制变量，商服用地成交面积(lnCLAND)对第三产业产值比重(THIR)的影响均不显著。实证分析结果与李勇刚和王猛[①]的观点相似，土地财政主要通过以廉价的工业用地招商引资，从而促进地区的经济发展和经济城市化，但同时商服用地的出让并未能同样促进第三产业的发展。很多城市出让土地类型中工业用地占比非常大，以昆明为例，2022 年成交工业用地面积 663.7 万平方米，占全部成交土地比重在 83.8%，而成交商服用地面积仅占 7.0%。

表 4.4 基准回归结果

被解释变量	SEC		$THIR$	
解释变量	(1)	(2)	(3)	(4)
ln$ILAND$	0.0029*** (3.02)	0.0018** (2.10)		

---

① 李勇刚、王猛：".土地财政与产业结构服务化——一个解释产业结构服务化'中国悖论'的新视角"。

(续表)

被解释变量	SEC		THIR	
解释变量	(1)	(2)	(3)	(4)
$\ln CLAND$			−0.0013 (−1.56)	−0.0012 (−1.41)
$AUTO$		−0.0037 (−0.30)		0.0062 (0.52)
$\ln PGDP$		0.0919*** (11.33)		−0.0480*** (−6.22)
OP		−0.0086 (−0.11)		0.0818 (1.14)
EDU		−0.3259* (−1.78)		0.1106 (0.63)
$\ln POP$		0.0435*** (3.54)		−0.0524*** (−4.44)
MAR		0.0237 (1.20)		−0.0090 (−0.48)
$\ln WAGE$		−0.0067 (−0.74)		0.0152* (1.78)
$FINA$		−0.0163*** (−4.02)		0.0176*** (4.57)
C	0.4742*** (93.23)	−0.6718*** (−4.74)	0.4255*** (123.04)	1.0727*** (7.96)
控制变量	未控制	已控制	未控制	已控制
城市固定效应	已控制	已控制	已控制	已控制
时间固定效应	已控制	已控制	已控制	已控制
N	1200	1200	1200	1200
R^2	0.6638	0.7279	0.7666	0.7902

注:括号内为 t 值。表 4.5—4.9 同。

从控制变量的回归估计结果来看,财政自给率($AUTO$)对第二产业比重、第三产业比重的影响均不显著,说明城市的产业结构与其财政能力关系不大。

经济发展水平(ln$PGDP$)与第二产业比重呈显著正相关、与第三产业比重呈显著负相关,这似乎与一般的研究结论不同,但同时也给我们提供了新的启发,即经济发展水平高是否必然意味着第二产业比重下降而第三产业比重提升,答案是否定的。事实上很多人均GDP较高的城市,如苏州、宁波、无锡、常州,其第二产业产值都维持在45%以上。我国快速跃升为世界第二大经济体,人均GDP显著提高,离不开第二产业发展的贡献。

对外开放度(OP)与第二产业比重、第三产业比重的关系均不显著,原因可能在于第二产业方面,地方政府引进外资多投向中低端制造业,而其增加值收益较低;服务业方面,尽管2011年以来我国服务业吸引外资首次超过制造业,但外资主要投向租赁和商务服务业、房地产业等,引进外资的质量和结构未能有效促进服务业结构升级。

人力资本水平(EDU)对第二产业比重的影响在10%的水平上显著为负,对第三产业比重影响不显著。从第二产业来看,实证结果验证了之前很多研究关于人力资本促进产业升级的观点[①];从服务业看,原因可能是城市人力资本的产业升级效应尚未发挥出来。

人口规模(lnPOP)与第二产业比重呈显著正相关、与第三产业比重呈显著负相关,说明在我国工业化发展过程中,人口发挥了重要的红利作用,与此同时,虽然目前第三产业就业人口比重超过第二产业,但由于大量的三产劳动力所从事的行业属于餐饮、零售等低端服务业,人口规模并未能很好地发挥促进服务业结构提高的作用。

市场化水平(MAR)与第二产业比重、第三产业比重的关系均不显著,说明城市市场化水平对其产业结构升级作用有限。

---

① 何小钢、罗奇、陈锦玲:"高质量人力资本与中国城市产业结构升级——来自'高校扩招'的证据",《经济评论》2020年第4期。

劳动力成本(ln$WAGE$)对第二产业比重呈不显著的负向影响,对第三产业比重的影响在10%水平上显著为正。对第二产业来讲,劳动力成本上升可导致劳动密集型产业生产成本增加和利润率的下降,降低企业的竞争力,从而不利于第二产业中劳动密集型产业的发展,但总体来看目前这种影响还很微弱。对服务业而言,劳动力成本上升一方面使得第二产业劳动力流向第三产业,另一方面其带来的居民收入增加可以通过扩大消费推动服务业发展,因此劳动力成本上升对服务业发展有挤入效应。

金融发展水平($FINA$)与第二产业比重呈显著负相关、与第三产业比重呈显著正相关,说明金融发展的提升主要促进了服务业的发展,有助于推动产业结构升级。

四、稳健性检验

为保证研究结论的可靠性和在一定程度上缓解内生性问题,本章采取以下几种方法进行稳健性检验:

一是使用核心解释变量的滞后项替换核心解释变量。表4.5为核心解释变量滞后项纳入模型后的回归结果。结果显示,无论是否加入控制变量,工业用地成交面积的滞后项均对第二产业产值比重(SEC)产生显著的正向影响,商服用地成交面积的滞后项对第三产业产值比重($THIR$)的影响均不显著。基准回归结果是稳健的。

表4.5 稳健性检验——核心解释变量滞后一期

被解释变量	SEC		$THIR$	
解释变量	(1)	(2)	(3)	(4)
L.ln$ILAND$	0.0027*** (2.84)	0.0026*** (2.95)		
L.ln$CLAND$			0.0003 (0.40)	0.0004 (0.46)
$AUTO$		−0.0099 (−0.74)		0.0095 (0.74)

(续表)

被解释变量	SEC		THIR	
解释变量	(1)	(2)	(3)	(4)
$\ln PGDP$		0.0769*** (8.92)		−0.0423*** (−5.11)
OP		0.0072 (0.09)		0.0767 (0.99)
EDU		−0.4566** (−2.41)		0.2583 (1.41)
$\ln POP$		0.0526*** (3.92)		−0.0509*** (−3.91)
MAR		0.0278 (1.41)		−0.0089 (−0.47)
$\ln WAGE$		−0.0135 (−1.50)		0.0182** (2.09)
$FINA$		−0.0217*** (−5.08)		0.0194*** (4.80)
C	0.4836*** (96.80)	−0.4946*** (−3.31)	0.4173*** (120.82)	0.9609*** (6.68)
控制变量	未控制	已控制	未控制	已控制
城市固定效应	已控制	已控制	已控制	已控制
时间固定效应	已控制	已控制	已控制	已控制
N	1100	1100	1100	1100
R^2	0.6825	0.7422	0.7705	0.7939

二是剔除直辖市样本。去掉北京、天津、上海和重庆四个直辖市的数据,估计结果见表4.6。结果显示,与表4.4相比,核心解释变量的参数估计和显著性均未发生明显变化,说明基准回归的结果是稳健的。

表 4.6　稳健性检验——剔除直辖市样本

被解释变量	SEC		THIR	
解释变量	(1)	(2)	(3)	(4)
ln*ILAND*	0.0026*** (2.65)	0.0017* (1.86)		
ln*CLAND*			−0.0012 (−1.35)	−0.0011 (−1.29)
AUTO		−0.0008 (−0.07)		0.0032 (0.27)
ln*PGDP*		0.0932*** (11.27)		−0.0488*** (−6.20)
OP		−0.0480 (−0.62)		0.1267* (1.71)
EDU		−0.3253* (−1.76)		0.0997 (0.57)
ln*POP*		0.0433*** (3.48)		−0.0523*** (−4.38)
MAR		0.0224 (1.12)		−0.0076 (−0.40)
ln*WAGE*		−0.0071 (−0.78)		0.0158* (1.83)
FINA		−0.0175*** (−4.20)		0.0180*** (4.57)
C	0.4783*** (92.85)	−0.6710*** (−4.66)	0.4198*** (119.91)	1.0648*** (7.78)
控制变量	未控制	已控制	未控制	已控制
城市固定效应	已控制	已控制	已控制	已控制
时间固定效应	已控制	已控制	已控制	已控制
N	1152	1152	1152	1152
R^2	0.6554	0.7219	0.7618	0.7861

三是缩尾后进行回归。对所有变量在1%的水平上进行缩尾处理。回归结果见表4.7。回归结果显示,与表4.4相比,核心解释变量的参数

估计和显著性均未发生明显变化,说明基准回归的结果是稳健的。

表 4.7 稳健性检验——缩尾后回归

被解释变量	SEC		$THIR$	
解释变量	(1)	(2)	(3)	(4)
$\ln ILAND$	0.0046*** (3.14)	0.0034** (2.44)		
$\ln CLAND$			−0.0011 (−1.03)	−0.0009 (−0.86)
$AUTO$		−0.0091 (−0.70)		0.0068 (0.55)
$\ln PGDP$		0.0709*** (7.75)		−0.0406*** (−4.64)
OP		0.1054 (1.30)		0.0289 (0.37)
EDU		−0.4628** (−2.40)		0.2154 (1.17)
$\ln POP$		0.0322** (2.52)		−0.0413*** (−3.36)
MAR		0.1519*** (3.16)		−0.0615 (−1.33)
$\ln WAGE$		−0.0083 (−0.72)		0.0232** (2.08)
$FINA$		−0.0159*** (−3.42)		0.0177*** (3.98)
C	0.4643*** (62.31)	−0.4836*** (−3.06)	0.4252*** (107.35)	0.8879*** (5.84)
控制变量	未控制	已控制	未控制	已控制
城市固定效应	已控制	已控制	已控制	已控制
时间固定效应	已控制	已控制	已控制	已控制
N	1200	1200	1200	1200
R^2	0.6589	0.7190	0.7595	0.7822

四是采用系统广义矩方法（SYS-GMM）[①]进行处理。SYS-GMM 有一步估计与两步估计，在有限样本条件下，SYS-GMM 的一步估计法存在过度拒绝工具变量有效性的倾向，而两步估计法存在参数估计值标准误差严重向下偏误的问题。本章将采用两步估计法。SYS-GMM 估计量是否一致，关键在于工具变量是否有效，这需要进行两个检验，一是对所使用的工具变量的有效性进行的 Sargan 检验，如果不能拒绝原假设就意味着工具变量的设定是合适的；二是通过 Arellano-Bond 的自相关检验法对差分方程的随机误差项的二阶序列相关进行检验，如果不能拒绝原假设则意味着一阶差分方程的随机误差项中不存在二阶序列相关。

为了检验模型的稳健性及结果的可靠性，引入被解释变量的滞后一期项进入式 4.1 和式 4.2，以缓解内生性，利用 SYS-GMM 的两步法进行估计，具体结果见表 4.8。列(1)和列(2)的 AR(1)均小于 0.05，AR(2)均大于 0.05，接受"扰动项无自相关"的原假设。Hansen 检验的 P 值大于 0.1，接受"所有工具变量都有效"的原假设，说明模型设定是合理的。结果显示，工业用地成交面积（$ILAND$）仍对第二产业产值比重（SEC）产生显著的正向影响，商服用地成交面积（$CLAND$）对第三产业产值比重（$THIR$）的影响仍不显著，进一步验证了基准回归结果的稳健性。

表 4.8　动态面板模型估计结果

被解释变量	SEC	$THIR$
解释变量	(1)	(2)
$\ln ILAND$	0.0038** (2.14)	

[①] SYS-GMM 方法是由 Arellano 等(1995)及 Blundell 等(1998)提出的，其基本思路是：用差分方程来消除固定效应，并使用自变量的水平滞后项作为差分项的工具变量；同时使用差分项的滞后项作为水平项的工具变量，以此来增加工具变量的个数从而解决水平滞后项的弱工具变量问题，因此其估计结果也比混合截面 OLS 估计和固定效应模型（FE）更为可靠。

(续表)

被解释变量	SEC	THIR
ln$CLAND$		-0.0015 (-1.62)
$AUTO$	-0.0365^{**} (-2.60)	0.0330^{**} (2.26)
ln$PGDP$	0.0194 (1.33)	0.0031 (0.35)
OP	0.1030 (0.98)	-0.0978 (-1.16)
EDU	-0.3221^{**} (-2.41)	0.2027^{**} (2.13)
lnPOP	-0.0041 (-0.75)	0.0054 (1.54)
MAR	0.2085^{*} (1.91)	-0.1823^{*} (-1.75)
ln$WAGE$	-0.0132 (-1.36)	0.0181 (1.53)
$FINA$	-0.0086^{*} (-1.84)	0.0127^{***} (3.05)
$L.SEC$	0.6476^{***} (10.61)	
$L.THIR$		0.7388^{***} (13.51)
N	1100	1100
Arellano-Bond AR(1)检验	0.000	0.000
Arellano-Bond AR(2)检验	0.109	0.057
Hansen 检验	0.913	0.939

注：Arellano-Bond 检验、Hansen 检验对应的为 P 值。表 4.9 同。

第三节 进一步分析:土地财政与房地产业关系的实证分析

上文分析结果显示,土地财政对第二、三产业发展呈现完全不同的影响。土地财政通过提供低价工业用地促进了工业化的发展,土地财政对服务业发展并未显现出明显的促进作用。

然而,房地产业作为服务业的重要组成部分,其与土地财政的关系可以说密不可分。现有研究认为,土地财政依赖对房价有显著的提高作用①,而房地产业的快速扩张也导致了对其他行业的挤出效应②和制造业空心化③,以及城镇化的泡沫化④。因此,在分析土地财政与城市化质量关系的作用时,单独将服务业中的房地产业拿出来,分析其与土地财政之间的关系,有助于我们更好地理解为何在土地财政发展的初期,土地出让有助于提升城市化质量,而在土地财政发展后期,土地财政却抑制了城市化质量的进一步提升。

构建土地财政与房地产业的双向固定效应模型如下:

$$HOU_{it} = \gamma_0 + \gamma_1 RLAND_{it} + \gamma_2 X_{it} + \mu_i + \lambda_t + \varepsilon_{it} \quad (4.3)$$

其中 HOU 代表房地产开发投资额占 GDP 比重,为被解释变量;$RLAND$ 代表住宅类用地成交面积,为核心解释变量,γ_0 是常数项,系数 γ_1、γ_2 为待估参数。解释变量 X 与其他符号含义参见式 4.1 和式 4.2。

---

① 郭珂:"土地财政依赖、财政缺口与房价——基于省际面板数据的研究",《经济评论》2013年第 2 期;唐云锋、吴琦琦:"土地财政制度对房地产价格的影响因素研究"。
② 孙煜、孙军、陈柳:"房地产业扩张对我国产业结构影响的实证分析",《江苏社会科学》2018 年第 4 期。
③ 吕玉霞:"土地资源配置及其经济效应的研究评述",《山东师范大学学报》(人文社会科学版)2017 年第 4 期。
④ 张杰:"中国产业结构转型升级中的障碍、困局与改革展望",《中国人民大学学报》2016年第 5 期。

实证分析结果见表4.9。

基准回归结果显示,住宅类用地成交面积(lnRLAND)对房地产开发投资额占GDP比重(HOU)的影响在1%的水平上显著为正,说明通过出让住宅类用地对房地产业的发展有促进作用。列(2)至列(5)分别是使用核心解释变量的滞后项替换核心解释变量、剔除直辖市样本、对所有变量在1%的水平上进行缩尾处理、采用系统广义矩方法进行处理后的稳健性检验结果,都验证了基准回归结果的稳健性。

表4.9 土地财政与房地产业关系的实证分析结果

	基准回归	稳健性检验			
	(1)	(2)	(3)	(4)	(5)
lnRLAND	0.0113*** (5.60)		0.0108*** (5.24)	0.0099*** (5.32)	0.0053*** (2.76)
L.lnRLAND		0.0167*** (8.25)			
AUTO	0.0277 (1.60)	0.0261 (1.40)	0.0248 (1.41)	0.0163 (1.07)	0.0484** (2.03)
lnPGDP	0.0407*** (3.61)	0.0372*** (3.10)	0.0438*** (3.80)	0.0504*** (4.64)	0.0027 (0.20)
OP	0.0458 (0.43)	0.0169 (0.15)	0.1085 (0.99)	0.0400 (0.42)	−0.0161 (−0.12)
EDU	0.9249*** (3.63)	0.8198*** (3.10)	0.8937*** (3.46)	1.2488*** (5.47)	0.0079 (0.08)
lnPOP	0.0637*** (3.70)	0.0565*** (3.00)	0.0653*** (3.75)	0.0819*** (5.40)	−0.0130** (−2.00)
MAR	−0.1136*** (−4.12)	−0.1235*** (−4.48)	−0.1112*** (−3.99)	−0.4674*** (−8.13)	−0.3172** (−2.20)
lnWAGE	0.0060 (0.48)	0.0024 (0.20)	0.0080 (0.63)	0.0212 (1.54)	−0.0029 (−0.22)
FINA	0.0278*** (4.94)	0.0267*** (4.56)	0.0252*** (4.36)	−0.0029 (−0.53)	0.0175*** (3.15)

(续表)

	基准回归	稳健性检验			
	(1)	(2)	(3)	(4)	(5)
L.HOU					0.7287*** (19.24)
C	−0.8045*** (−4.08)	−0.6946*** (−3.33)	−0.8585*** (−4.28)	−0.8275*** (−4.42)	0.3066 (1.55)
控制变量	已控制	已控制	已控制	已控制	已控制
城市固定效应	已控制	已控制	已控制	已控制	已控制
时间固定效应	已控制	已控制	已控制	已控制	已控制
N	1200	1100	1152	1200	1100
R^2	0.2723	0.2684	0.2720	0.3334	
Arellano-Bond AR(1)检验					0.000
Arellano-Bond AR(2)检验					0.232
Hansen检验					0.939

土地财政通过促进工业、房地产业的发展提高了城市化的综合水平，但也给城市化质量提升带来一定负面影响。

地方政府低价出让工业用地促进工业化发展的同时占用了大量土地，导致城镇建设用地未得到集约利用，土地利用效率异常低下。根据自然资源部《关于2022年度国家级开发区土地集约利用监测统计情况的通报》，579个国家级开发区中，16个国家级开发区土地开发率低于60%，29个土地供应率低于60%，24个土地建成率低于60%；闲置土地0.06万公顷，占已供应国有建设用地的0.14%，土地闲置率比上年度增加了1倍，西部地区增加了3倍。[①] 同时，在我国工业中，传统的低技术和资源密集型产业比重较大，导致我国对能源和资源的消耗也

---

① 自然资源部办公厅：“关于2022年度国家级开发区土地集约利用监测统计情况的通报”，2023年2月3日，http://gi.mnr.gov.cn/202302/t20230209_2775605.html。

非常大。2020年我国能源消费总量为49.8亿吨标准煤,占世界能源消费总量的26%,超过1/4。随着能源对外依存度越来越大,我们将需要依靠进口满足国内需求,这不但会危及经济安全,而且会危及政治与国家安全。同时,通过低价出让土地招商引资造成一些地区大量引进低端制造业投资,从而导致"低端产能过剩、高端产能不足"的供给结构失衡问题,影响了产业创新。这些都对城市长远发展和城市化质量提升带来不利影响。

房地产业的发展固然通过土地财政为城市化建设提供了大量资金。然而随着房地产业的飞速发展,房地产价格特别是住宅价格也迅速上涨,且这种上涨程度已经逐渐超出了居民的可承受能力,从而不利于人口城市化发展。同时,房地产业的快速发展也使得社会资本大量流入房地产和建筑行业,引发房地产投机行为和产业结构"脱实向虚",导致我国整体产业水平和国际竞争力相对较低。而技术结构滞后发展会进一步增加实体经济结构调整的难度。房地产价格高涨所带来的土地增值收益的再分配也不合理。因此,从短期来看,由于房地产业、建筑业的快速发展,行业产生的企业所得税、营业税、房地产税等相关税费也逐渐增加,为地方政府财政收入做出了巨大贡献,促进了城市经济的发展和城市面貌的改善。从长期来看,房地产业的虚假繁荣一方面掩盖了产业升级中需要真正面对的质量提升问题,同时也造成了贫富差距等社会问题,不利于城市化质量的提升。

本章利用2009—2020年全国100个重点城市面板数据,分别研究了土地财政与城市工业、城市服务业,以及服务业中的房地产业的关系。研究结果表明:

(1)目前我国的土地财政对城市工业有推动作用,而对服务业的发展并不存在相同的促进作用。

(2)土地财政通过出让住宅类用地对房地产业的发展有促进作用。

（3）基于以上研究，我们认为，土地财政对工业化有着明显的直接作用而非间接作用。土地财政对工业化的作用，并非有些研究中所认为的"去工业化"。土地财政正是通过"暗补"的方式，推进了工业化进程的加快，进一步地又推动了城市化的发展。同样，土地财政也推动了房地产业的发展，从而为城市化建设带来了土地财政收入。而从城市化质量提升的角度来看，地方政府低价出让工业用地导致工业用地利用效率低下，资源密集型产业发展导致对能源消耗巨大，都对城市化质量提升带来负面影响。房地产业的虚假繁荣一方面掩盖了产业升级中需要真正面对的质量提升问题，造成了经济城市化的虚高，同时也造成了贫富差距等社会问题，不利于城市化质量的提升。

第五章
土地财政与城市经济性公共产品

　　根据公共经济学理论,社会产品分为公共产品和私人产品。相对于私人产品来说,公共产品具有效用的不可分割性、受益的非排他性和消费的非竞争性。公共产品由于非竞争性、非排他性,导致了公共产品只能公共提供,即由政府筹资支付产品的成本向公众提供。有学者将地方政府提供的公共物品分为经济性公共物品(包括交通、能源、通讯等方面)和非经济性公共物品(包括环保设施、卫生保健、文化教育、社会福利等方面)。① 本书根据研究的需要,将城市公共产品分为经济性公共产品和民生性公共产品。经济性公共产品主要指城市的能源、供排水、交通、通信和防灾等,也就是城市基础设施,是为城市居民提供生产和生活所必需的最基本的公用设施,由于地方政府具有的经济职能和政府竞争的需要,经济性公共产品的生产相对来说速度快,供给水平也相对充足。民生性公共产品主要指教育、科技、文化、医疗卫生、体育在内的各项社会事业,以及就业、社会保障服务和环境保护等方面的公共产品,目前我国民生性公共产品相对于经济性公共产品仍然处于供给不足的状况。改革开放以来,我国的城市经济性公共产品供给水平有了显著提高,土地财政与城市经济性公共产品供给水平的提高有怎样的关系?这种关系从长期来看,会有什么变化?本章试图分析土地财政与经

---

① 傅勇:"财政分权、政府治理与非经济性公共物品供给",《经济研究》2010年第8期。

济性公共产品之间的关系,并通过计量模型进行实证分析,为我国提升基础设施城市化质量提供参考依据。

目前国外关于经济性公共产品产出资金的文献主要涉及基础设施投融资决定因素问题的研究。伦道夫等使用 1980—1986 年 27 个国家的数据研究了决定基础设施投资的各种因素,其中因变量是政府在交通和通信上的人均支出,自变量包括反映经济结构的指标如发展阶段、财政与国际收支平衡状况、贸易条件、制度、人口密度、城市化水平、城乡结构和劳动参与率,结论是人均基础设施支出对经济发展阶段、城市化水平和劳动参与率最为敏感。[1] 赫尼什使用超过 100 多个国家的历史数据进行研究,结果证明政治环境是决定基础设施投资的重要因素,不仅在最近一些年,在 19 世纪也是如此。[2]

随着经济性公共产品也就是城市基础设施建设对经济发展的作用日益凸显,国内学者对城市基础设施建设投融资的研究也相当广泛。国内对基础设施投资影响因素更多是从财政分权、政府治理等角度进行分析。张军等运用 GMM 方法探寻影响基础设施投资支出的决定性因素,研究结果证实,对于基础设施投资而言,地方政府之间在"招商引资"上的标尺竞争和政府治理的转型是决定性因素。[3] 龚锋和卢洪友利用 1999—2005 年中国内地 28 个省(自治区、直辖市)的面板数据建立联立方程组模型,实证检验财政分权程度与公共支出供需匹配指数的相互关系,结果显示:财政分权程度与基本建设支出过度供给指数正相关。政府配置公共资源的权力越大,地方政府越倾向于不顾居民实际需求偏好而扩张基建支出。[4] 傅勇实证研究发现,财政分权降低了城市公用设施

---

[1] Randolph, S., Bogetic, Z. & Hefley, D., "Determinants of Public Expenditure on Infrastructure: Transportation and Communication", *The World Bank Policy Research Working Paper*, 1st October, 1996.
[2] Henisz, W. J., "The Institutional Environment for Infrastructure Investment", *Industrial & Corporate Change*, Vol. 11, No. 2(2002), pp. 355-389.
[3] 张军、高远、傅勇、张弘:"中国为什么拥有了良好的基础设施?",《经济研究》2007 年第 3 期。
[4] 龚锋、卢洪友:"公共支出结构、偏好匹配与财政分权",《管理世界》2009 年第 1 期。

的供应;分权下的地方政府灵活调整规模的优势不明显;加强反腐败力度,降低了城市公用设施的供给,表明公共部门具有明显的寻租空间。①

近年来由于土地财政对经济性公共产品的影响越来越显著,国内学者开始对两者之间的关系进行探索。

卢洪友等基于2005—2007年中国地市一级经验数据,以地方公共服务供给水平为因变量,以土地租税在财政收入中的占比为自变量,并选取一系列控制变量,检验地方政府的土地财政相关收入是否有力地促进了地方的基础设施建设等公共服务水平,结论是地方土地财政收入普遍显著改善该地区基础设施水平。② 江克忠和夏策敏用地方政府辖区每万人拥有公路里程数衡量基础设施供给水平并作为被解释变量,用地区经济发展水平、预算内财政支出水平、预算外支出水平、城市化水平、市场化水平、行政事业单位人员规模作为被解释变量,采用系统广义矩方法检验预算外支出对基础设施的影响,结论是地方政府预算外支出与基础设施供给存在显著的正相关关系。③ 汤玉刚和陈强认为,财政分权体制的确立与土地要素市场化改革的启动是促成中国基础设施起飞的关键条件,分权化经济治理模式所产生的地区间的竞争与土地融资创新分别改变了基础设施投资的需求与供给能力,并运用资本存量法和实物存量法对相关假说进行了初步实证检验。④ 左翔和殷醒民将公共产品区分为经济性和非经济性两大类,利用全国284个地级市2003—2008年的面板数据的实证研究发现:在控制住其他变量后,地方政府垄断更多国有土地转让会显著增加经济性公共产品即基础设施的供给。⑤ 郑思齐等研究发现,土地价格上涨能够同时通过土

---

① 傅勇:"财政分权、政府治理与非经济性公共物品供给"。
② 卢洪友、袁光平、陈思霞、卢盛峰:"土地财政根源:'竞争冲动'还是'无奈之举'?——来自中国地市的经验证据",《经济社会体制比较》2011年第1期。
③ 江克忠、夏策敏:"财政分权背景下的地方政府预算外收入扩张:基于中国省级面板数据的实证研究",《浙江社会科学》2012年第8期。
④ 汤玉刚、陈强:"分权、土地财政与城市基础设施",《经济社会体制比较》2012年第6期。
⑤ 左翔、殷醒民:"土地一级市场垄断与地方公共品供给",《经济学》(季刊)2013年第2期。

地出让收入和土地抵押借款两种融资渠道放松地方政府面临的预算约束,从而显著带动城市基础设施投资规模扩大。①

因为经济性公共产品具有准公共产品属性,这导致它的投资多以政府为主体,但政府投资的效率及效益一直受到争议,政治因素常常致使投资偏离最佳结构,过去对影响经济性公共产品因素的研究往往集中于政治环境和地方分权的政府组织形式。② 由于2006年土地财政才开始广泛为学术界所关注,因此对土地财政与经济性公共产品关系的研究开始得相对较晚,较多的是对两者关系的定性描述,而定量分析的文章较少,现有的文献并未对土地财政的不同表现形式对城市经济性公共产品的影响进行全面深入的分析,同时,少有研究关注土地财政与城市经济性公共产品之间的非线性关系,本章的研究力图弥补这方面的不足。

第一节 土地财政、城市经济性公共产品与城市化

一、经济性公共产品对城市化的作用

(一)城市经济性公共产品为城市化发展提供物质基础

城市化是现代化的基本表现。一个现代化的城市,应当为其城市性质、城市职能、城市活动、城市管理等提供与其生产力水平相一致的经济和环境条件。城市经济性公共产品涉及城市生产、生活所必需的供水、排水、交通、供气、防洪等方方面面,是城市存在、发展的重要物质载体,也是城市活动所产生的人流、物流、信息流的基本载体。它是城市赖以生存和发展的一般条件,是社会分工的产物。经济性公共产品的建设是城市化建设的重要内容,城市经济性公共产品质量的高低直接决定了城市化进程的快慢。

---

① 郑思齐、孙伟增、吴璟、武赟:"'以地生财,以财养地'——中国特色城市建设投融资模式研究",《经济研究》2014年第8期。
② 李平、王春晖、于国才:"基础设施与经济发展的文献综述",《世界经济》2011年第5期。

（二）城市经济性公共产品是创造城市聚集效应的重要条件

经济发展到一定阶段以后要求工商业、人口等在一定区域内聚集，于是城市应运而生，但城市聚集到一定规模以后，因为生产要素的聚集，产生了一系列问题，比如雨污水的排放、垃圾的清理运输、环境的治理、灾害的防治等，这些问题的存在会制约城市的进一步集聚，因此，城市经济性公共产品便由此产生了。公路、铁路、航空站的修建，缩短了地区间的距离，有利于生产资料和产成品的运输、交易。排水管道的修建，使得城市污水得以排出。天然气管道的铺设，使得城市生产、生活获得稳定的能源。城市经济性公共产品供给水平的增加，为城市经济的发展、城市居民生活的便利提供了条件，从而有利于城市进一步集聚。

（三）城市经济性公共产品是城市现代化的重要标志

城市经济性公共产品是城市现代化不可缺少的重要条件。经济性公共产品的完善，对于城市现代化来说，是决定性的条件和标志。经济发达国家所走过的城市化道路表明，只有先完善城市各项服务设施才能带动整个城市现代化，带动城市经济、社会的全面发展和生活质量的提高。适当提高经济性公共产品的供给水平，对推动经济增长、促进产业结构调整、优化城市环境、提高城市管理水平等，都具有重要的意义。

（四）城市经济性公共产品对提高城市竞争力具有重要意义

随着经济全球化和一体化进程的加快，不同国家之间、不同城市之间、不同产业之间、不同企业之间的竞争日益激烈，城市经济性公共产品的规模和水平直接影响着城市产业的发展水平、企业的技术水平和经济实力，而产业、企业的竞争力与城市的竞争力是联系在一起的，不能分割。因此，提高经济性公共产品供给水平对于提高城市整体的竞争力具有非常重要的意义。

二、土地财政对城市经济性公共产品的效应

（一）土地财政为城市经济性公共产品建设提供重要的资金来源

改革开放以来，国家对城市基础设施的投融资体制进行了重大的改革，但是目前财政资金仍然是基础设施建设的主要资金来源之一，尤

其是纯公共产品和准公共产品特征较明显的基础设施,如城市道路、桥梁、环境卫生、供电、供水、供气、供热等。

1994年我国用于城市维护建设的资金有674.8亿元,到了2016年增加到18019.46亿元,22年时间增长了25.7倍。我国城市维护建设资金来源包括城市维护建设税、中央与地方财政拨款、国内贷款、利用外资等多种形式。2012年,其他收入7265.3亿元,占城市维护建设资金的比重最高,为60.9%,其他收入中又包括土地出让转让金,这说明土地出让收入是城市基础设施建设资金的重要来源之一。地方财政拨款2012年为2725.2亿元,占城市维护建设资金的22.9%。从广义上讲,土地财政又包括土地增值税、城镇土地使用税、房产税、耕地占用税、契税等与土地有关的税收,而这些也是地方财政收入的重要来源。因此可以说,土地财政为城市经济性公共产品提供了重要的资金来源。

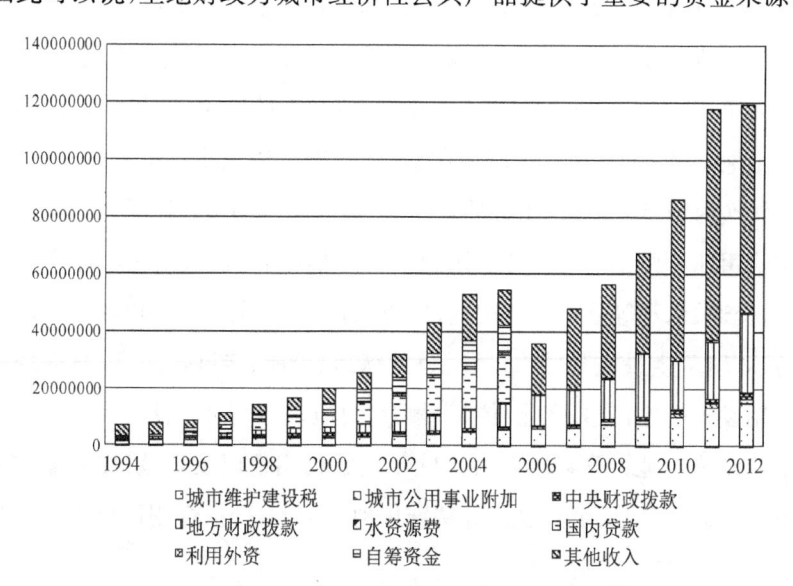

图5.1 1994年以来我国城市维护建设资金收入来源

注:自2006年起,城市维护建设资金收入仅包含财政性资金,不含社会融资。地方财政拨款中包括省、市财政专项拨款和市级以下财政资金。其他收入中包括市政公用设施配套费、市政公用设施有偿使用费、土地出让转让金、资产置换收入及其他财政性资金。由于《中国城市建设统计年鉴》中2013年以后的城市维护建设资金收入来源只给出城市维护建设税、城市公用事业附加两项内容,其他资金来源不再公布数据,因此本图仅绘出2012年以前的我国城市维护建设资金收入来源。单位为万元。

数据来源:历年《中国城市建设统计年鉴》。

国务院办公厅 2006 年发布的《国务院办公厅关于规范国有土地使用权出让收支管理的通知》(国办发〔2006〕100 号)规定,土地出让收入使用范围之一即为城市建设支出,包括完善国有土地使用功能的配套设施建设支出以及城市基础设施建设支出。根据财政部综合司公布的《2015 年全国土地出让收支情况》,2015 年,全国缴入国库的土地出让收入 33657.73 亿元,其中成本性支出 26844.59 亿元,占支出总额 79.6%,非成本性支出 6883.19 亿元,在非成本性支出中,土地出让收入用于城市建设支出 3531.53 亿元,占当年非成本性支出的 51.3%。① 可见,在扣除成本补偿性开支(征地和拆迁补偿、补助被征地农民、支付破产或改制企业职工安置费、土地出让前期开发支出)之后,土地出让收入的一半以上都用在了城市经济性公共产品也就是基础设施建设上。

(二) 土地财政为经济性公共产品建设提供土地资源

土地财政以土地为工具,通过获取土地出让收入增加地方政府收入来源,从而为基础设施建设提供资金保障,除此之外,根据目前国家的土地制度,城市化发展所需用地,由政府依法征收农用集体土地,将其转换为国有后,根据土地的具体用途,公益性用地采取无偿划拨方式交给用地单位使用。公益性用地主要包括国家机关、人民团体办公用地;交通、水利等公共设施用地;城市供排水、供电、供气、供热、邮政、消防、环境卫生设施和城市广场、公共绿地、公园、名胜古迹、革命遗址等公用设施用地;公共文化、体育、教育、科研、医疗卫生、社会福利等公益事业设施用地;军事设施、各国驻华使领馆用地以及宗教设施、监教场所和公益性公墓、殡葬设施等特殊用地。因此,公益性用地很大一部分

---

① 土地出让支出分为两类:一类为成本性支出,包括征地拆迁补偿支出、土地出让前期开发支出、补助被征地农民支出等,这类支出为政府在征收、储备、整理土地等环节先期垫付的成本,通过土地出让收入予以回收,不能用于其他开支。一类为非成本性开支,从扣除成本性支出后的土地出让收益中安排,依法用于城市建设、农业农村、保障性安居工程三个方面,使城乡居民共享土地增值带来的收益。参见财政部:"2015 年全国土地出让收支情况",2016 年 4 月 5 日,http://zhs.mof.gov.cn/zonghexinxi/201604/t20160401_1934261.htm。

用于建设城市基础设施。

如图5.2所示,2003年我国城市经济性公共产品用地5353.2平方公里,到2020年增加到11261.5平方公里,17年时间经济性公共产品用地面积增长了110.4%。

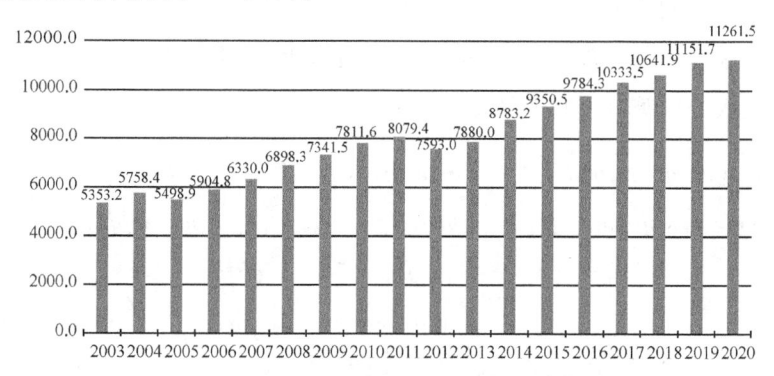

图5.2　2003年以来我国经济性公共产品用地面积变化

注：根据1991年颁布的《城市用地分类与规划建设用地标准(GBJ 137—90)》,城市建设用地分为居住用地、公共设施用地、工业用地、仓储用地、对外交通用地、道路广场用地、市政公共设施用地、绿地、特殊用地、水域和其他用地等10类。图中2003—2011年经济性公共产品用地包括对外交通用地、道路广场用地、市政公共设施用地。根据最新颁布并实施的《城市用地分类与规划建设用地标准(GB 50137—2011)》,城市建设用地分为居住用地、公共管理与公共服务用地、商业服务业设施用地、工业用地、物流仓储用地、道路与交通设施用地、公用设施用地、绿地与广场用地等八类,因此图中2012年及以后的经济性公共产品用地包括交通设施用地、公用设施用地两类。2012年开始统计口径与之前相比有所变化。横坐标单位为年,纵坐标单位为平方公里。

数据来源：历年《中国城市建设统计年鉴》。

第二节　模型与实证分析

一、模型设定与变量选择

由于城市公共产品在空间上受到限制,因此其必须由地方来负责提供。关于公共产品的决定水平,西方学者提出了很多有益探索,较为有影响的是1994年世界银行在《世界发展报告》中提出的一个模型,表达式为①：

---

① 世界银行：《1994年世界发展报告》,转引自杜振华编著：《公共经济学》,对外经济贸易大学出版社2010年版,第345—346页。

$$\lg G = \beta_1 + \beta_2 \lg Y + \beta_3 \lg P_G + \beta_4 \lg N + \beta_5 \lg Z + \varepsilon$$

式中 G 代表地方公共产品的供给，Y 是居民个人货币收入，P_G 代表居民愿意为该水平公共服务所付出的税负，N 为该地区人口，Z 为不同居民的偏好差异，ε 为随机变量。

朱娃夫斯卡娅构建了公共产品产出模型，分析上级政府与地方政府收入分成等对公共产品支出的影响。①

$$\begin{bmatrix} outcome\ of\ public \\ goods\ provision \end{bmatrix}_{it} = \delta \begin{bmatrix} incentives \\ proxy \end{bmatrix}_{it} + \omega \left[\ln \begin{pmatrix} public\ exend. \\ per\ capita \end{pmatrix} \right]_{it} + \kappa \begin{bmatrix} popu- \\ lation \end{bmatrix}_{it} + \begin{bmatrix} city \\ effect \end{bmatrix}_i + \gamma' \begin{bmatrix} year \\ dummy \end{bmatrix}_t + \varepsilon_{it}$$

卢洪友等通过构造模型，分析了土地财政对基础设施建设的影响，模型如下②：

$$publicservice_{it} = \theta_1 landincome_{it} + \theta_k \sum X_{it} + \alpha_{it} + \mu_{it}$$

其中 $publicservice_{it}$ 代表公共服务供给水平，其中之一用基础设施建设水平表示，$landincome_{it}$ 代表土地财政，用土地出让收入、房产税、契税之和在地方财政收入中的占比来表示。X_{it} 为一些控制变量。

左翔和殷醒民分析了政府垄断土地一级交易市场对地方公共产品供给的影响，模型构造如下③：

$$y_{it} = \beta_0 + \beta_1 \ln land_{it} + \beta_2 FD_{it} + X'\beta + u_i + \lambda_t + \varepsilon_{it}$$

其中 y_{it} 代表地级市公共产品的供给水平，$\ln land_{it}$ 代表国有土地

---

① Zhuravskaya, E. V., "Incentives to Provide Local Public Goods: Fiscal Federalism, Russian Style", *Journal of Public Economics*, Vol. 76, No. 3(2000), pp. 337–368.
② 卢洪友、袁光平、陈思霞、卢盛峰："土地财政根源：'竞争冲动'还是'无奈之举'？——来自中国地市的经验证据"。
③ 左翔、殷醒民："土地一级市场垄断与地方公共品供给"。

出让面积对数，FD_{it} 代表预算内财政自主权，X 代表控制变量。

借鉴以上模型，同时为了区分土地财政的不同表现形式——土地出让收入、土地税收对经济性公共产品的不同影响，也为了分析土地财政所提供的资金、土地对其影响，我们设计了三个核心解释变量：土地出让收入依赖程度（LF）、土地税收依赖程度（TF）和经济性公共产品用地面积（LFI），回归模型设计如下：

$$\ln ROAD_{it} = \alpha_0 + \alpha_1 LF_{it} + \alpha_2 TF_{it} + \alpha_3 \ln LFI_{it} + \alpha_4 X_{it} + \mu_i + \lambda_t + \varepsilon_{it} \tag{5.1}$$

其中 $ROAD$ 代表各省份城市实有道路面积，这个指标代表城市经济性公共产品的产出水平，是本章的被解释变量。下标 i 代表第 i 个省份，下标 t 代表第 t 年。X 代表可能影响城市经济性公共产品产出水平的控制变量；α_0 是常数项，系数 α_1、α_2、α_3、α_4 为待估参数，μ_i 表示省份固定效应，λ_t 表示时间固定效应，ε_{it} 表示随机误差项。

核心解释变量包括：(1)土地出让收入依赖程度（LF）。用土地出让收入与地方财政支出的比重来衡量。(2)土地税收依赖程度（TF）。用土地税收与地方财政支出的比重来衡量，其中土地税收包括城镇土地使用税、土地增值税、房产税、耕地占用税和契税。(3)经济性公共产品用地面积（LFI）。经济性公共产品用地面积指道路、交通等交通设施用地和供应、环境、安全等公用设施用地。2012年以前该指标包括对外交通用地、道路广场用地、市政公共设施用地面积，2012年及以后包括交通设施用地、公用设施用地面积。LF 和 TF 两个变量代表土地财政对经济性公共产品提供的资金支持，LFI 代表土地财政对经济性公共产品的用地支持。

在计量经济模型中，本章选取的控制变量有：(1)财政分权（FD）：用各省本级预算内人均财政支出占全国预算内人均财政支出比重来衡量。财政越分权，地方政府的自由度就越大，就有更大的激励进行经济性公共产品建设。(2)对外开放度（OP）：用外商投资企业投资总额占地区生产总值比重来衡量,一般而言,对外开放度高的地区会更加重视经济性公共产品建设,但外资的引入规模是否必然推动其建设,这也需要结合具体的基础设施行业进行分析。(3)市场规模(TRSCO):按城镇人口计算的居民年人均消费支出来衡量。城镇居民收入水平越高,对城市经济性公共产品的需求也越高。(4)人口规模(POP):一般而言,越是人口密集的地方,公共产品的供给效率会越高。[1]

表 5.1 各变量及其计量方法

类型	代码	名称	计量方法
被解释变量	ROAD	城市经济性公共产品产出水平	城市实有道路面积(万平方米)
核心解释变量	LF	土地出让收入依赖程度	土地出让收入/地方财政支出(%)
	TF	土地税收依赖程度	(城镇土地使用税+土地增值税+房产税+耕地占用税+契税)/地方财政支出(%)
	LFI	经济性公共产品用地面积	2012 年以前:对外交通用地面积+道路广场用地面积+市政公共设施用地面积;2012 年及以后:道路交通设施用地面积+公用设施用地面积(平方千米)
控制变量	FD	财政分权	各地区人均财政支出/全国人均财政支出(%)
	TRSCO	市场规模	社会消费品零售总额/各地区人口数(元)
	OP	对外开放度	当年实际利用外资金额/地区生产总值(%)
	POP	人口规模	各地区总人口(万人)

二、数据说明与描述性统计

本章选用 2004—2017 年全国各省份的省级面板数据进行分析,由于西藏的土地出让收入、土地税收指标等存在缺失,本章的样本为除西藏、台湾、香港、澳门以外的 30 个省(自治区、直辖市)。

样本数据中被解释变量年末城市实有道路面积数据来源于 Wind

---

[1] 傅勇:"财政分权、政府治理与非经济性公共物品供给";E. V. Zhuravskaya, "Incentives to Provide Local Public Goods: Fiscal Federalism, Russian Style"。

金融终端数据库;各省市土地出让收入数据来源于历年《中国国土资源年鉴》《中国国土资源统计年鉴》;土地税收数据来源于国研网统计数据库;基础设施用地面积数据来源于《中国城市建设统计年鉴》;财政分权数据来源于国研网统计数据库、Wind 金融终端数据库;对外开放度数据来源于中经专网数据库、国研网统计数据库;各省市人口数据来源于国研网统计数据库;城镇居民消费水平来源于中经专网数据库。在进行回归分析之前,为了消除变量异常值所引起的估计结果的偏误,本章对模型中的城市实有道路面积($ROAD$)、经济性公共产品用地面积(LFI)、市场规模($TRSCO$)、人口规模(POP)进行自然对数处理,并采用插值法补齐变量的少量缺失值。

为了消除物价因素对指标的影响,用 2004 年为基期的消费品价格指数对城镇居民消费支出进行平减,从而将以上数据转换为 2004 年不变价水平。数据处理使用 STATA 15 软件。变量的描述性统计结果见表 5.2。

表 5.2　变量描述性统计

变量	样本量	均值	标准值	最小值	最大值
$ROAD$	420	18527.02	16570.21	889	88799.03
LF	420	0.2473	0.1829	0.0048	1.1347
TF	420	0.0734	0.0388	0.0071	0.2016
LFI	420	265.2335	178.4439	17.13	1004.27
FD	420	0.9876	0.5067	0.4132	3.6215
$TRSCO$	420	10865.93	7221.984	1325.82	38119.59
OP	420	0.0238	0.0183	0.0004	0.0819
POP	420	4435.547	2661.131	539	11169

三、实证分析

表 5.3 中列(2)是利用式 5.1 对土地财政影响城市经济性公共产品的实证分析结果。为了展示结果的稳健性,同时考虑未加入控制变量的回归,即列(1)。实证结果发现:

土地出让收入依赖程度（LF）与城市经济性公共产品（lnROAD）的相关关系不显著。这一结果与普遍认为土地财政支持城市基础设施建设的观点相异。实际上通过梳理文献可以发现，以往学者在证明土地财政支持城市经济性公共产品建设时，往往以土地租税[1]或者土地出让面积[2]作为表征土地财政的变量，而并没有单独分析土地出让收入对经济性公共产品的影响，这也恰恰证明了本书将土地财政区分为三种不同表现形式，分析其影响的重要性。

土地税收依赖程度（TF）与城市经济性公共产品存在显著的正相关关系。这说明作为土地财政重要组成部分的土地税收，对城市经济性公共产品建设存在一定的促进作用，这也与卢洪友等[3]的结论相同。

经济性公共产品用地面积（lnLFI）与城市经济性公共产品呈现显著的正相关关系。与上文对土地财政作用于城市经济性公共产品建设的效应分析相同，除了提供资金支持外，土地财政也为城市经济性公共产品建设提供了重要的土地资源。

表5.3 基准回归结果

被解释变量	lnROAD	
解释变量	(1)	(2)
LF	0.0127 (0.15)	−0.0435 (−0.71)
TF	1.6798*** (2.86)	0.7428* (1.67)
lnLFI	0.2708*** (4.37)	0.2798*** (5.96)

---

[1] 卢洪友、袁光平、陈思霞、卢盛峰："土地财政根源：'竞争冲动'还是'无奈之举'？——来自中国地市的经验证据"。
[2] 左翔、殷醒民："土地一级市场垄断与地方公共品供给"。
[3] 卢洪友、袁光平、陈思霞、卢盛峰："土地财政根源：'竞争冲动'还是'无奈之举'？——来自中国地市的经验证据"。

(续表)

被解释变量	lnROAD	
解释变量	(1)	(2)
FD		0.4163*** (10.64)
lnTRSCO		0.6503*** (4.99)
OP		0.0851 (0.13)
lnPOP		0.7279*** (3.38)
C	7.5822*** (24.63)	−4.0449 (−1.54)
控制变量	不控制	控制
城市固定效应	控制	控制
时间固定效应	控制	控制
N	420	420
R^2	0.8225	0.9065

注：括号内为 t 值。表 5.4—5.6 同。

从控制变量情况来看，财政分权（FD）与城市经济性公共产品（ln-$ROAD$）呈显著的正相关关系，正如上文分析所言，地方财政越分权，地方政府的自由度就越大，就有更大的激励进行经济性公共产品建设。

市场化程度（ln$TRSCO$）与城市经济性公共产品呈显著的正相关关系，说明国内需求增加是经济性公共产品开发建设的重要因素之一。

人口规模（lnPOP）与城市经济性公共产品呈显著的正相关关系。正如上文所言，人口密集度较高的地区经济性公共产品建设水平会更高。

而对外开放度（OP）与城市经济性公共产品呈不显著的正相关关系。正如上文所言，对外开放度高的地区经济性公共产品建设水平会更高，但同时应结合具体的行业进行分析。对于道路建设而言，有些对外开放度不高的地区，由于自身发展需要，也会利用国有资本加大对道路的建设力度。

四、稳健性检验

为保证研究结论的可靠性和在一定程度上缓解内生性问题，本章采取以下几种方法进行稳健性检验：

一是使用解释变量的滞后项替换解释变量。表5.4为解释变量滞后项纳入模型后的回归结果。结果显示，无论是否加入控制变量，土地出让收入依赖程度（LF）、土地税收依赖程度（TF）、经济性公共产品用地面积（$\ln LFI$）三个核心解释变量的滞后项均与城市经济性公共产品（$\ln ROAD$）呈现显著的正相关关系。相对于基准回归，这一稳健性检验更加验证了包括土地出让收入在内的土地财政对经济性公共产品的促进作用。

表5.4 稳健性检验——解释变量滞后一期

被解释变量	$\ln ROAD$	
解释变量	(1)	(2)
$L.LF$	0.1441* (1.85)	0.1082* (1.83)
$L.TF$	1.3976** (2.49)	0.7611* (1.77)
$L.\ln LFI$	0.2143*** (3.63)	0.2410*** (5.25)
$L.FD$		0.3846*** (10.21)
$L.\ln TRSCO$		0.5036*** (3.78)
$L.OP$		0.7849 (1.16)
$L.\ln POP$		0.6237*** (2.92)

(续表)

被解释变量	lnROAD	
解释变量	(1)	(2)
C	7.9465*** (27.10)	−1.7280 (−0.65)
控制变量	不控制	控制
城市固定效应	控制	控制
时间固定效应	控制	控制
N	390	390
R^2	0.8277	0.9048

二是缩尾后回归。对所有变量在1%的水平上进行缩尾处理，估计结果见表5.5。结果显示，与表5.3相比，核心解释变量的参数估计和显著性均未发生明显变化，说明基准回归的结果是稳健的。

表5.5 稳健性检验——缩尾后回归

被解释变量	lnROAD	
解释变量	(1)	(2)
LF	0.0047 (0.05)	−0.0561 (−0.77)
TF	2.0656*** (3.37)	1.1355** (2.24)
lnLFI	0.3380*** (5.34)	0.3050*** (5.78)
FD		0.3406*** (7.08)
lnTRSCO		0.6281*** (5.34)
OP		0.7865 (1.10)
lnPOP		0.4520** (2.16)

(续表)

被解释变量	lnROAD	
解释变量	(1)	(2)
C	7.2389*** (23.00)	-1.7085 (-0.70)
控制变量	不控制	控制
城市固定效应	控制	控制
时间固定效应	控制	控制
N	420	420
R^2	0.8242	0.8882

第三节 进一步分析:土地财政与城市经济性公共产品的非线性关系

为了验证土地财政对城市经济性公共产品的长期影响,我们在式5.1的基础上加入核心解释变量的二次项,检验土地财政对城市经济性公共产品的影响是否存在非线性。回归模型设计如下:

$$\ln ROAD_{it} = \beta_0 + \beta_1 LF_{it} + \beta_2 LF_{it}^2 + \beta_3 TF_{it} + \beta_4 TF_{it}^2 + \beta_5 \ln LFI_{it} \\ + \beta_6 \ln LFI_{it}^2 + \beta_7 X_{it} + \mu_i + \lambda_t + \varepsilon_{it} \tag{5.2}$$

变量与其他符号含义参见式5.1。

实证分析结果见表5.6。基准回归结果显示,土地税收依赖程度(TF)、经济性公共产品用地面积($\ln LFI$)的一次项系数均为正,二次项系数均为负,且均通过了显著性检验,说明土地税收依赖程度与城市经济性公共产品、经济性公共产品用地面积与城市经济性公共产品均呈显著的倒U形关系。因此,土地财政先促进后抑制城市经济性公共产品的供给。列(3)与列(4)分别是使用解释变量的滞后项替换解释变量、缩尾后回归后的稳健性检验结果,都验证了基准回归结果的稳健性。

表 5.6　土地财政与城市经济性公共产品的非线性关系回归

解释变量	基准回归		稳健性检验	
	(1)	(2)	(3)	(4)
LF	−0.2045 (−1.06)	−0.1327 (−0.88)	0.1810 (1.25)	−0.0485 (−0.37)
LF^2	0.2117 (1.24)	0.1018 (0.76)	−0.0685 (−0.53)	0.0015 (0.01)
TF	9.1454*** (6.06)	3.2740** (2.54)	3.7480*** (2.98)	3.4621*** (3.06)
TF^2	−33.6557*** (−5.27)	−10.7369** (−1.99)	−12.7807** (−2.46)	−9.6411** (−2.14)
$\ln LFI$	1.3382*** (5.01)	0.8804*** (4.14)	0.6662*** (3.04)	0.6997*** (3.62)
$\ln LFI^2$	−0.1165*** (−4.41)	−0.0630*** (−3.00)	−0.0455** (−2.09)	−0.0419** (−2.25)
FD		0.3973*** (10.17)	0.3685*** (9.79)	0.3009*** (6.00)
$\ln TRSCO$		0.5708*** (4.39)	0.4150*** (3.10)	0.6035*** (5.17)
OP		−0.3449 (−0.52)	0.2211 (0.32)	−0.4872 (−0.67)
$\ln POP$		0.6578*** (3.04)	0.5533*** (2.58)	0.4234** (2.00)
C		−4.2671 (−1.65)	−1.4772 (−0.57)	−2.2217 (−0.92)
控制变量	不控制	控制	控制	控制
城市固定效应	控制	控制	控制	控制
时间固定效应	控制	控制	控制	控制
N	420	420	390	420
R^2	0.8467	0.9102	0.9085	0.8914

上文的研究验证了土地财政对于城市经济性公共产品的促进作用，但进一步的非线性关系的实证分析表明，从长期看，土地财政先促

进后抑制城市经济性公共产品的供给。在分税制改革后土地财政发展初期,地方政府依靠土地财政获取了经济性公共产品发展所需的资金和土地资源,提升了经济性公共产品的供给水平。随着地方政府对土地财政依赖程度的提高,城市过度扩张后的负效应也随之增加,地方财政要应付城市过度扩张所产生的负效应,土地财政所带来的资金和土地资源已远远满足不了城市经济性公共产品的建设需要。[1] 因此,依靠土地财政提高城市经济性公共产品的供给从长期看是不可持续的。

本章基于2004—2017年全国各省份的省级面板数据,利用双向固定效应模型实证研究了土地财政对城市经济性公共产品的影响,研究结果表明:

(1) 改革开放以来,中国的城市经济性公共产品供给水平有了显著提高,经济性公共产品生产的资金来源也在不断发生变化。随着土地财政的兴起,土地税收为经济性公共产品生产提供了重要的资金来源,同时土地财政还为城市经济性公共产品的生产提供了所需的土地资源。

(2) 进一步分析表明,土地税收依赖程度与城市经济性公共产品、经济性公共产品用地面积与城市经济性公共产品均呈显著的倒U形关系,随着时间的推移,土地财政先促进后抑制城市经济性公共产品的生产,利用土地财政发展城市经济性公共产品是不可持续的。

---

[1] 李鹏:"房价和公共品供给存在倒U型关系吗?",《商业研究》2013年第4期。

第六章
土地财政与城市民生性公共产品

民生性公共产品的增加，是城市化可持续发展、提高城市化质量的关键。土地财政与城市民生性公共产品供给水平之间有怎样的关系？这种关系同土地财政与城市经济性公共产品之间的关系有什么不同？本章试图分析土地财政与民生性公共产品之间的关系，并通过计量模型进行实证分析，为我国提升公共服务城市化质量提供参考依据。

国外关于土地财政与城市民生性公共产品的关系研究主要是从财产税与公共产品的角度来分析。财产税的理论依据就体现了财产税与公共产品的关系。因为地方政府向居民提供公共产品需要一定的收入，根据"受益说"，自然该地区居民需要支付一定费用。而不动产价格则反映了地方政府所提供公共产品的水平。财产税对于地方政府是一项激励措施，那些关于财产税法规使得政府有当地不动产拥有者的角色，财产税还限制了对其他商品征税，因为如果对其他物品征收较高的税就会降低财产的价值和财产税收入。① 唐斯和菲戈利奥通过使用调研数据发现，从长期来看，实行财产税限制降低了公立学校学生质量，得出财产税限制降低公共服务质量的结论。② 而根据财产税"新论"则

---

① Glaeser, E. L., "The Incentive Effects of Property Taxes on Local Governments".
② Downes, T. A. & Figlio, D. N., "Do Tax and Expenditure Limits Provide a Free Lunch? Evidence on the Link Between Limits and Public Sector Service Quality", *National Tax Journal*, Vol. 52, No. 1(1999), pp. 113-128.

得出相反的结论,威尔逊证明,只要征收财产税降低了当地的资本存量,就会导致公共服务水平低的结果,但如果行政区域面积是可变的,公共服务数量不足的问题会有减少。①

目前国内已经有部分学者开始探究土地财政对民生性公共产品的影响。

一类观点是将公共产品分为经济性和非经济性两大类,前者以基础设施为代表,后者以民生性公共产品为主,认为土地财政对经济性公共产品有显著的正向作用,而对非经济性公共产品则具有抑制作用。如左翔和殷醒民将公共产品区分为经济性公共产品和非经济性公共产品,他们将国有土地出让面积对数作为代表土地财政的指标,利用全国 284 个地级市 2003—2008 年的面板数据进行实证分析,结果表明,地方政府垄断更多的国有土地转让会导致经济性公共产品的供给显著提高而同时非经济性公共产品的供给则显著下降。② 李勇刚等通过构建公共产品供给综合评价指数,运用 GMM 两步法,分析土地财政对公共产品的影响,结果显示土地财政降低了公共产品供给质量;将公共产品区分为经济性和非经济性后,发现土地财政会显著增加经济性公共产品的供给,却抑制非经济性公共产品的供给。③

另一类观点则认为土地财政对民生性公共产品的影响是显著正向的。孙辉从投入和产出两个角度考察土地出让纯收益对公共服务投入和公共服务产出的影响,结果显示,不管是从投入角度还是从产出角度来看,地方政府用土地为公共物品和公共服务融资的行为都是显著正向的。④ 李鹏认为土地出让收入对基础设施建设和公共服务类公共产

---

① Wilson, J. D., "A Theory of Inter-regional Tax Competition", *Journal of Urban Economics*, Vol. 19, No. 3(1986), pp. 296-315.
② 左翔、殷醒民:"土地一级市场垄断与地方公共品供给"。
③ 李勇刚、高波、任保全:"分税制改革、土地财政与公共品供给:来自中国 35 个大中城市的经验证据",《山西财经大学学报》2013 年第 11 期。
④ 孙辉:《财政分权、政绩考核与地方政府土地出让》,第 76—81 页。

品均有显著促进作用。①

有学者对民生性公共产品进行了分类,并探讨土地财政对不同类别的民生性公共产品的影响。卢洪友等以土地税费占地方财政收入比重作为土地财政行为指标,分析了土地财政对城市公共服务水平的影响,结果显示,土地税费占地方财政收入比重的提高显著增加了教育服务的供给水平,但对医疗服务来说并不存在显著的促进效应。② 江克忠和夏策敏则持相反观点,认为预算外收支的扩张对教育经费支出影响不显著,对医疗卫生供给起到改善作用。③ 研究土地财政与社会保障关系的文献相对较少,杜春林等利用2005—2011年中国城市面板数据进行实证分析,结果发现以土地成交价款代表的土地财政显著影响地方财政社会保障支出。④

近来有学者开始区分不同性质的土地财政对公共产品的影响。邓宏乾和耿勇选取1999—2011年我国省级动态面板数据,通过熵值法分别构建了经济性公共产品和非经济性公共产品综合评价指数,运用SYS-GMM两步法进行分析,发现房地产税显著提高了非经济性公共产品的供给,而土地出让收入则更多地投入到了经济性公共产品领域。⑤

总体而言,近几年随着土地财政问题的凸显,学者们开始越来越重视土地财政与民生性公共产品之间关系的研究,但在土地财政对民生性公共产品的影响方面观点不尽相同,甚至截然相反。有些研究并不能全面考虑和区分不同性质土地财政对民生性公共产品的影响,研究有待深

---

① 李鹏:"土地出让收益、公共品供给及对城市增长影响研究",浙江大学管理学院博士论文,2013年,第65—100页。
② 卢洪友、袁光平、陈思霞、卢盛峰:"土地财政根源:'竞争冲动'还是'无奈之举'?——来自中国地市的经验证据"。
③ 江克忠、夏策敏:"财政分权背景下的地方政府预算外收入扩张:基于中国省级面板数据的实证研究"。
④ 杜春林、张新文、张耀宇:"土地财政对地方政府社会保障支出的补给效应",《上海财经大学学报》2015年第3期。
⑤ 邓宏乾、耿勇:"房地产税、土地财政是否有效增加了公共品供给",《江汉论坛》2015年第3期。

入。本章试图从土地财政收入和土地税收两种角度出发,研究土地财政对城市民生性公共产品的作用,并据此提出相应的对策建议。①

第一节　土地财政、城市民生性公共产品与城市化

一、民生性公共产品:城市化质量的关键因素

(一)城市化的动力之一来自对民生性公共产品的需求

无论是出于比较利益的推动作用还是城市聚集力的吸引作用,最早的城市发展和人口向城市迁徙都离不开对于防御需求、宗教需求等公共需求的增加。尽管这种需求在城市化发展初期相对于工业化发展和产业结构转化等原因并非城市化发展的主要因素,但同经济性公共产品一样,对民生性公共产品的需求成为影响城市形成和发展的重要因素,民生性公共产品供给能力的强弱也相当程度上影响城市规模的进一步扩大。

(二)城市化的发展引致了对民生性公共产品的进一步需求

随着城市化发展,工业化、城市化带动服务业的发展,城市化发展动力由早期的工业化向服务业的发展转变,城市居民对民生性公共产品的需求也在逐渐增加,导致原有的公共产品的数量和质量无法满足需要,引致了公共服务的进一步发展,这种对教育、医疗、保健、环保等的需求既源自社会经济发展水平的提高和城市居民收入水平的改善,也同样源自政府职能的逐步提高和完善,这不仅表现在城市居民对民生性公共产品需求的增加,农村居民也同样如此,也因此催生了"公共服务均等化"。

(三)民生性公共产品是城市化质量水平高低的核心

如果说工业化是城市化发展的诱导因素,经济性公共产品的生产解决了城市化发展的载体和硬件,那么民生性公共产品供给水平的高

---

① 李慧:"城市化进程中的土地财政与城市经济性公共品",《现代经济探讨》2019 年第 3 期。

低则决定了城市化发展的质量。仅仅建立在工业化基础上的城市化，其必然是假城市化、落后于工业化的城市化，如带有贫民窟的城市。高楼林立、基础设施完备的城市，也可能是"鬼城"、空城。只有为城市居民提供完善、优质的民生性公共产品，才能从真正意义上提高城市化的质量，保持城市化的可持续性。

二、土地财政对城市民生性公共产品的正面效应

（一）土地财政是城市民生性公共产品的重要财政来源

2020年我国地方公共财政支出中，教育、社会保障和就业、卫生健康支出占地方公共财政支出的比重分别为16.5%、14.9%和9.0%，其中教育支出占全部地方财政支出比重最大。支撑地方公共服务支出的仍然是以税收收入为主的地方财政收入。除此之外，土地财政也成为城市民生性公共产品的重要财政来源之一。

以教育为例，近年来，中国教育经费收入的最主要来源是国家财政性教育经费，占全部教育经费的79.8%，其他为民办学校中举办者投入、社会捐赠经费、事业收入和其他教育经费（见图6.1）。其中国家财

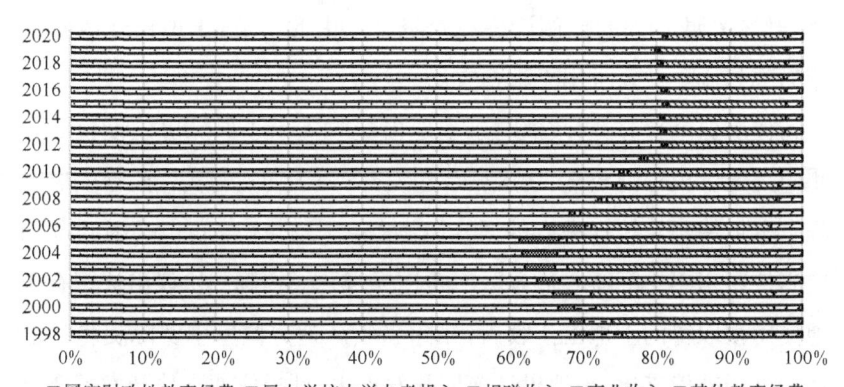

图6.1 按来源分中国历年教育经费收入比重

注："其他教育经费"数据1991—1997年包含扣除"学费"后的事业收入；"民办学校中举办者投入"数据1993—2006年为社会团体和公民个人办学总经费；"一般公共预算教育经费"数据1991—2011年包括教育事业费、基本建设经费、教育费附加、科研经费和其他经费，2012年起仅包括教育事业费、基本建设经费和教育费附加，2015年起教育事业费包含地方教育附加和土地出让收益计提的教育资金。

数据来源：《中国教育经费统计年鉴2021》。

政性教育经费又包括一般公共财政预算教育经费[①]、政府性基金预算安排的教育基金、企业办学中的企业拨款、校办产业和社会服务收入用于教育的经费、其他属于国家财政性教育经费。从 2015 年起,一般公共财政预算教育经费中的教育事业费包含地方教育附加和土地出让收益计提的教育基金。而一般教育经费支出中,中央支出仅占 5%,95% 由地方支出(2019 年)。

财政部、教育部《关于从土地出让收益中计提教育资金有关事项的通知》(财综〔2011〕62 号)规定:从 2011 年 1 月 1 日起,各省、自治区、直辖市、计划单列市(以下简称"各地区")所辖市、县(区),统一按照当年实际缴入地方国库的招标、拍卖、挂牌和协议出让国有土地使用权取得的土地出让收入,扣除当年从地方国库中实际支付的征地和拆迁补偿支出、土地开发支出、计提农业土地开发资金支出、补助被征地农民社会保障支出、保持被征地农民原有生活水平补贴支出、支付破产或改制企业职工安置费支出、支付土地出让业务费、缴纳新增建设用地土地有偿使用费等相关支出项目后,作为计提教育资金的土地出让收益口径,严格按照 10% 的比例计提教育资金。由此可见,土地出让收益的相当部分比重被要求用于教育支出。

住房保障部分,财政部对于土地出让收入用于保障房建设也做了相应规定。根据财政部、住房城乡建设部《关于切实落实保障性安居工程资金加快预算执行进度的通知》(财综〔2011〕41 号),市县财政部门应当按照当年实际缴入地方国库的招标、拍卖、挂牌和协议出让国有土地使用权取得的土地出让收入,扣除当年从地方国库中实际支付的征地和拆迁补偿支出、土地出让前期开发支出、计提农业土地开发资金支出、补助被征地农民社会保障支出、保持被征地农民原有生活水平补贴支出、支付破产或改制企业职工安置费支出、支付土地出让业务费支

---

① 指学校(单位)从同级财政部门取得的一般公共预算拨款,包括教育事业费、基本建设经费、教育费附加、科研经费和其他拨款,指标说明源自《中国教育统计年鉴 2020》,下同。

出、缴纳新增建设用地土地有偿使用费等相关项目后,作为计提保障性安居工程资金的土地出让收益口径,严格按照不低于10%的比例安排资金,统筹用于廉租住房、公共租赁住房、城市和国有工矿棚户区改造等保障性安居工程。①

（二）土地财政为城市民生性公共产品提供重要的土地资源

公益性用地中很重要的一项就是公共文化、体育、教育、科研、医疗卫生、社会福利等公益事业设施用地,因此政府提供的公益性用地除了用来进行城市基础设施建设外,就主要用于各项社会民生性公共产品的生产。

如图6.2所示,2003年我国公共服务用地（主要指社会性基础设施用地,包括文化娱乐、教育科研、医疗卫生、体育等领域）为3497.3平方公里,到2020年增加到5162.3平方公里,17年时间公共服务用地

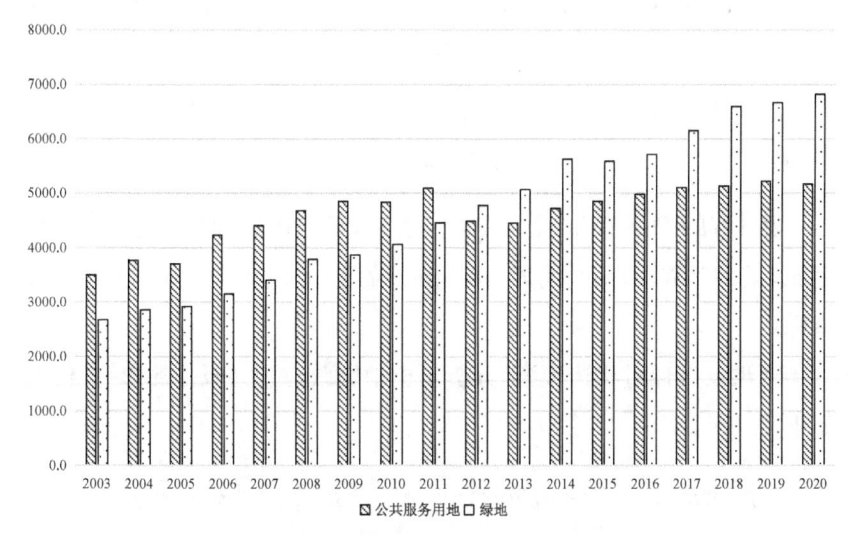

图6.2 2003年以来我国民生性公共产品用地面积变化

数据来源:历年《中国城市建设统计年鉴》。

注:图中2012年及以后的公共服务用地指公共管理与公共服务用地,绿地即绿地与广场用地。横坐标单位为年,纵坐标单位为平方公里。

---

① 财政部、住房城乡建设部:"关于切实落实保障性安居工程资金加快预算执行进度的通知",2011年11月1日,http://www.mof.gov.cn/gkml/caizhengwengao/2011caizhengwengao/wg2011t6/201111/t20111101_603821.htm。

增长了 47.6%。绿地 2003 年为 2669.4 平方公里，到 2020 年增加到 6818.1 平方公里，10 年时间增长了 155.4%。

第二节 模型与实证分析

一、模型设定与变量选择

傅勇考察了财政分权、政府治理对非经济性公共产品的影响。构建了三个计量模型[①]：

$$ILITRATE_{it} = \alpha_i + \delta FD_{it} + \beta FS_{it} + \eta GOVERNANCE_{it} + \sigma CONTROLs_{it} + \varepsilon_{it}$$

$$TEACHSTU_{it} = \alpha_i + \delta FD_{it} + \beta FS_{it} + \eta GOVERNANCE_{it} + \sigma CONTROLs_{it} + \varepsilon_{it}$$

$$CITYGOODS_{it} = \alpha_i + \delta FD_{it} + \beta FS_{it} + \eta GOVERNANCE_{it} + \sigma CONTROLs_{it} + \varepsilon_{it}$$

其中 $ILITRATE_{it}$ 代表成人文盲率，$TEACHSTU_{it}$ 代表小学师生比，$CITYGOODS_{it}$ 代表作者构造的一个城市公用设施的综合指标。

卢洪友等通过构造模型，分析了土地财政对公共服务的影响，模型如下[②]：

$$publicservice_{it} = \theta_1 landincome_{it} + \theta_k \sum X_{it} + \alpha_{it} + \mu_{it}$$

其中 $publicservice_{it}$ 代表公共服务供给水平，其中之一用教育服务、医疗卫生服务、城市公共环境表示，$landincome_{it}$ 代表土地财政，用土地出让收入、房产税、契税之和在地方财政收入中的占比来表示。

---

① 傅勇："财政分权、政府治理与非经济性公共物品供给"。
② 卢洪友、袁光平、陈思霞、卢盛峰："土地财政根源：'竞争冲动'还是'无奈之举'？——来自中国地市的经验证据"。

X_{it} 为一些控制变量。

根据朱娃夫斯卡娅[①]和以上国内一些学者的研究,为了区分土地财政中土地出让收入、土地税收对民生性公共产品的不同影响,也为了分析土地财政所提供的资金、土地对其影响,我们设计了三个自变量:土地出让收入、土地税收和民生性公共产品用地面积,回归模型设计如下:

$$\ln TEACH_{it} = \alpha_0 + \alpha_1 LF_{it} + \alpha_2 TF_{it} + \alpha_3 \ln LPF_{it} + \alpha_4 X_{it} + \mu_i + \lambda_t + \varepsilon_{it} \quad (6.1)$$

$$\ln BED_{it} = \beta_0 + \beta_1 LF_{it} + \beta_2 TF_{it} + \beta_3 \ln LPF_{it} + \beta_4 X_{it} + \mu_i + \lambda_t + \varepsilon_{it} \quad (6.2)$$

$$\ln GREEN_{it} = \gamma_0 + \gamma_1 LF_{it} + \gamma_2 TF_{it} + \gamma_3 \ln LG_{it} + \gamma_4 X_{it} + \mu_i + \lambda_t + \varepsilon_{it} \quad (6.3)$$

其中,$TEACH$ 代表万人中小学专任教师数,BED 代表万人床位数,$GREEN$ 代表人均园林绿地面积,这三个变量均是从民生性公共产品的产出角度来衡量各地的民生性公共产品供给水平。下标 i 代表第 i 个省份,下标 t 代表第 t 年。X 代表可能影响城市民生性公共产品产出水平的控制变量;α_0、β_0、γ_0 是常数项,系数 $\alpha_1 \cdots \alpha_4$、$\beta_1 \cdots \beta_4$、$\gamma_1 \cdots \gamma_4$ 为待估参数,μ_i 表示省份固定效应,λ_t 表示时间固定效应,ε_{it} 表示随机误差项。

核心解释变量包括:(1)土地出让收入依赖程度(LF)。用土地出让收入与地方财政支出的比重来衡量。(2)土地税收依赖程度(TF)。用土地税收与地方财政支出的比重来衡量,其中土地税收包括城镇土地使用税、土地增值税、房产税、耕地占用税和契税。(3)公共服务用地面积(LPF)或绿地面积(LG)。公共服务用地面积 2012 年以前指城市建设用地中公共设施用地面积,2012 年及以后指公共管理与公共服务用地面积,绿地面积 2012 年以前指城市建设用地中绿地面积,2012

---

① Zhuravskaya, E. V., "Incentives to Provide Local Public Goods: Fiscal Federalism, Russian Style".

年及以后指绿地与广场用地面积。前两者代表土地财政对民生性公共产品提供的资金支持，LPF(LG)代表土地财政对民生性公共产品（城市环境）的用地支持。

在计量经济模型中，本章选取的控制变量有：(1)财政分权(FD)。用各省本级预算内人均财政支出占全国预算内人均财政支出比重来衡量。传统的分权理论认为，地方政府在资源配置上比中央政府更具有信息优势[①]，因此假定财政分权有利于城市民生性公共产品供给水平的增加。(2)对外开放度(OP)。用外商投资企业投资总额占地区生产总值比重来衡量，一般而言，对外开放度高的地区会更加重视民生性公共产品供给。(3)市场规模($TRSCO$)。按城镇人口计算的居民年人均消费支出来衡量。城镇居民收入和消费水平越高，对城市民生性公共产品的需求也越高。(4)人口规模(POP)。一般而言，人口越密集的地方，公共产品供给的效率越高。越是人口规模大的城市，对民生性公共产品的需求越多。

表6.1 各变量及其计量方法

类型	代码	名称	计量方法
被解释变量	TEACH	万人中小学专任教师数	(小学专任教师数＋中学专任教师数)/人口数(人)
	BED	万人床位数	医生总数/人口数(人)
	GREEN	人均园林绿地面积	园林绿地面积/人口数(平方米)
核心解释变量	LF	土地出让收入依赖程度	土地出让收入/地方财政支出(%)
	TF	土地税收依赖程度	(城镇土地使用税＋土地增值税＋房产税＋耕地占用税＋契税)/地方财政支出(%)
	LPF	公共服务用地面积	2012年以前：公共设施用地面积；2012年及以后：公共管理与公共服务用地面积(平方千米)

---

① Oates, W. E., *Fiscal Federalism*. New York: Harcourt Brace Jovanovich, 1972, pp. 20-29; Oates, W. E., "An Essay on Fiscal Federalism", *Journal of Economic Literature*, Vol. 37, No. 3(1999), pp. 1120-1149.

(续表)

类型	代码	名称	计量方法
核心解释变量	LG	绿地面积	2012年以前:绿地面积;2012年及以后:绿地与广场用地面积(平方千米)
控制变量	FD	财政分权	各地区人均财政支出/全国人均财政支出(%)
	TRSCO	市场规模	社会消费品零售总额/各地区人口数(元)
	OP	对外开放度	当年实际利用外资金额/地区生产总值(%)
	POP	人口规模	各地区总人口(万人)

二、数据说明与描述性统计

本章选用2004—2017年全国各省份的省级面板数据进行分析,由于西藏的土地出让收入、土地税收指标等存在缺失,本章的样本为除西藏、台湾、香港、澳门以外的30个省(自治区、直辖市)。

样本数据中被解释变量万人中小学专任教师数、万人床位数和人均园林绿地面积数据均来源于 Wind 金融终端数据库;各省市土地出让收入数据来源于历年《中国国土资源年鉴》《中国国土资源统计年鉴》;土地税收数据来源于国研网统计数据库;公共服务用地面积、绿地面积数据来源于《中国城市建设统计年鉴》;财政分权数据来源于国研网统计数据库、Wind 金融终端数据库;对外开放度数据来源于中经专网数据库、国研网统计数据库;各省市人口数据来源于国研网统计数据库;城镇居民消费水平来源于中经专网数据库。在进行回归分析之前,为了消除变量异常值所引起的估计结果的偏误,本章对模型中的万人中小学专任教师数(TEACH)、万人床位数(BED)、人均园林绿地面积(GREEN)、公共服务用地面积(LPF)、绿地面积(LG)、市场规模(TRSCO)和人口规模(POP)进行自然对数处理,并采用插值法补齐变量的少量缺失值。

为了消除物价因素对指标的影响,用2004年为基期的消费品价格指数对城镇居民消费支出进行平减,从而将以上数据转换为2004年不变价水平。数据处理使用 STATA 15 软件。变量的描述性统计结果见表 6.2。

表 6.2 变量描述性统计

变量	样本量	均值	标准值	最小值	最大值
TEACH	420	80.9938	14.4706	41.6822	117.899
BED	420	40.0153	12.0334	15.7275	68.5573
GREEN	420	16.3934	11.6871	2.6501	60.8537
LF	420	0.2473	0.1829	0.0048	1.1347
TF	420	0.0734	0.0388	0.0071	0.2016
LPF	420	165.2933	125.1933	5.2	1321.42
LG	420	149.0336	106.3458	3.36	513.16
FD	420	0.9876	0.5067	0.4132	3.6215
TRSCO	420	10865.93	7221.984	1325.82	38119.59
OP	420	0.0238	0.0183	0.0004	0.0819
POP	420	4435.547	2661.131	539	11169

三、实证分析

表 6.3 中列(1)(2)(3)分别是利用式 6.1、6.2 和 6.3 对土地财政影响城市民生性公共产品的实证分析结果。实证结果发现：

土地出让收入依赖程度(LF)对万人中小学专任教师数(ln$TEACH$)的影响仅在 5% 的水平上显著为正，而对万人床位数(lnBED)、人均园林绿地面积(ln$GREEN$)的影响均不显著。这可能与土地出让收益的相当部分比重被要求用于教育支出有关。

土地税收依赖程度(TF)与万人中小学专任教师数(ln$TEACH$)、万人床位数(lnBED)、人均园林绿地面积(ln$GREEN$)相关关系均不显著。说明与促进城市经济性公共产品相比，土地税收作为土地财政的重要来源，并没有为民生性公共产品的供给提供相应的资金支持。

公共服务用地面积(lnLPF)与万人中小学专任教师数(ln$TEACH$)相关关系不显著，而与万人床位数(lnBED)呈显著的正相关关系,绿地面积(lnLG)与城市环境(lnGREEN)呈显著的正相关关系。说明总体上来讲,土地财政为城市民生性公共产品提供重要的土地资源,但是在资金支持上,相对于经济性公共产品,土地财政对于民生性公共产品提供的资金支持不够显著。

表6.3 基准回归结果

被解释变量	lnTEACH	lnBED	lnGREEN
解释变量	(1)	(2)	(3)
LF	0.0566** (2.07)	−0.0049 (−0.14)	0.0885 (0.70)
TF	−0.2299 (−1.18)	0.3295 (1.30)	−0.4482 (−0.48)
lnLPF	0.0172 (1.36)	0.0484*** (2.93)	
lnLG			0.3647*** (7.77)
FD	0.0271 (1.58)	0.0764*** (3.43)	−0.0353 (−0.44)
lnTRSCO	−0.00009 (−0.00)	0.5729*** (7.76)	−0.0118 (−0.04)
OP	0.1021 (0.36)	−0.7301* (−1.95)	0.8940 (0.67)
lnPOP	−0.6437*** (−6.80)	−0.9873*** (−8.02)	−0.2132 (−0.48)
C	9.5058*** (8.20)	6.2977*** (4.18)	2.3813 (0.44)
控制变量	控制	控制	控制
城市固定效应	控制	控制	控制
时间固定效应	控制	控制	控制
N	420	420	420
R^2	0.4211	0.9618	0.6824

注:括号内为t值。表6.4—6.6同。

控制变量方面,财政分权(FD)与万人床位数(lnBED)呈显著的正相关关系。同上文的分析相同,说明财政分权使得地方政府更有激励在某些方面增加民生性公共产品的供给。

市场化程度(lnTRSCO)与万人床位数(lnBED)呈显著的正相关关系。说明随着城镇居民收入和消费水平的提高,对城市医疗保健等公共产品的需求也越高。

对外开放度(OP)与万人中小学专任教师数(lnTEACH)、人均园林绿地面积(lnGREEN)相关关系均不显著,而与万人床位数(lnBED)具有显著的负相关关系。可能是对外开放程度提升的地区相对来说更重视经济建设,而对于民生性公共产品的建设相对关注度不够,甚至对外开放程度的提高会对医疗卫生等民生性公共产品建设产生挤出效应。[①]

人口规模(lnPOP)与万人中小学专任教师数(lnTEACH)、万人床位数(lnBED)呈显著的负相关关系,可能原因在于人口规模越大的省份,尽管其教育资源、医疗资源总量大,但平均到每个人的教育、医疗资源就相对少了。

四、稳健性检验

为保证研究结论的可靠性和在一定程度上缓解内生性问题,本章采取以下几种方法进行稳健性检验:

一是使用解释变量的滞后项替换核心解释变量。表6.4为解释变量滞后项纳入模型后的回归结果。结果显示,土地出让收入依赖程度的滞后项(L.LF)对万人中小学专任教师数(lnTEACH)的影响仅在10%的水平上显著为正,而对万人床位数(lnBED)、人均园林绿地面积(lnGREEN)的影响均不显著。

土地税收依赖程度的滞后项(L.TF)与万人床位数(lnBED)、人均园林绿地面积(lnGREEN)相关关系均不显著,甚至对万人中小学

---

① 刘苓玲、张璐:"对外开放对我国社会性支出的挤出挤入效应研究",《西安财经学院学报》2014年第2期。

专任教师数(ln$TEACH$)的影响在5%的水平上显著为负。

公共服务用地面积的滞后项(L.lnLPF)与万人中小学专任教师数(ln$TEACH$)相关关系不显著,而与万人床位数(lnBED)呈显著的正相关关系,绿地面积的滞后项(L.lnLG)与城市环境(ln$GREEN$)呈显著的正相关关系。

以上结果说明基准回归结果是稳健的。

表6.4 稳健性检验——解释变量滞后一期

被解释变量	ln$TEACH$	lnBED	ln$GREEN$
解释变量	(1)	(2)	(3)
L.LF	0.0492* (1.82)	−0.0244 (−0.66)	0.0580 (0.46)
L.TF	−0.3834** (−1.97)	0.1327 (0.50)	−0.9871 (−1.07)
L.lnLPF	0.0110 (0.87)	0.0348** (2.03)	
L.lnLG			0.3862*** (7.89)
L.FD	0.0220 (1.29)	0.1015*** (4.38)	−0.0402 (−0.50)
L.ln$TRSCO$	−0.0488 (−0.81)	0.3872*** (4.73)	0.0190 (0.07)
L.OP	0.1094 (0.36)	−0.8130** (−1.98)	1.4273 (1.02)
L.lnPOP	−0.5497*** (−5.69)	−1.1090*** (−8.43)	−0.1800 (−0.40)
C	9.2019*** (7.65)	8.9035*** (5.44)	1.8930 (0.34)
控制变量	控制	控制	控制
城市固定效应	控制	控制	控制
时间固定效应	控制	控制	控制
N	390	390	390
R^2	0.3360	0.9577	0.6602

二是剔除直辖市样本。去掉北京、天津、上海和重庆四个直辖市的数据,估计结果见表6.5。结果显示,在剔除直辖市样本后,土地出让收入依赖程度(LF)和土地税收依赖程度(TF)对民生性公共产品的影响均不显著,土地财政仅为城市民生性公共产品提供土地资源。

表6.5 稳健性检验——剔除直辖市样本

被解释变量	ln$TEACH$	lnBED	ln$GREEN$
解释变量	(1)	(2)	(3)
LF	−0.0009 (−0.03)	−0.0041 (−0.09)	0.0392 (0.24)
TF	−0.1731 (−0.85)	0.2308 (0.84)	−1.2209 (−1.22)
lnLPF	0.0099 (0.74)	0.0324* (1.79)	
lnLG			0.2987*** (5.47)
FD	0.0934*** (3.49)	0.1460*** (4.04)	0.0593 (0.47)
ln$TRSCO$	0.1065* (1.67)	0.4861*** (5.62)	0.1013 (0.33)
OP	0.1454 (0.44)	−0.4171 (−0.94)	2.2050 (1.42)
lnPOP	−0.2888** (−2.32)	−0.9426*** (−5.59)	0.8086 (1.37)
C	5.8242*** (4.12)	6.7928*** (3.55)	−6.7868 (−1.01)
控制变量	控制	控制	控制
城市固定效应	控制	控制	控制
时间固定效应	控制	控制	控制
N	364	364	364
R^2	0.1716	0.9636	0.6782

三是更换被解释变量。6.1—6.3式中使用的因变量是城市民生性公

共产品的产出指标,为了验证结果的准确性,我们试图用民生性公共产品的投入指标来代替原有的因变量进行稳健性检验。重新设计模型如下:

$$EDU_{it} = \alpha_0 + \alpha_1 LF_{it} + \alpha_2 TF_{it} + \alpha_3 \ln LPF_{it} + \alpha_4 X_{it} + \mu_i + \lambda_t + \varepsilon_{it} \tag{6.4}$$

$$ME_{it} = \beta_0 + \beta_1 LF_{it} + \beta_2 TF_{it} + \beta_3 \ln LPF_{it} + \beta_4 X_{it} + \mu_i + \lambda_t + \varepsilon_{it} \tag{6.5}$$

$$EPE_{it} = \gamma_0 + \gamma_1 LF_{it} + \gamma_2 TF_{it} + \gamma_3 \ln LG_{it} + \gamma_4 X_{it} + \mu_i + \lambda_t + \varepsilon_{it} \tag{6.6}$$

$$SSE_{it} = \phi_0 + \phi_1 LF_{it} + \phi_2 TF_{it} + \phi_3 \ln LPF_{it} + \phi_4 X_{it} + \mu_i + \lambda_t + \varepsilon_{it} \tag{6.7}$$

其中,EDU 代表地方政府教育支出占地方财政支出的比重,ME 代表地方政府医疗卫生支出占地方财政支出的比重,EPE 代表地方政府环保支出占地方财政支出的比重。同时,为了衡量土地财政对民生性公共产品社会保障的影响,我们增加了一个因变量 SSE,代表地方政府社会保障支出占地方财政支出的比重。这四个指标代表城市民生性公共产品的供给水平,是模型中的被解释变量。变量与其他符号含义参见式 6.1—6.3。

2007 年我国对政府收支分类项目的统计口径发生了变化,抚恤和社会福利救济费、行政事业单位的离退休费、社会保障补助支出等三项的主要内容及其他一些支出合并为"社会保障和就业支出"。由于 2002 年以后新、旧口径的统计结果之间仅相差 2% 左右,表现出了较强的连续性[1],因此本章在统计地方政府财政对于社会保障的支出时,2004—2006 年的数据包括抚恤和社会福利救济费、行政事业单位的离退休费、社会保障补助支出三项之和,2007 年及以后的数据使用社会保障和就业

---

① 徐倩、李放:"我国财政社会保障支出的差异与结构:1998—2009 年",《改革》2012 年第 2 期。

支出。由于2007年前后中国财政统计口径中均有教育支出、医疗卫生支出,因此本章对这两项数据均使用统计年鉴已有数据。对于教育、医疗卫生、社会保障的计量均采用2004—2017年数据。同时由于2007年开始,地方财政支出中有一项专门的环保支出统计,而2007年以前并无这方面的统计数据,因此对于城市环境的计量采用2007—2017年数。数据样本依然采用扣除有数据缺失的西藏、台湾、香港、澳门后的30个省(自治区、直辖市)。同时通过价格换算消除物价对指标的影响。

实证结果如表6.6所示。

表6.6 稳健性检验——更换被解释变量

被解释变量	EDU	ME	EPE	SSE
解释变量	(1)	(2)	(3)	(4)
LF	0.0036 (0.51)	−0.0045 (−1.00)	0.0005 (0.12)	−0.0189** (−2.08)
TF	0.0818 (1.64)	0.0266 (0.84)	−0.0220 (−0.73)	−0.0225 (−0.35)
$\ln LPF$	−0.0031 (−0.94)	−0.0014 (−0.67)		−0.0063 (−1.50)
$\ln LG$			−0.0086*** (−5.66)	
FD	−0.0197*** (−4.48)	−0.0133*** (−4.77)	−0.0049 (−1.64)	−0.0376*** (−6.63)
$\ln TRSCO$	0.0406*** (2.79)	0.0350*** (3.80)	−0.0182 (−1.82)	−0.0054 (−0.29)
OP	−0.0798 (−1.08)	0.0497 (1.06)	6.47e−10** (2.42)	−0.4356*** (−4.57)
$\ln POP$	0.0270 (1.12)	−0.0566*** (−3.68)	0.0287 (1.63)	−0.0377 (−1.20)
C	−0.3732 (−1.26)	0.2288 (1.22)	−0.0080 (−0.04)	0.5830 (1.52)
控制变量	控制	控制	控制	控制

(续表)

被解释变量	EDU	ME	EPE	SSE
解释变量	(1)	(2)	(3)	(4)
城市固定效应	控制	控制	控制	控制
时间固定效应	控制	控制	控制	控制
N	420	420	330	420
R^2	0.4924	0.8290	0.3936	0.4864

结果显示,土地出让收入依赖程度(LF)对地方政府教育支出比重(EDU)、地方政府医疗卫生支出比重(ME)、地方政府环保支出比重(EPE)的影响均不显著,而对于地方政府社会保障支出比重(SSE)的影响在5%的统计水平上显著为负,说明土地出让收入依赖程度越高,地方政府社会保障支出比重相对越低。而土地税收依赖程度(TF)与地方民生性公共产品的投入水平相关关系均不显著。公共服务用地面积($\ln LPF$)与地方政府教育支出比重(EDU)、地方政府医疗卫生支出比重(ME)、地方政府社会保障支出比重(SSE)相关关系均不显著;绿地面积与地方政府环保支出比重(EPE)则呈显著的负相关关系。

这进一步验证了与经济性公共产品相比,土地财政对于城市民生性公共产品的作用相对不足。从地方政府支出结构的国际比较情况来看,英国地方政府1995年三大主要支出项目分别是教育(占地方财政支出总额的29.19%)、住房及社区环境支出(21.16%)、社会保障及福利支出(13.20%),经济性支出主要用于交通通讯方面,其占地方财政总额的比重为5.45%。加拿大省级政府1996年财政支出主要项目是医疗保健(占省级总支出的32.5%)、公债支出(16.7%)、社区和社会服务支出(14.3%)、教育与培训支出(14.1%)。[①] 而我国地方财政2020年用于教育、医疗卫生与计划生育、社会保障和就业的支出分别占地方财政支出比重的16.5%、9.0%和14.9%,远低于上述发达国家

---

① 马拴友:"财政支出职能结构的国际比较",《中央财经大学学报》1999年第11期。

地方财政用于公共服务领域的支出比重,而中央财政在上述三大领域的支出比重仅为 4.7%、1.0% 和 3.2%(2020 年数据),同样低于很多国家中央政府公共服务支出的比重。正如张军等所指出的,中国基础设施投资决定的主要因素是地方政府在"招商引资"上的标尺竞争和"发展型"政府治理模式的转型。① 而教育、医疗卫生、社会保障等民生性公共产品领域由于投入周期长、效果不明显等原因,使得地方政府更愿意将精力投入到基础设施等经济性公共产品的供给上来。②

本章基于 2004—2017 年全国各省份的省级面板数据,实证研究了土地财政对城市民生性公共产品的影响,研究结果表明:

(1) 土地出让收入除对城市教育有显著的正向影响外,对城市卫生、环保、社会保障的作用均不显著。土地税收对城市民生性公共产品的作用均不显著。结论与左翔和殷醒民③的观点相近,但其文章使用国有土地出让面积对数代表土地财政,且并未考虑土地财政对社会保障的影响,而本章考察的是土地财政对城市教育、医疗、环境和社会保障四个方面的影响,使用的代表土地财政的自变量是土地出让收入依赖程度、土地税收依赖程度、民生性公共产品用地面积,既区分了城市民生性公共产品的不同类型,也对土地财政从不同角度进行了划分,分析过程更为系统、全面。

(2) 土地财政收入(包括土地出让收入、土地税收)对经济性公共产品(基础设施)和民生性公共产品(公共服务、城市环境)的影响有显著差异。在资金支持上,相对于经济性公共产品,土地财政对民生性公共产品提供的资金支持不够显著。

(3) 土地财政对城市民生性公共产品的作用主要体现在提供重要的土地资源。

---

① 张军、高远、傅勇、张弘:"中国为什么拥有了良好的基础设施?"。
② 李慧、葛扬:"土地财政与城市民生性公共品——基于 2004—2011 年我国省级面板数据的实证分析",《学习与探索》2018 年第 6 期。
③ 左翔、殷醒民:"土地一级市场垄断与地方公共品供给"。

第七章
土地财政对城市化质量的负面影响与对策建议

城市化质量的提升,不是简单地增加城市数量、扩大城市规模这种外延扩张式的土地城市化,而更应考虑完善城市功能,提高人的生活品质和素质,从而实现"人的城市化"。我们国家提倡淡化户籍人口,强调常住人口,也是希望从农村迁移到城市的人口均能享受到城市化所提供良好的公共产品。而民生性公共产品的增加,则是城市化可持续发展、提高城市化质量的关键所在。经济发展是城市化的动力,而以人为本,不断完善教育、医疗、社会保障、城市环境,才有可能提高人口素质、改善人民生活品质,让城市更健康、更宜居,避免城市化出现倒退或者停滞,最终实现城市化质量的全面提升。

依靠土地财政促进城市化发展的模式,固然在一定时期内加快了我国城市化发展的进程,但"涸泽而渔"的资金利用方式,最终则会给城市化高质量发展带来种种负面影响。

第一节 土地财政对城市化质量的负面影响

一、对人口城市化的负面影响

土地财政是否必然推动人口城市化?上文的分析表明,土地财政推动了房地产业的发展,而这又会带来房价水平的提高。国家统计局的数据显示,1999—2020年,全国住宅平均销售价格由1857元/平方米提高到9980元/平方米,年均增长8.1%。一线城市以上海为例,住宅平均销售价格由1999年的3102元/平方米提高到2020年的36741元/平方米,年均增长12.5%。根据联合国人居署所发布的《城市指标工具包指南》,"房价收入比"是指"居住的单元的中等自由市场价格与中等家庭年收入之比"。① 世界银行1998年对96个地区的统计资料显示,1998年全球中等收入家庭的房价收入比平均水平在5.4—9之间,家庭收入越高的国家房价收入比相对越低。② 尽管不能简单地将国外的标准套用到中国上,但房价收入比仍然是分析我国房价是否合理的重要指标。Wind金融终端数据显示,2020年我国50个大中城市房价收入比为12.36,其中一线城市为24.35,二线城市为11.58,三线城市为10.09,均高于中等收入水平国家标准。房价居高不下成为阻碍人口城市化甚至导致逆城市化现象的重要原因。

除此之外,我国的户籍制度也限制了人口城市化的进一步发展。国家统计局数据显示,截至2021年末,我国户籍人口城镇化率达到46.7%,而常住人口城镇化率却高达64.72%,两者之间相差18.02个百分点。两者之所以存在如此大的差距是因为城镇常住人口中包括一部分从农村进入城市打工的流动人口。第七次人口普查数据显示,我国农村流动人口总量已由2010年的1.4亿增长至2020年的2.49亿,规模可谓巨大。尽管近年来我国针对户籍制度改革出台了一系列政策措施,如2014年国务院出台《国务院关于进一步推进户籍制度改革的意见》,明确要求全面放开建制镇和小城市落户限制、有序放开中等城市落户限制、合理确定大城市落户条件。2016年,《国务院关于深入推

---

① 张清勇:"房价收入比与住房支付能力指数的比较",《中国土地科学》2012年第1期。
② 周义:"房价收入比的修正及其实证",《统计与决策》2013年第11期。

进新型城镇化建设的若干意见》《推动1亿非户籍人口在城市落户方案》等政策文件相继出台,明确不同规模城市放宽落户限制的重点,促进农业转移人口举家进城落户。2019年,国家发展改革委、公安部等部门制定印发《关于督促落实1亿非户籍人口在城市落户重点工作任务的通知》,有针对性地提出确保重点群体便捷落户、提升农业转移人口就业能力、优化"人地钱挂钩"操作细则、增强教师编制灵活性等举措。2022年,国家发展改革委发布了《"十四五"新型城镇化实施方案》,明确"推进农业转移人口市民化"为"十四五"时期新型城镇化的首要任务。虽然放开放宽落户条件在许多城市已取得进展,但仍有一些城市面向普通劳动者的落户限制较多,落户隐形门槛依然存在。大城市的落户门槛一般高于中小城市,东部地区城市的落户门槛一般高于中西部地区城市。一些城市出于财政利益的考虑,将积分落户制度与人才引进制度联系起来,落户的门槛比较高。同时,城镇人口中流动人口虽然被统计在城镇常住人口中,但实际上其享受到的公共服务仍然有别于原来的城市户籍人口,其中很多流动人口并没有享受或没有完整享受城市居民应有的教育、医疗、文化、社保等公共服务以及选举权、被选举权等市民权利。

因此,尽管土地财政推动城市化发展模式显著推动了人口城市化发展,但在地方政府对土地财政的依赖程度升高后,其对人口城市化的不利影响也开始出现。国家统计局数据显示,2021年我国农民工总人数为2.93亿人,其中外出农民工人数为1.72亿,本地农民工人数为1.21亿。① 外出农民工占农民工总人数比重由2008年的62.3%降低至2021年的58.7%(见图7.1),显示出由于城市生活成本、落户限制等因素,农民工外出流动意愿有所降低。

---

① 农民工:指户籍仍在农村,进入城市务工和在当地或异地从事非农产业劳动6个月及以上的劳动者。外出农民工:指在户籍所在乡镇地域外从业的农民工。本地农民工:指在户籍所在乡镇地域内从业的农民工。

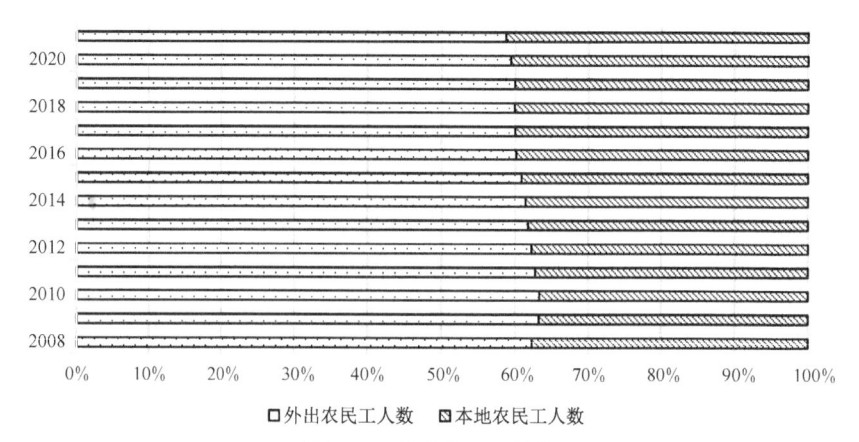

图 7.1　我国农民工结构

数据来源：Wind 金融终端。

二、对土地城市化的负面影响

过去我国城市化发展一直表现为外延式扩张，最明显的表现就是土地城市化快于人口城市化。《中国统计年鉴》的数据显示，1990 年我国城市的建成区面积仅 12856 平方公里，到了 2021 年增加到 62420.5 平方公里，年均增长 5.2%；而城镇人口数从 1990 年的 29971 万人增加到 2021 年的 91425 万人，年均增长 3.7%。建成区面积增速明显快于城镇人口增速。以土地财政支撑的城市化的外延式扩张占用了大量土地，一方面造成农村耕地不足，另一方面则致使城镇建设用地未得到集约利用，土地利用效率异常低下。

第三次全国国土调查（以下简称"国土三调"）结果显示，截至 2019 年底，我国耕地面积为 19.18 亿亩，人均耕地面积只有 1.36 亩，不足世界平均水平的 40%。[①] 从"国土二调"至"国土三调"的 10 年间，全国耕地地类减少了 1.13 亿亩，建设用地总量增加了 1.28 亿亩，增幅达 26.5%。截至 2019 年底，全国建设用地总量 6.13 亿亩，其中城镇建设

[①] 金观平："节约集约用地丝毫不能懈怠"，《经济日报》2022 年 6 月 26 日。

用地总规模达到1.55亿亩。① 由此可见,城市化的外延式扩张是我国耕地面积减少的重要原因之一。而建设占用导致的耕地减少具有不可恢复性。② 除此之外,还存在虚假认定耕地的情况,根据国家土地总督察办公室发布的《国家土地督察公告》(2015年第1号),有45个市将一些现状为住房、工厂、水库水面等建设用地认定为耕地,涉及面积达10.74万亩。③ 2017年国家出台了《全国国土规划纲要(2016—2030年)》,提出"严守耕地保护红线",全国耕地保有量2020年和2030年分别不低于18.65亿亩、18.25亿亩。尽管随着城市化进程的加快,大量农村居民向城市流动,部分乡村的道路与宅基地也会复垦为耕地,但我国优质耕地不断减少、耕地资源储备严重不足的事实不容回避。

在农村优质耕地面临减少的同时,城镇建设用地也同样存在低效利用的局面。一是土地大量闲置。根据国家土地总督察办公室发布的《国家土地督察公告》(2015年第1号),截至2014年9月30日,近五年内,全国批而未供土地1300.99万亩④,闲置土地105.27万亩。二是形象工程、面子工程占地较多。由于行政划拨供地,很多地方政府在新区建设超级豪华办公楼,占用了大量土地,同时大马路、广场、草坪等占地较多,降低了城市土地利用效率。三是开发区土地利用不集约。根据自然资源部《关于2022年度国家级开发区土地集约利用监测统计情况的通报》,579个国家级开发区中,近六成国家级开发区工业用地综合容积率⑤不到0.6,最低仅为0。579个国家级开发区批而未供土

---

① 新华社:"第三次全国国土调查主要数据成果发布",2021年8月26日,http://www.gov.cn/xinwen/2021-08/26/content_5633497.htm。
② 刘守英:"城市化:土地从外延扩张转向理性增长",《中国国土资源报》2010年7月30日。
③ 国土资源部:"国家土地督察公告",2015年4月17日,http://g.mnr.gov.cn/201701/t20170123_1429176.html。
④ "批而未供"土地是指依法实施农用地转用审批、集体建设用地征收审批后,尚未签订土地供应手续的国有建设用地,参见周晓林:"'批而未供'的概念内涵及其规范化问题",《中国土地》2021年第4期。
⑤ 工业用地综合容积率是指已建成城镇建设用地范围内工矿仓储用地上的总建筑面积与工矿仓储用地面积之比,无量纲。反映开发区工矿仓储用地的综合利用强度。

地 1.57 万公顷,占规划建设用地面积的 3.11%;闲置土地 0.06 万公顷,占已供应国有建设用地的 0.14%,土地闲置率比上年度增加了 1 倍,西部地区增加了 3 倍。分区域来看:东部地区开发区集约利用总体水平最高,土地投入产出效益好于其他地区,工业用地地均税收[①]为 1005.22 万元/公顷;中部地区开发区土地利用强度较高,但投入产出效益不够理想且有下降趋势,工业用地地均税收为 465.52 万元/公顷,为东部地区的 46.3%;西部地区开发区工业用地率[②]最低,工业用地地均税收为 445.10 万元/公顷,为东部地区的 44.3%;东北地区开发区土地投入产出效益最低,工业用地地均税收为 367.44 万元/公顷,仅为东部地区的 36.6%。

三、对经济城市化的负面影响

土地财政在支持工业化进程的同时,也带动了房地产业和建筑业以及与之相关的住宅装修、房屋中介等服务业的发展。由图 7.2 可以看出,土地出让收入与商品房销售额的变动趋势基本一致,这说明伴随着土地价格的提高和土地财政规模的扩大,房地产业规模也在逐步扩大。由于房地产业、建筑业的快速发展,行业产生的企业所得税、营业税、房地产税等相关税费也逐渐增加,为地方政府财政收入做出了巨大贡献,促进了城市经济的发展和城市面貌的改善。

但随着房地产业的飞速发展,房地产价格特别是住宅价格也迅速上涨,且这种上涨程度已经逐渐超出了居民的可承受能力。住宅价格增长速度远超过城镇居民人均可支配收入增长幅度,住房逐渐成为一些普通居民的不可承受之重。由于房地产价格的升高和房地产需求的增长,居民的消费被严重挤占。最终消费率由 2000 年的 63.9% 降至 2021 年的 54.5%,居民消费率也由 2000 年的 47.0% 降至 2021 年的

---

① 工业用地地均税收是指已建成城镇建设用地范围内的工业(物流)企业税收总额与工矿仓储用地面积之比,单位为万元/公顷。反映开发区工矿仓储用地的产出效益。
② 工业用地率是指已建成城镇建设用地范围内工矿仓储用地面积与已建成城镇建设用地面积之比。

38.5%(见表7.1)。

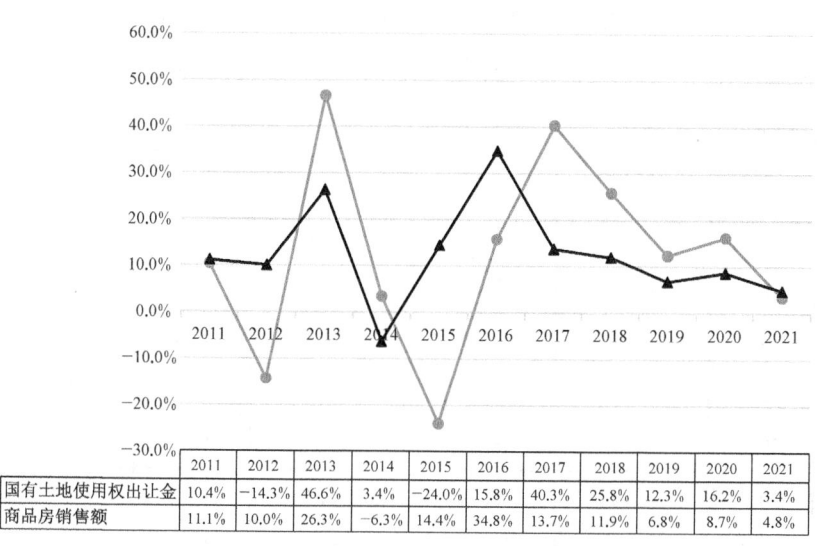

图7.2 我国国有土地使用权出让金与商品房销售额增速

	2011	2012	2013	2014	2015	2016	2017	2018	2019	2020	2021
国有土地使用权出让金	10.4%	-14.3%	46.6%	3.4%	-24.0%	15.8%	40.3%	25.8%	12.3%	16.2%	3.4%
商品房销售额	11.1%	10.0%	26.3%	-6.3%	14.4%	34.8%	13.7%	11.9%	6.8%	8.7%	4.8%

数据来源:Wind 金融终端。

表7.1 2000年以来我国消费率与投资率比较

单位:%

年份	最终消费率	居民消费率	政府消费率	投资率	净出口率
2000	63.9	47.0	16.9	33.7	2.4
2001	62.2	45.7	16.5	35.7	2.1
2002	61.2	45.1	16.1	36.3	2.5
2003	58.1	42.8	15.3	39.7	2.2
2004	55.4	40.7	14.7	42.0	2.6
2005	54.3	39.5	14.8	40.3	5.4
2006	52.5	37.7	14.8	39.9	7.6
2007	50.9	36.3	14.6	40.4	8.7
2008	50.0	35.4	14.5	42.4	7.6

(续表)

年份	最终消费率	居民消费率	政府消费率	投资率	净出口率
2009	50.2	35.4	14.8	45.5	4.3
2010	49.3	34.6	14.7	47	3.7
2011	50.6	35.2	15.4	47	2.4
2012	51.1	35.4	15.7	46.2	2.7
2013	51.4	35.6	15.8	46.1	2.5
2014	52.3	36.5	15.7	45.6	2.1
2015	53.7	37.6	16.1	43	3.3
2016	55.1	38.7	16.4	42.7	2.2
2017	55.1	38.7	16.4	43.2	1.7
2018	55.3	38.7	16.6	44	0.7
2019	55.8	39.1	16.7	43.1	1.1
2020	54.7	37.8	16.9	42.9	2.4
2021	54.5	38.5	16.0	43	2.5

注：最终消费率＝居民消费率＋政府消费率。
数据来源：《中国统计年鉴2022》。

根据钱纳里的多国模型（见表7.2），在工业化初期，消费率的平均水平为85%；到工业化中期，消费率下降到80%；在工业化末期，消费率下降到77%。与钱纳里的多国模型相比，我国无论是最终消费率还是居民消费率都始终低于模型中的标准值。从世界发达国家的实践看，消费是拉动经济增长最稳定最持久的动力。扩大内需特别是消费需求，对于减少外部冲击、保持经济稳定、提高经济发展质量具有重要意义。[①] 而我国由于消费率较低，导致整个经济增长的内生动力不足。

---

① 毛中根、洪涛等：《生产大国向消费大国演进研究》，科学出版社2015年版，第50页。

表 7.2　钱纳里多国模型工业化过程中消费率的变化情况

发展阶段	人均 GDP（1970 年美元）	最终消费率(%)	居民消费率(%)	政府消费率(%)	投资率(%)
工业化初期	140	85	71	14	15
工业化中期	560	80	65	15	20
工业化末期	2100	77	59	18	23

数据来源：〔美〕霍利斯·钱纳里等：《工业化和经济增长的比较研究》，第72—76页。

房地产业的快速增长使得中国的最终消费支出增长被投资扩张所取代，造成的一个后果就是资源利用效率低下，一些低端制造领域出现严重的产能过剩。工业和信息化部曾于2014、2015年公布工业行业淘汰落后和过剩产能企业名单，所涉行业包括炼钢、焦炭、铁合金、电石、电解铝、铜冶炼、铅冶炼、水泥、平板玻璃、造纸、制革、印染、化纤等，均属于劳动密集型的低端制造产业。另一个后果是使得经济增长对资本依赖程度提高，经济发展的投入成本、资源消耗和环境代价仍然很大。

同时，房地产业的快速发展也使得社会资本大量流入房地产和建筑行业，引发房地产投机行为和产业结构"脱实向虚"，导致我国整体产业水平和国际竞争力相对较低。而技术结构滞后发展会进一步增加实体经济结构调整的难度。尤其是近年来美国等西方国家在制造业发展中出现"再工业化"和"制造业回归"，德国提出工业4.0计划，说明利用核心技术掌握高端制造业主导权、发展高端制造技术面临的国际竞争日趋激烈；同时美国出于霸权思维对中国高技术行业进行打压、封锁、遏制，中国发展高技术产业的任务愈发紧迫和艰巨。面对中华民族伟大复兴战略全局和世界百年未有之大变局，如果仍然满足于靠低端制造和房地产业拉动中国的经济增长，则会给中国未来经济的高质量发展、建设现代化国家带来严峻的挑战。

除了对产业结构的影响，对土地财政的严重依赖亦会引发地方的财政金融风险。财政风险主要涉及地方政府债务风险。目前一些地方政府的财政收入严重依赖于土地出让收入，而土地出让收入又是地方政府债务的重要偿债收入来源之一。地方政府债务分为一般债务和专项债务，其中一般债务是地方政府为了弥补一般公共财政赤字而发行的债券，偿还以地区财政收入作担保，风险相对较小。而专项债务是指列入政府性基金预算用于有收益的公益性事业发展的专项债券，偿债来源通常是政府性基金收入或项目建成后取得的收入。专项债务资金主要用于铁路、收费公路、干线机场、内河航电枢纽和港口、城市停车场、天然气管网和储气设施、城乡电网、水利、城镇污水垃圾处理、供水等基础设施建设。截至2022年底，我国地方政府债务余额高达350618亿元，其中一般债务143896亿元，占总债务余额的41.0%，专项债务206722亿元，占总债务余额的59.0%。[①] 就偿债来源来看，目前专项债偿债来源比较单一，高度依赖土地出让收入。此前由于房地产需求被严重透支，房地产市场脱离经济基本面，部分城市房地产领域存在泡沫。随着地方落实中央"房住不炒"的政策要求，土地市场也会随之调整，这必然会使地方土地收入缩水，导致地方政府无力偿还债务从而陷入债务危机。

由于之前法律规定，地方政府不能作为发债的主体。地方政府为满足市政建设等的需求，依赖融资平台公司融资。根据2013年《全国政府性债务审计结果》[②]，截至2013年6月底，地方政府负有偿还责任的债务108859.17亿元，融资平台公司作为举债主体负有偿还责任的债务40755.54亿元，占全部地方政府债务37.3%，是地方政府负有偿还责任债务的首要举借主体。由于地方融资平台在向银行融资时使用土地作为抵押物，因此土地的未来价值被提前透支，一旦平台公司无力偿还贷款，在土地的现期收入出现下降的情况下，就会导致平台公司资金链断裂，从而导致银行产生呆坏账风险。也就是说，地方政府的赤字

---

① 财政部预算司："2022年12月地方政府债券发行和债务余额情况"，2023年1月29日，http://yss.mof.gov.cn/zhuantilanmu/dfzgl/sjtj/202301/t20230128_3864087.htm。

② "审计署发布第32号公告：全国政府性债务审计结果"，2013年12月30日，http://www.gov.cn/gzdt/2013-12/30/content_2557187.htm。

一部分被转嫁给了银行,可能会形成系统性的金融风险。

四、对基础设施城市化的负面影响

目前很多城市采取的是"摊大饼"式的空间扩张式发展道路,城市中心不断向外扩张。典型的城市如北京,由一开始的二环、三环发展到如今的六环,据称目前北京已经修到了"七环",其中只有不到10%的路修在北京境内,绝大多数都在河北省境内。这种城市发展模式尽管可以快速提升城市的首位度和集聚力,吸引大量的资金、人才聚集,同时也会带来严重的"城市病",如交通拥堵、房价过高、治安恶化等。根据高德交通的《2021年度中国主要城市交通分析报告》,2021年北京路网高峰行程延时指数为1.873,在中国城市中排名第三,高峰平均车速24.79公里/小时。根据北大国家发展研究院2014年的研究结果,北京因交通拥堵每年约造成700亿元的损失,其中超过80%为拥堵时间损失。[1]

随着城市化进程的加快,用水紧张也成为我国城市不得不面对的情况。我国本身就是水资源严重短缺的国家。2020年我国水资源总量为31605.2亿立方米,人均水资源2239.8立方米/人,而根据国际标准,人均水资源低于3000立方米/人为轻度缺水,低于2000立方米/人为中度缺水,低于1000立方米/人为重度缺水,低于500立方米/人为极度缺水,按此标准,我国总体属于轻度缺水国家。但具体到城市,情况却并不理想。2020年北京、天津、上海人均水资源分别只有117.6立方米/人、95.96立方米/人和235.86立方米/人,远低于国际公认的500立方米/人的"极度缺水"标准。同时,我国水资源还存在严重的地区分布不均。长江流域及其以南地区人口占了中国的54%,耕地仅占全国的36%,但是水资源却占了80%左右;北方人口占46%,水资源只有19%左右。[2]

同时,伴随着工业化和城市化发展,我国能源也消耗巨大。2021

---

[1] 胡大源:"北京每年因交通拥堵损失700亿",2014年9月28日,https://www.bimba.pku.edu.cn/wm/xwzx/413982.htm。

[2] 袁于飞、安天杭:"水,如何平衡发展之重",《光明日报》2021年7月10日。

年我国能源消费总量为52.4亿吨标准煤,占到世界能源消费总量的26%以上,中国能源消费总量已连续12年居世界第一位。根据国际能源署《世界能源展望2015》,我国为最大煤炭生产国和消费国;到2030年,我国将超越美国成为最大石油消费国,超越欧盟成为最大天然气消费国。我国主要能源进口数量快速增长,对外依存度持续攀升。2020年,我国石油对外依存度高达73%,天然气对外依存度达到43%,随着能源对外依存度越来越大,需要依靠进口满足国内需求,不但危及经济安全,而且会危及政治与国家安全。与此同时,我国能源消费过程中存在着严重的浪费现象。如一些城市为了打造城市形象,过度追求城市亮化,发展城市景观照明工程,造成电力资源浪费。随着城市建筑的增多,舒适度要求不断提高,建筑的运行能耗也不断提高,根据清华大学建筑节能研究中心的估算,2020年,我国建筑运行能耗占全社会总能耗的21%,产生的二氧化碳排放量占全社会总量的19%,是能耗和碳排放的双料"大户"。[①]

五、对公共服务城市化的负面影响

城市化质量的提高,必须重视人的全面发展,必须考虑民生。"民生"一词最早出现在《左传·宣公十二年》,所谓"民生在勤,勤则不匮"。因此,在古代,民生的标准就是维持基本生活的"吃饱穿暖"。在现代社会,民生已是关系到百姓日常生活的根本问题,包括教育、就业、收入分配、社会保障和环境卫生等与人民利益密切相关的公共服务的各个方面。现实却是,我们目前的城市化在与人的全面发展相协调方面仍任重而道远。

教育方面,一些城市的教育配置严重不均衡,学区房价格过高,优质学校少而门槛高,尚不能满足普通居民的子女教育需求,而城市外来流动人口的子女更是只能跻身于师资、硬件设施缺乏的民工子弟学校。

---

① 清华大学建筑节能研究中心:《中国建筑节能年度发展研究报告2022(公共建筑专题)》,中国建筑工业出版社2022年版,第30页。

《2020年农民工监测调查报告》显示,47.5%的农民工家长反映义务教育阶段的随迁儿童在城市上学面临一些问题,本地升学难、费用高、孩子没人照顾是农民工家长认同度最高的三个主要问题。① 医疗卫生方面,优质的医疗资源、三甲医院都主要集中在大城市,而基层社区医疗服务机构设施缺乏、医务人才不足、服务能力不强,导致病人不得不舍近求远,也造成了大城市医疗机构的人满为患。社会保障方面,城乡社保水平差距大、公平性不足,养老服务产品供给不足,农民工社会保障不健全等等。这些民生方面的欠缺与不足,是在城市化高质量发展目标下应该重点考虑的。

城市空间的盲目扩张同时也带来了环境承载力不足问题。2020年,37%的城市$PM_{2.5}$超标,约44%的人口暴露在$PM_{2.5}$浓度超标的城市中,京津冀及周边区域、汾渭平原等重点区域$PM_{2.5}$污染突出。2020年全国臭氧平均浓度比2015年上升12.6%,臭氧浓度超标的城市数量从2015年的19个增加到2020年的56个。② 城市化快速发展带来的"垃圾围城"问题也非常严重。据中国城市环境卫生协会的统计数据,全国城市生活垃圾每年超过1.5亿吨,并以每年8%—10%的速度递增。全国688座城市,除县城外,已有2/3的大中城市遭遇垃圾问题,每年因垃圾造成的资源损失价值在250亿—300亿元。③

此外,地方政府对土地财政依赖程度的提高还会引致收入分配不公问题。土地财政导致的财富分配不合理首先是土地增值收益的初次分配不合理。土地作为重要的生产要素,其所有权属于国家。④ 根据

---

① 国家统计局:"2020年农民工监测调查报告",2021年4月30日,http://www.gov.cn/xinwen/2021-04/30/content_5604232.htm。
② 张璐:"'双碳'背景下如何开展污染防治?服贸会上,多位院士展望",2022年9月2日,https://www.bjnews.com.cn/detail/166211250014159.html。
③ 刘峣:"垃圾强制分类 中国动了真格",《人民日报》(海外版)2017年4月24日。
④ 依据《中华人民共和国宪法》第十条、《中华人民共和国土地管理法》第九条规定,"城市的土地属于国家所有""农村和城市郊区的土地,除由法律规定属于国家所有的以外,属于农民集体所有;宅基地和自留地、自留山,属于农民集体所有"。但农民无法自主买卖土地,一旦土地被国家依法没收、征收、征购、征用后也变成国有土地为国家所有。

现行《中华人民共和国土地管理法》第四十八条规定:"征收土地应当依法及时足额支付土地补偿费、安置补助费以及农村村民住宅、其他地上附着物和青苗等的补偿费用,并安排被征地农民的社会保障费用。""征收农用地的土地补偿费、安置补助费标准由省、自治区、直辖市通过制定公布区片综合地价确定。"然而从各地的实践来看,征地的补偿标准仍然偏低,并不能完全反映土地的实际价值,对于失地农民目前仍缺乏完善的社会保障机制。尽管党的十八届三中全会通过的《中共中央关于全面深化改革若干重大问题的决定》指出,"推进城乡要素平等交换和公共资源均衡配置",但实际上要实现征地补偿的完全市场化还有很长的一段路要走。

其次是房地产价格高涨所带来的土地增值收益的再分配不合理。我国政府征地集聚土地,定向供给房地产开发商,开发商又通过土地融资和房屋预售的杠杆方式发展,使得我国的房地产业成为世界上少有的造富机器。① 根据福布斯公布的2015福布斯华人富豪榜,房地产行业牢牢占据着第一的位置,超过20%的华人富豪涉足房地产行业。② 在2010年3月国务院国资委宣布除16家以房地产为主业的中央企业外,其他央企退出房地产开发以前,大约有七成央企近100家涉足房地产业,而它们的主业则来自钢铁、冶金、医药、农业、粮油、化工等各行各业。③ 房地产企业无须关注住宅产品品质、服务质量,仅仅依靠房地产价格上涨就可获取大量利润。但另一方面,很多城市特别是大城市房价高涨,普通收入阶层却不得不为高房价买单,低收入者甚至买不起住房。

贫富差距、城乡差距、失地农民保障等问题是与土地财政所相伴相生的。从根本上来说,与土地收益分配有关的各种问题不断滋生,给社会和谐稳定也带来了各种隐患。

---

① 华生:《城市化转型与土地陷阱》,东方出版社2013年版,第233页。
② 王文佳、罗莎琳:"两成富豪 涉足房地产",《信息时报》2015年4月21日。
③ 江金骐:"七成央企涉足房地产 国资委态度暧昧",《华夏时报》2010年1月8日。

第二节 土地财政转型的路径与方法

一、土地财政转型的总体思路

鉴于上文分析的土地财政对城市化高质量发展的种种负面影响，本书认为土地财政亟须转型，但转型依然面临很多复杂的问题，难以一蹴而就。所以设计转型方案时既要考虑地方政府将会面临的财政收入减少、债务压力增大等短期问题，更要考虑国家城市化的长远可持续发展和城市化质量的提升。因此，本书提出以下转型思路：

首先是控制土地财政增量。随着国家对新型城镇化的持续推进[①]，人口城市化加速发展所要求的城市经济性公共产品、民生性公共产品等必然面临巨大的资金需求。由于目前城市化发展的融资渠道仍然比较单一，而土地财政代偿制度尚未及时跟进，短期内土地财政还无法完全退出历史舞台。因此，必须确定并严格控制合理的土地财政规模和速度，并规范土地出让收支管理和土地收益分配制度。

其次是化解土地财政存量风险。尽管土地财政对城市化发展曾经起着重要的作用，甚至在某些地区仍在发挥作用，但鉴于土地财政对城市化发展质量和土地利用效率的不利影响，对产业结构与社会的负面影响，更重要的是其有可能导致的财政、金融等多重经济的系统性风险，有必要对土地财政存量风险进行有效管理，包括完善土地财政风险管控机制和地方政府债务管理机制。

最后是提出土地财政代偿机制。在目前土地财政风险逐渐加大，

---

① 党的十八大强调，要坚持走中国特色新型城镇化道路，推动工业化和城镇化良性互动、城镇化和农业现代化相互协调，促进工业化、信息化、城镇化、农业现代化同步发展。党的十九届五中全会通过的《中共中央关于制定国民经济和社会发展第十四个五年规划和二〇三五年远景目标的建议》提出"推进以人为核心的新型城镇化"，明确了新型城镇化目标任务和政策举措。《国家新型城镇化规划（2014—2020 年）》和《国家新型城镇化规划（2021—2035 年）》的制定，明确了我国新型城镇化道路的发展路径、主要目标和战略任务等。

中央出台《加强地方政府性债务管理的意见》构建地方债务防控新制度,新型城镇化存在巨大资金需求的情况下,提出土地财政的代偿机制成为当务之急。本书拟提出几种可供选择的机制,包括构建以房地产税为主体的地方税体系、将土地批租制改为土地年租制、构建多元化的金融支持方式等。

二、控制土地财政增量

(一)控制合理的增量规模和速度

科学合理制定土地供应长期规划。应严格遵守和执行《全国国土规划纲要(2016—2030年)》《全国主体功能区规划》和各年度全国土地利用计划,实行差别化的土地利用政策,加强耕地保护,严格控制特大城市用地,合理安排大中小城市和小城镇用地计划指标,控制建设占用农用地的数量和速度;优先安排、保障社会民生建设用地和基础设施建设用地,重点支持战略性新兴产业、现代服务业、新型农业等符合国家产业发展政策的用地;优化国土空间开发格局,不同地区按照本地区的主体功能定位来发展,建立科学的工业化、城市化发展理念,严禁同质化、粗放式出让土地。

控制土地出让规模。地方政府应根据市场供需情况、地价水平变动情况,科学制定土地出让计划,有效控制土地出让节奏。对于土地供应明显偏多或在房地产用地规模过大的地区,国土部门应适时调整土地用途,减少在建房用地规模,将土地用于地区产业发展、公益事业等其他用途。

扩大土地有偿使用范围。要求经营性用地必须通过招拍挂方式出让,对于除军事、社会保障性住房和特殊性质用地可以以划拨方式供应外,行政机关办公用地、城市基础设施用地、公益事业单位用地、工业用地等,一律实行有偿使用,严禁违规划拨供地、"毛地"出让①、低价出让土地。禁止以土地开发、补贴、奖励款等各种形式变相减免土地出让价款。

---

① 毛地指的是已完成宗地内基础设施开发,但尚未完成宗地内房屋拆迁补偿安置的土地。

（二）规范土地出让收支管理

健全国有土地使用权出让收支预算管理制度，提高土地出让收支的透明度。以前土地出让金放在预算外管理，没有进入预算体系，管理非常不规范。2006年国务院出台通知①，要求地方国库设立专账，核算土地出让收支情况。但在实际执行过程中，根据审计署多年审计，仍然存在部分土地出让金未纳入基金预算管理。有的市县在其土地出让收支管理办法中并未提及人大，人大的审批和监督作用并未有效发挥。未来应健全国有土地使用权出让收支基金预算管理制度，各级政府及相关部门要严格按照国家规定，将国有土地使用权出让收支全额纳入地方基金预算管理，收入全额缴入地方国库，支出一律根据地方基金预算从地方国库中拨付，实行彻底的"收支两条线"管理。同时进一步完善土地出让收支预决算向同级人大报告制度，土地出让收支预算应接受县、市、省各级人大审批与监督。

加大预算执行力度，严禁在预算执行过程中随意追加支出。进一步优化土地出让收入使用结构，土地出让收入要优先用于保障被征地农民和被拆迁居民利益，提高支农支出和民生支出比重。禁止挪用土地出让收入用于修建楼堂馆所、购买公务用车、发放津贴补贴奖金、弥补行政经费支出、为融资平台公司注资等。

建立健全土地出让收支审计制度和土地出让收支信息公开制度。审计部门应加强对土地出让金的收支审计，在年度地方财政预算执行情况审计时，将土地出让收支管理审计作为一项重要内容。地方政府应尽快将土地出让金纳入政府公开信息的范围，定期向公众和社会公开，接受公众监督。

（三）规范土地收益分配

规范土地收益分配包含两方面的内容，一是规范土地收益在土地

---

① 《国务院办公厅关于规范国有土地使用权出让收支管理的通知》（国办发〔2006〕100号），明确要求从2007年1月1日起，土地出让收支全额纳入地方基金预算管理；收入全部缴入地方国库，支出一律通过地方基金预算从土地出让收入中予以安排，实行彻底的"收支两条线"；在地方国库中设立专账，专门核算土地出让收入和支出情况。

产权所涉及的各个主体之间的分配,二是规范土地收益在中央政府与地方政府之间的分配。

目前我国的土地采取的是城市土地国家所有制和农村土地集体所有制。其中农村土地所有权归农村集体,土地的使用权归农民家庭。马克思在《资本论》中说:"地租的占有是土地所有权借以实现的经济形式,而地租又是以土地所有权,以某些个人对某些地块的所有权为前提。"[①]在城市化进程中,土地非农化所产生的地租本应由土地的所有者(农村集体)和土地使用者(农民家庭)共同分享,但在实际分配过程中,由于政府掌握定价权,以及农村集体土地所有权的虚拟性特征,使得农民所获得的地租水平偏低,无法体现土地的实际价值和土地市场供求状况,而各级政府和农村集体获得的收益相对较多。未来应建立兼顾国家、集体、个人的土地增值收益分配机制,合理提高个人收益。依据《中华人民共和国土地管理法》(2019修正)修订的关于土地的补偿标准,考虑土地的未来增值空间,按改变后的土地用途和规划、以市场价格对失地农民进行补偿,同时针对失地农民在政策上予以倾斜,在就业、住房、医疗、教育等方面提供更多的帮扶。

目前国家对于城市内部的存量土地市场规定其土地收益归地方政府所有,而对于农地非农化的增量市场,其土地有偿使用费30%上缴中央,70%归地方政府。[②] 由此可见,国有土地使用权出让收入大部分归地方政府所有,而土地税收收入和土地抵押贷款收入也由地方政府所有和支配。因此客观上也造成了地方政府对土地财政的严重依赖。尽管中央已对相当比例的土地收益用途进行了规定,但在实际操作中

---

① 〔德〕马克思:《资本论》(第三卷),第714页。
② 《中华人民共和国土地管理法》第五十五条规定:"以出让等有偿使用方式取得国有土地使用权的建设单位,按照国务院规定的标准和办法,缴纳土地使用权出让金等土地有偿使用费和其他费用后,方可使用土地。自本法施行之日起,新增建设用地的土地有偿使用费,百分之三十上缴中央财政,百分之七十留给有关地方人民政府。"

地方政府很难做到完全执行到位。① 未来应尽快调整中央与地方的土地收益分配格局，由中央集中部分土地出让收入用于地区间的均衡调节。

三、化解土地财政存量风险

（一）土地财政风险管控机制

土地财政风险管控主要涉及对土地出让收入的管理和对土地融资的管理。

一是加强土地财政的用途管理。对于土地收益和土地融资获得的资金用途进行进一步规定，加大对土地收入使用的干预。尤其是土地融资，由于使用杠杆效应，一旦出现问题，会加大财政风险和土地市场风险，也会将风险传导给银行。因此必须加强土地财政的用途管理。对于土地出让收入要进一步扩大用途管理范围，防止地方政府随意挪用土地出让收入用于弥补地方财政赤字。对于土地融资所得，要规定其用于资本性支出，而不能用于日常性一般支出。

二是对土地财政进行风险预警。定期汇总、分析地方政府土地出让收入、土地抵押贷款的状况。对于土地出让收入可以设置如当地土地出让收入占地方财政收入或 GDP 的比重等指标，定期跟踪。该指标过大时要引起警惕，说明该地区土地出让收入规模过大，应采取措施避免城市土地过度出让。对于土地融资，也应当规定相应的贷款和担保的上限，防止出现过度融资。

---

① 土地收益中计提 15% 用于农业土地开发资金（《国务院关于将部分土地出让金用于农业土地开发有关问题的通知》）、10% 用于保障性住房建设资金（《关于切实落实保障性安居工程资金加快预算执行进度的通知》）、10% 用于教育发展（《财政部、教育部关于从土地出让收益中计提教育资金有关事项的通知》）、10% 用于农田水利建设资金（《财政部、水利部关于从土地出让收益中计提农田水利建设资金有关事项的通知》）。2020 年新出台的《关于调整完善土地出让收入使用范围优先支持乡村振兴的意见》要求到"十四五"期末土地出让收益用于农业农村比例达到 50% 以上。审计署 2010 年第 22 号公告《19 个省市 2007 年至 2009 年政府投资保障性住房审计调查结果》显示，北京、上海、重庆、成都等 22 个城市从土地出让净收益中提取廉租住房保障资金的比例未达到上述要求。2007—2009 年，这些城市共计少提取 146.23 亿元。

（二）完善地方政府债务管理制度

防范地方政府债务风险,首先要促使地方政府公开债务信息,准确掌握地方政府债务的真实状况。掌握地方政府债务信息,重点是要掌握隐性债务的信息。清理地方政府债务的过程,既是为了债务信息的准确掌握,也是为了明晰举债责任。要分门别类,特别是对地方政府负有担保责任的债务和在特定情况下,需要政府承担一定救助责任的其他债务要进行详细调查记录,公开债务用途,接受社会的监督,从而为确立、约束举债责任主体,有效管理债务风险,防止债务资金被随意挪用打下基础。

强化监管,规范地方政府举债行为。由于现行的政治体制下同级制衡作用较弱,主要是自上而下的约束在起作用,那么就应当由上级政府部门对政府债务进行控制,强化项目资金约束。上一级政府审批决定下一级政府是否具有举债资格以及负债规模。另外,财政部门要加强对下级政府财政举债的监控,及时了解下级政府的财政运行情况和债务情况,适时调整和控制下级政府的举债行为。地方人大应对同级政府的负债行为做到切实的约束,地方人大应对地方债的发行规模、使用方向、还本付息等享有审查权和监督权。

制定包括直接债务、间接债务在内的完备的地方政府债务指标体系,建立地方政府债务风险预警机制,定期汇总、分析地方政府债务的状况、构成、新债务产生的原因、趋势,对可能出现的地方政府债务风险及早预警,采取措施,做到防患于未然。这些指标主要包括负债率、债务率、债务依存度等。[1] 对于各个指标可参照其他国家的经验再根据我国的实际情况设置标准值。

---

[1] 负债率,即年末地方政府债务余额占当年地方 GDP 的比例,主要反映地方经济总规模对政府债务的承载能力及地方政府的风险程度,或地方经济增长对政府举债的依赖程度。指标值越大,说明风险越高。债务率,即年末地方政府债务余额占当年财政收入的比例,反映地方政府通过动用当期财政收入满足偿债需求的能力,该指标是对地方政府债务总余额的控制。债务依存度,即当年地方政府举借债务数额占当年财政支出额的比例,反映当年地方政府财政支出对借款的依赖程度。

四、构建土地财政代偿机制

(一)构建以房地产税为主体的地方税体系

从发达国家的情况来看,目前西方市场相对发达的经济体都将房地产税或不动产税作为其地方财政收入的主要来源。以美国为例,美国房地产税占地方财政收入的比例为30%,占财产税收入的75%[①],主要用于公共教育事业。对于我国而言,应构建以房地产税为主体的地方税体系,充分利用税收为城市公共产品的供给提供资金保障,提高城市化水平,促进城市化可持续发展。

加快房地产税立法。我国目前房地产税计税的依据是1986年国务院颁布的《中华人民共和国房产税暂行条例》,房产税的征税对象是经营性房屋,税法第五条规定对于个人所有非营业用的房产免纳房产税。因此征收范围较小,辐射面有限。参照已有的国际经验,并且基于公平、规范的原则,房产税的征税对象应是个人所有的住房。要使房产税成为真正意义上的财产税,首先应当从法律层面进行立法改革,认真总结房产税改革试点经验,同时结合我国的实际情况,在充分论证的基础上修改现行《中华人民共和国房产税暂行条例》,从法律上明确房地产税在我国税收制度中的重要地位,做到有法可依。

重新设计房地产税。清费立税,减少房产建设和交易环节税费,增加房产保有环节的税收。将目前的房产税、耕地占用税等土地税和房地产方面的某些政府收费合并为统一的房地产税,取消房地产方面的不合理的政府收费,减轻纳税人的经济负担。根据不同地区、不同类型的房地产设计房地产税率,中小城市房地产的税率可以适当从低,大城市房地产的税率可以适当从高;普通住宅可以适当从低,高档住宅和生产、经营用房地产可以适当从高;中西部省份房地产可以适当从低,东部发达省份房地产可以适当从高。同时针对我国的实际情况和购房者的支付能力,采取适当放宽的原则,设置一定的减免政策。

---

① 周毅:"美国房产税制度概述",《改革》2011年第3期。

推进房地产税改革试点。考虑到房地产税涉及面广,操作复杂,影响较大,建议应采取渐进式改革方式,而不是一次性全面铺开。应认真总结上海与重庆试点的经验,综合考虑多方因素,根据不同试点城市的具体情况来制定政策,提高灵活性,增强征税的实际效果。

(二) 改土地批租制为土地年租制

目前我国城镇国有土地使用权的出让方式主要是采取土地批租制,即国家在土地出让初期一次性向土地使用者收取出让期限内的全部土地租金。土地批租制使得地方政府在短时间内获得大量土地出让租金用于城市化建设,在我国城市化发展初期的确发挥了重要作用,但同时也带来了土地财政依赖、房价高涨、土地市场投机、土地过度使用过度开发等问题。

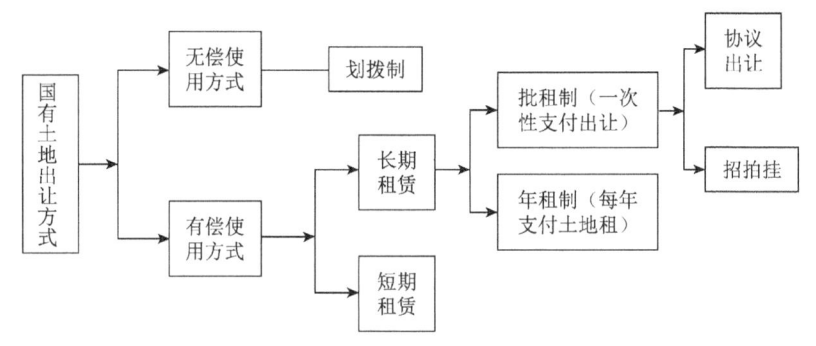

图 7.3 我国国有土地使用权出让方式

资料来源:刘军民:"积极探索土地年租制 创新土地供应模式",《中国财政》2013年第7期。

土地年租制区别于土地批租制之处在于,租金按年收取,而且每年的租金可以根据市场变动进行相应的调整。通过土地年租制,可以改变土地一次性出让获得出让收入的模式,减少地方政府对土地出让的利益驱动,有助于土地财政模式的转型和土地市场的健康发展,促进土地资源的可持续利用,通过每年调整租金也有利于土地收益的最大化。目前,我国已有一些城市将土地出让金制改革为年租制。北京市已有部分公租房项目开发建设试点实行土地年租制,浙江杭州、广东深圳、山东青岛、河南许昌等地的年租制都取得了较好效果。

考虑到我国各地区城市化水平发展不均衡,还有很大一部分地区还处在城市建设的初级阶段,因此,土地制度不能单一设定为"批租制"或"年租制",而应根据不同城市的特点,采用双轨制。对中西部那些不发达的、城市化进程还处于初期发展阶段的城市应考虑采用"批租制";在东部一些发达的已经处在城市化建设较为健全阶段的城市,则可采用"年租制"。

(三)多元化的金融支持方式

发行地方政府债券。持续的债务融资对我国新型城镇化的发展是非常有必要的。拓宽竞争性、多元化的城市公共设施融资渠道,可以降低融资成本。地方政府债券是一种以地方政府或其授权代理机构为发债主体的融资工具,募集资金用于城市公共产品的供给。从中长期来看,发行地方政府债券既是在土地财政转型后城镇化建设所需资金的重要来源,也具有一定的可行性。应尽快制定《公债法》,科学构建我国地方政府债券制度,使地方政府依法举债,为地方政府增加财政收入开源,并进行有效监管和信息披露,使地方政府举债行为依法接受公众监督,真正实现地方政府债券管理的规范化、透明化与法治化。

采用项目融资,可采取私人资本和政府合作的 PPP(Public-Private-Partnership)模式①,允许社会资本通过特许经营等方式参与城市基础设施投资和运营。PPP 等模式的项目融资优点很多。它不但能和 BOT(Build-Operate-Transfer)模式②一样,有效帮助政府减少新增

---

① PPP 模式是指政府与私人组织之间,为了合作建设城市基础设施项目,或是为了提供某种公共物品和服务,以特许权协议为基础,彼此之间形成一种伙伴式的合作关系,并通过签署合同来明确双方的权利和义务,以确保合作的顺利完成,最终使合作各方达到比预期单独行动更为有利的结果。
② BOT 模式本质上是一种基础设施投资、建设和运营的方式。在政府与私人机构达成协议的前提下,政府向私人机构颁发许可证,允许其在一定时间内筹集资金来建设特定的基础设施,并管理和运营设施及其相应的产品和服务。BOT 模式和 PPP 模式的主要区别在于政府和企业之间的合作关系不同,政府参与项目的程度和所承担的责任不同。BOT 模式是政府特许某个资本对某个项目进行经营建设,而 PPP 模式是由政府和企业一起合作来负责某个项目。

债务,还能通过对项目的有效运营和维护带来净收益,从而化解存量债务。项目融资结构的设计如果不能很好地体现各主体的特征和需要,或在特许权授予和风险识别上有偏差,都可能导致项目无法达成或者实施过程中出现一系列问题。PPP模式的核心在于政府与市场主体之间平等互利关系,强调利益共享和风险共担。下一步首先应推动PPP的立法进程。尽快出台国家层面的PPP法律法规,对PPP项目实践真正起到统一规范和约束作用。其次建立风险防范机制。形成发起人(建设方、运营方、融资方)、中介机构(规划设计、咨询)等风险共担机制,明确各主体所承担的风险;建立完善的PPP风险监管体系,加强对项目的监管。最后健全收益分配机制。明确政府和社会资本的权利边界,平衡政府与社会资本的利益分配。

第三节　提升我国城市化质量的思路与建议

一、推动体制机制创新,提升人口城市化质量

(一)深化户籍制度改革

统筹大中小城市的落户政策。对于中小城市,应完全放开落户条件,让有意愿将农村户口转移到中小城市的人都可以无门槛落户;由于农业转移人口到中小城市落户的意愿不高,可以通过提升完善中小城市公共服务设施水平、提供更多就业机会、改善居住环境等手段吸引农业转移人口到中小城市落户。大城市减少落户限制,不得采取购买房屋、投资纳税等方式设置落户限制条件。对特大、超大城市,在保留积分落户制度的前提下,尽量精简落户项目;以居住证为载体,健全完善与居住年限等条件相挂钩的基本公共服务供给机制,以教育、医疗、养老、住房为重点领域,保障居住证持有人享有与当地户籍人口同等的基本权益和公共服务。保护进城落户农业转移人口的土地承包经营权、宅基地使用权、集体收益分配权,不得以退出农户"三权"等作为其进城落户的条件。

（二）推动农业转移人口市民化

提高城市农业转移人口的公共服务供给水平。推动公共服务进一步覆盖包括流动人口在内的所有常住人口，缩小常住人口城市化率与户籍人口城市化率的差距。改进义务教育阶段学生的学籍管理制度，保障非户籍的随迁子女的教育权利，完善随迁子女接受义务教育后参加升学考试的政策措施。将非户籍常住人口纳入保障性住房体系，提高农业转移人口住房保障水平。强化农民工职业教育和技能培训，提升农民工的人力资本水平和就业能力。加强对农业转移人口的医保宣传教育工作，提高他们的医保参保率，完善异地就业结算办法，建立健全流动人口大病医疗救助制度。推动农民工参加城镇职工养老保险和失业保险。

二、促进城市土地集约节约利用，提升土地城市化质量

（一）提高城市土地产出效益

建立健全"亩产论英雄"综合评价机制。"亩产论英雄"，是浙江等东部地区率先推行的以亩均产值为核心指标，对用地效益进行考核评价的一种节约集约用地机制，主要针对各类开发区节约集约用地进行评价考核，将评价结果纳入地方政府政绩考核体系。要通过制定差别化的财政、用地、用电、用水、排污、融资等政策，推进亩均效益水平较低、高耗能高排放的低效企业全面整治提升，加大对批而未供、闲置、低效用地以及僵尸企业的集中处置力度，倒逼企业节约集约用地，不断淘汰传统的低产出、高耗能、低就业、低研发型产业，提升新兴产业在规模产出、降能耗、社会效益、科技创新等领域不断提升水平和能级，发挥每块土地的最大效用，推动资源要素向优势区域、优势企业集中。

（二）利用城市更新盘活存量低效用地

土地利用已到了新的转折期，正步入存量时代，从过去的规模扩张转为盘活存量土地。2020年9月，自然资源部办公厅印发了《市级国土空间总体规划编制指南（试行）》，明确了市级国土空间总体规划的九点主要编制内容，其中第四点"优化空间结构，提升连通性，促进节约集

约、高质量发展"、第八点"推进国土整治修复与城市更新,提升空间综合价值"都体现了新时代国土空间开发保护必须注重存量建设用地挖潜的要求,通过空间重构和整合优化,做到资源节约集约利用,推进城市化高质量发展,而国土综合整治和城市更新,则直接涉及了存量建设用地整治和城市更新,对存量建设用地再开发和利用具有重要指导价值。国家"十四五"规划提出"深入推进以人为核心的新型城镇化战略""实施城市更新行动,推动城市空间结构优化和品质提升",擘画了以城市更新推动城市化高质量发展的宏伟蓝图。未来要以城市更新为契机,深入挖掘城市存量土地资源潜力,瞄准存量土地资源,盘活、增效、升级,精准高效策划更新项目。引导利用老旧厂房发展科技创新产业、现代服务业、都市工业等业态,深入挖掘存量工业用地资源。补齐城市公共服务和基础设施短板,增加公共设施空间,扩大城市绿色生态空间,充分满足人民群众对美好生活的需要。完善低效用地认定标准,鼓励社会资金和市场主体积极参与城镇低效用地再开发。通过老城区人居环境品质的提升,提升土地资产价值。

三、依靠科技创新促进产业转型升级,提升经济城市化质量

(一)加快推进区域创新环境建设

区域创新环境建设包含两大内容:其一是优惠的政策环境。推进创新发展,地方政府应实现职能转变,政府不应该是市场的替代者和创新活动的实施者,而应成为创新活动的引导者与调节者。制定符合区域实际情况并具有可操作性的产业发展政策和税收优惠政策。采取更有针对性的税收优惠支持企业自主创新。加大对技术创新项目的直接补贴,对大学、科研机构以及企业的重大技术创新项目,进行直接补助。其二是完善的服务环境。进一步加强各类创新公共服务平台建设,完善科技资源共享、科研成果转化、科技投融资、科技企业孵化和技术交易等服务平台,特别是建立健全风险投资平台。促进创新型人才、企业等要素市场的一体化,实现创新资源的共享,同时完善资本市场等支持科技创新的体制机制。

（二）加快推进传统产业智能化改造和数字化转型

智能化改造和数字化转型是指综合运用工业互联网、大数据、人工智能等技术，构建和完善智能化生产线，加快推进生产方式智能化，完善产业链数字形态，从而提升生产效率和产品品质。通过实施智能化改造和数字化转型，可以提高生产制造的灵活度与精细性，实现柔性化、绿色化、智能化生产，既能够快速推进企业技术进步，又能够降低用工和生产经营成本，提高劳动生产效率，是传统产业转型升级的必由之路，是企业实现降本增效的重要途径。未来要将传统产业与智能硬件、高端装备制造等产业相结合，鼓励建设一批智能化工厂、智能制造车间、智能生产线，推广智能制造示范应用项目，打造一批标杆、样板企业，培育数字化新模式、新场景，加快数字经济与传统产业的融合发展，促进产业迭代升级。特别是要大力支持具有产业链带动能力的龙头骨干企业，以点带面地带动下游企业加快智能化改造和数字化转型，提升产业效能和效益。

（三）努力打造新兴产业和高技术产业

建设高质量的现代化经济体系，首先要推进实体经济特别是制造业高质量发展。促进制造业高质量发展，重中之重是加快推动新一代信息技术、生物技术、新能源、新材料、高端装备、新能源汽车、绿色环保及航空航天、海洋装备等战略性新兴产业和高技术产业发展。抓好产业重大项目，构建完整新兴产业链条，加强产业基础设施和公共服务设施建设，打造一批高水平的高科技、专业化新兴产业特色集群。选择少数的龙头骨干企业，重点给予支持，使其成为具有产业竞争力的发展新兴产业和高技术产业的核心企业；鼓励和支持国内企业全方位开拓国际市场，大力开发具有自主品牌和自主知识产权的国际品牌产品，构筑以技术、品牌、质量、服务为主体的竞争新优势。推动建立健全有利于新兴产业和高技术产业发展的财税、金融、人才支持政策，创造各种条件扶持新兴产业和高技术产业，努力为其发展创造良好的环境。

（四）注重对于创新型人才和技术人才的引进和培养

先进的人才培养体系及全社会对科技创新教育的高度重视是发达国家科技创新能力强劲的根本，为产业技术升级和经济发展提供了优秀的高端技术人才，使得科技创新能够始终保持旺盛的活力。要鼓励企业完善创新型人才的培养、使用、评价、激励的管理制度，改善科技人才的工作科研环境和生活条件，将技术创新收益和风险与科技人才的薪酬待遇相挂钩，充分调动科技人才的积极性和创造性。政府有关部门应制定完善人才政策，在薪酬待遇、资金和平台支持、高端培训、考核评价、专项奖励、股权激励等各方面，为企业放手引进高层次人才提供有力的政策支持。对除基础研究和公益研究以外的科研活动，要以市场为导向，建立以成果应用和产业化为目标的科研活动评价体系，把科研成果水平、自主创新比重、产业化规模和效益、对社会发展的贡献、持续创新能力和研发团队建设作为主要考核指标。对于高校、科研院所从事市场技术开发服务和科技成果转化的科技人员，以其技术开发和成果转化的经济社会效益为重要考核标准，在职称评定、人才选拔等方面给予政策支持。

四、推动新型基础设施建设，提升基础设施城市化质量

（一）推动传统基础设施数字化升级

经过几十年城市化的快速发展，我国当前基础设施水平已经有了较大提升，但是与国家发展和安全保障需要相比，还有进一步提升的空间。公路、港口、水利设施等传统基础设施项目，在我国城市化进程中具有重要的基础作用。未来应适应数字技术发展趋势，促进传统基础设施数字化提质升级。针对交通基础设施，要加快完善空、铁、水多式联运的综合交通运输体系，推动5G、AI、物联网、智能导航、电子传感技术以及数据通信传输技术等在交通运输管理与服务中的全面应用，打造城市智能化交通环境。针对水利基础设施，要推进防汛、抗旱等水利基础设施智能化改造，加强大数据、人工智能等技术与堤防、闸坝、水库、水文观测站等水利设施融合。针对能源基础设施，要加快建设智慧

能源系统,开展电厂、电网、油气田、油气管网、煤矿、终端用能等领域智能化升级,着力提升能源系统效率。

(二)因地制宜推进城市新基建建设

加快推进 5G、大数据、人工智能、工业互联网、物联网等新型基础设施建设,搭建好新基建落地应用的数据平台,进一步完善智慧城市设施,持续优化城市运行效能。各地区可根据产业和城市化发展阶段,有重点、有先后地推进新基建。在东部的长三角、珠三角、京津冀等经济规模大的、城市化率高的城市群应注重高新技术赋能和应用场景创新,推动人工智能、工业互联网、区块链等技术深度应用;对于城市化率相对较低的中部、西部地区部分城市,统筹推进传统基建和新基建,在推进传统基础设施建设的同时,聚焦民生领域和产业发展需求,加快推进 5G、物联网等通信基础设施建设,推广远程教育、远程医疗等应用,努力缩小与发达地区城市的公共服务供给水平差距。

(三)加快推进城市群一体化的新基建建设

新型基础设施建设投资规模大,加强城市群新型基础设施的一体化建设,有助于减少建设成本,实现规模效应和外溢效应。城市群是未来城市化发展的主要模式,随着我国城市群建设的推进,长三角、粤港澳大湾区、京津冀等多个城市群将会对新基建产生巨大需求,因此,新型基础设施建设应以城市群为重要载体,实现不同城市之间的互联互通。未来要充分考虑工业互联网、5G 基站、大数据中心等新型基础设施在城市群中的空间布局,统筹推进城市群内新型基础设施建设。构建高铁、高速公路、轨道交通等在内的城市群互联互通交通体系,提高城市群和都市圈内城际公路密度,打通断头路,利用大数据和"互联网+"技术提升城市群中的交通物流体系的智能化水平,提高城市群中的要素流动效率。

五、坚持以人为本理念,提升公共服务城市化质量

(一)健全完善公共服务体系

城市的发展必须重视"人的城市化"。要提高养老服务质量,以市场需求为导向,促进养老服务和需求精准匹配。深入挖掘不同收入、不同年龄、不同区域、不同群体之间的养老需求特点,提升养老服务的针对性和适配度。促进教育高质量发展。教育关系到国家和民族的长远发展、关系到每一个家庭、关系到下一代,要给予充分重视。要严格执行国家关于"双减"的各项工作要求,完善各项配套措施,健全校长教师轮岗交流制度,提升基础教育优质均衡发展水平。加强公共卫生体系建设,提高早期监测预警能力,加大公共卫生资源向基层下沉力度,完善突发公共卫生事件应急管理体制机制,织密公共卫生防护网。

(二)推进公共服务数字化变革

基于 5G、人工智能、大数据等推进公共服务数字化变革。聚焦老年人日常生活涉及的高频事项和服务场景,研究解决老年人在运用智能技术方面遇到的困难,让老年人更好共享信息化发展成果。推进教育数字化转型,建设智慧校园,推进课题教学过程数字化,发展在线教育。大力发展智慧医疗服务,依靠人工智能、知识图谱、智能硬件、大数据等技术,提升远程医疗服务水平。利用互联网、大数据、云计算及物联网等技术,推广智能体育公园、智能健身房、智能健身步道等体育健康新产品;加大对线下体育场馆的智慧化改造,引入自助服务机、人脸识别设备、无人值守闸机、智能更衣柜、智慧灯控等智能化硬件。创建数据驱动治理新模式,推动 5G、大数据等新一代信息技术在社会治理领域的应用,打造"城市超脑",提升城市治理精细化水平。

(三)推进绿色低碳城市建设

牢固树立绿水青山就是金山银山的发展理念,紧扣"双碳"国家战略,构建人与自然和谐相处的绿色低碳城市。构建科技含量高、资源消耗低、环境污染少的产业结构和生产方式。推动企业节能减排,强化节能标准约束,严格行业规范、准入管理和节能审查;鼓励企业瞄准国际国内同行业标杆全面提高节能技术、研发节能工艺和使用绿色节能原材料等。通过加强宣传教育,把节能、低碳等观念形成一种文化渗透到人们的生活中,践行全社会绿色生活方式。饮食方面,吃饭拒绝浪费,外出就餐时吃不完的食物鼓励打包;可以把一些食物残渣经过专业化处理后变为有机肥料、沼气、生物柴油等循环利用。居住方面,推广使用节能灯和节能家用电器;鼓励居民采暖利用可再生能源、天然气、电力等优质能源;推广绿色节能建筑,在新建筑上采用最新的环保理念和环保材料。在交通方面,提倡近距离步行,中、远距离使用"零碳"排放的自行车、公共交通工具和新能源汽车。积极推进全国"无废城市"建设,建设零废弃社会。

（四）完善城市群的协同治理

新时期社会治理日益要求跨越行政区划,因此,在城市群范围内完善区域协同治理意义重大。当前,很多城市群中的协作机制多以对话、论坛等形式存在,协作关系相对松散,在面临突发问题时,不同城市间的资源难以有效整合,影响了治理效能。未来应构建城市群社会突发事件协同应对新体制新机制,建立社会突发事件应急管理合作机制、社会治安综合治理联动机制。加强城市间应急、环保、气象、安全预警等信息系统对接和信息资源共享,实现对城市群内重大事件的动态监控和应急联动。加速推进城市群公共服务共建共享,实施统一的基本公共服务标准体系,加快城市群不同城市间公共服务领域互认互通,推动城市群基本公共服务均等化水平持续提高。

尽管土地财政曾经或者说至今仍在某些地区的城市化进程中扮演着重要角色,然而"成也萧何,败也萧何",一个不争的事实却是,土地财政使中国城市经济的发展走上了依靠卖地、高房价才能繁荣下去的恶性循环。本章首先总结了土地财政对城市化高质量发展的种种负面影响,并进一步提出了土地财政转型的路径与方法,以及提升我国城市化质量的思路与建议。主要研究结论如下。

（1）土地财政对城市化高质量发展的负面影响包括:提高了人口城市化的成本,不利于提高人口城市化质量;致使土地利用效率低下,不利于提高土地城市化质量;忽视了产业升级与经济发展质量,不利于提高经济城市化质量;带来了交通拥堵、供水紧张、能源浪费等,不利于提高基础设施城市化质量;城市化扩张没有与人的全面发展相协调,不利于提高公共服务城市化质量。

(2)土地转型的基本思路包括:控制土地财政增量、化解土地财政存量风险、构建土地财政代偿机制。控制土地财政增量需要控制土地合理的增量规模和速度、规范土地出让收支管理,以及规范土地收益分配。化解土地财政存量风险一是要完善土地财政风险管控机制,包括加强土地财政的用途管理、对土地财政进行风险预警;二是要完善地方政府债务管理制度。构建支持城市化可持续发展的土地财政代偿机制应当多管齐下,包括构建以房地产税为主体的地方税体系、改土地批租制为土地年租制、构建多元化的金融支持方式等。

(3)提升我国城市化质量的基本思路包括:推动体制机制创新,提升人口城市化质量;促进城市土地集约节约利用,提升土地城市化质量;依靠科技创新促进产业转型升级,提升经济城市化质量;推动新型基础设施建设,提升基础设施城市化质量;坚持以人为本理念,提升公共服务城市化质量。

附 录

附录1 2000—2017年227个地级及以上城市城市化质量综合评价值（百分制值）

城市	2000	2001	2002	2003	2004	2005	2006	2007	2008	2009	2010	2011	2012	2013	2014	2015	2016	2017
石家庄	59.365	59.620	59.663	59.368	59.367	59.426	59.729	60.066	60.426	61.149	61.416	61.610	61.650	62.228	61.886	62.328	62.724	63.233
唐山	59.078	59.417	59.362	59.602	59.811	59.923	60.234	60.509	60.616	60.613	60.957	61.128	61.093	61.756	61.604	61.747	61.800	61.591
秦皇岛	59.532	60.018	60.033	59.934	59.878	60.057	59.947	60.780	60.544	60.776	61.156	61.291	61.261	61.566	62.063	61.680	61.459	62.287
邯郸	58.444	58.853	58.807	58.898	59.223	59.428	59.352	59.704	59.932	60.467	60.873	60.728	61.106	61.360	61.069	61.647	61.284	61.236
邢台	57.921	58.231	58.335	58.522	58.625	58.606	59.050	59.677	59.768	60.891	60.871	60.067	60.116	60.253	60.772	60.951	61.568	60.852
保定	57.628	58.024	58.071	58.101	58.174	58.061	58.104	58.385	58.583	59.421	59.641	59.210	59.639	60.584	60.563	60.200	60.323	60.291

(续表)

城市	2000	2001	2002	2003	2004	2005	2006	2007	2008	2009	2010	2011	2012	2013	2014	2015	2016	2017
张家口	57.640	58.025	57.807	57.863	58.003	57.993	57.801	58.158	58.263	58.616	58.808	58.373	58.394	59.313	59.368	59.748	59.662	59.713
承德	57.949	57.826	57.722	57.818	57.912	57.866	58.023	58.498	58.862	58.997	59.176	59.199	59.360	59.755	59.588	59.732	60.110	60.392
沧州	57.767	58.112	58.285	58.446	58.353	58.911	58.990	59.258	59.478	60.192	60.435	59.973	59.927	61.311	61.587	62.179	61.909	61.484
廊坊	58.235	58.533	58.995	59.144	59.193	59.108	59.288	59.807	59.729	60.184	60.360	60.470	60.590	60.900	60.964	61.024	61.999	61.711
太原	63.587	63.690	63.511	63.431	63.601	63.927	64.015	63.896	64.298	64.367	64.757	65.227	66.034	66.345	66.647	66.930	67.287	67.695
大同	60.152	60.496	60.726	60.876	60.793	60.582	60.799	62.878	61.144	61.735	61.691	61.757	61.812	61.662	61.624	62.213	62.330	62.134
长治	58.659	58.686	58.652	58.799	58.907	59.200	59.165	59.384	59.640	61.041	60.252	60.578	60.620	60.374	60.541	60.694	60.788	60.554
晋城	59.723	59.835	59.982	60.375	60.105	60.118	59.806	60.517	60.570	60.219	60.809	60.945	61.500	61.586	62.113	62.210	61.427	61.164
朔州	59.481	59.747	59.758	59.904	59.186	59.470	60.969	61.163	61.312	61.026	61.115	61.017	61.401	60.960	60.672	61.144	60.981	60.742
晋中	58.707	58.828	58.733	58.824	58.923	59.075	59.256	59.466	60.051	60.226	59.690	59.788	59.923	60.063	60.836	60.229	60.411	60.131
运城	57.554	57.603	57.779	57.853	58.185	59.378	59.294	60.279	60.358	60.720	60.829	61.118	61.372	61.838	61.739	59.675	60.047	60.230
忻州	59.209	58.954	59.087	58.194	58.502	58.484	58.659	58.979	58.930	58.871	59.056	59.195	59.603	60.605	60.863	61.112	59.455	59.317
临汾	58.377	58.281	58.395	58.703	58.669	59.278	59.191	59.410	59.602	59.101	59.187	59.673	59.905	59.940	59.951	60.222	60.283	60.169
呼和浩特	59.654	59.715	59.857	60.243	60.649	60.862	61.406	61.308	61.709	62.238	62.172	61.853	62.168	63.327	62.961	64.124	64.550	64.900
乌海	63.512	63.296	62.910	62.988	63.086	63.173	63.185	62.763	63.181	63.169	63.191	62.879	63.430	63.307	64.373	66.223	65.773	65.301

(续表)

城市	2000	2001	2002	2003	2004	2005	2006	2007	2008	2009	2010	2011	2012	2013	2014	2015	2016	2017
赤峰	57.106	57.295	57.227	57.396	57.372	57.474	57.703	57.801	58.255	58.585	58.648	58.776	59.316	59.631	59.075	59.948	59.997	59.499
通辽	56.935	57.017	57.249	57.046	57.224	57.375	57.451	57.827	58.410	58.825	58.760	59.192	59.187	59.331	59.496	58.728	59.356	59.356
沈阳	62.099	62.169	61.747	61.778	61.926	62.094	62.188	62.252	62.313	62.573	62.949	63.201	63.711	64.061	64.232	64.466	64.271	64.696
大连	60.984	61.065	60.867	61.156	61.273	61.244	61.547	61.722	61.986	62.250	62.522	62.845	63.139	63.469	63.732	63.935	63.752	64.033
鞍山	60.241	60.495	60.584	60.329	60.474	60.449	60.543	60.530	60.517	60.582	60.576	60.691	60.758	60.905	60.917	61.105	60.950	60.985
抚顺	60.597	60.552	60.301	60.454	60.286	60.357	60.265	60.185	60.127	60.116	60.388	60.645	60.836	60.883	60.879	61.144	61.350	61.288
本溪	60.774	60.668	60.615	60.947	60.983	61.252	60.925	61.076	61.544	61.697	61.586	61.489	61.788	61.957	61.911	63.393	63.421	64.027
丹东	58.659	58.919	58.582	58.571	58.529	58.685	58.717	58.852	58.945	59.107	59.549	59.617	59.531	60.152	60.017	60.319	60.299	59.945
锦州	58.344	58.109	57.714	58.051	58.159	58.549	58.735	58.546	58.499	58.665	58.838	60.127	59.239	58.980	59.983	60.304	60.178	59.732
营口	58.745	58.727	59.034	58.818	59.200	59.154	59.092	59.701	59.877	59.960	60.425	60.323	60.908	60.773	60.837	60.950	61.935	61.877
阜新	58.750	58.896	58.603	58.337	58.437	58.155	58.304	58.380	58.478	58.640	59.095	59.087	58.822	58.599	58.698	59.117	59.488	60.068
辽阳	59.230	59.563	59.436	59.609	59.796	59.781	59.597	60.142	60.240	60.538	61.135	60.848	61.153	61.773	61.665	61.741	61.554	61.691
盘锦	60.454	60.607	60.964	60.700	60.628	60.426	60.799	60.932	60.616	61.336	61.612	61.934	61.849	62.446	62.421	62.551	62.747	63.388
铁岭	57.376	57.421	56.977	57.103	56.984	56.995	57.148	57.887	58.357	57.986	58.536	58.923	58.774	58.840	58.858	58.924	58.801	59.201
朝阳	57.528	57.283	56.923	57.135	57.256	57.263	57.213	57.270	57.489	57.662	57.586	57.721	57.817	57.958	58.087	58.267	58.514	58.698

(续表)

城市	2000	2001	2002	2003	2004	2005	2006	2007	2008	2009	2010	2011	2012	2013	2014	2015	2016	2017
葫芦岛	58.308	58.293	58.137	57.961	57.893	58.020	58.236	58.610	58.498	58.803	58.968	58.840	58.980	60.003	59.674	59.046	58.904	58.870
长春	59.781	59.947	59.652	60.090	60.262	60.407	60.545	60.606	60.933	61.261	61.539	61.764	62.053	62.231	62.607	62.706	62.873	62.827
吉林	59.334	59.258	59.242	59.325	59.637	59.675	59.581	59.552	59.562	59.707	60.038	60.040	60.186	60.245	60.684	60.583	60.871	61.180
四平	57.003	57.140	56.986	57.247	57.209	57.318	57.215	57.351	57.507	57.807	57.848	57.986	58.169	58.452	59.715	58.694	58.363	58.428
辽源	58.373	58.666	59.405	58.722	58.817	58.920	59.506	60.015	59.698	60.245	60.464	60.454	60.435	60.591	60.671	60.804	60.936	60.687
通化	58.736	58.108	58.105	58.620	58.769	58.549	58.699	58.614	58.886	59.019	59.468	59.624	59.826	60.016	60.825	60.293	60.413	60.196
松原	57.043	56.993	56.858	56.867	57.099	57.443	57.738	57.847	57.895	58.039	58.192	58.198	58.522	58.755	59.117	59.213	59.294	59.451
白城	57.769	57.788	57.788	57.782	57.970	57.914	58.171	58.337	58.303	58.133	58.543	58.729	58.564	58.691	58.864	58.920	59.171	58.927
哈尔滨	59.380	59.429	59.518	59.427	59.295	59.433	59.399	59.505	59.572	59.883	60.232	60.379	60.492	60.831	61.028	61.543	61.608	61.865
齐齐哈尔	57.205	57.266	57.085	57.293	57.179	57.080	57.061	57.338	57.292	57.421	57.461	57.443	57.711	57.945	57.898	58.175	58.138	58.249
鸡西	58.802	58.358	58.361	58.187	58.169	58.467	57.981	57.977	58.019	59.289	59.380	59.601	59.606	58.721	58.602	58.676	59.187	59.074
双鸭山	58.954	58.196	58.022	58.118	57.976	59.282	59.470	59.894	59.873	60.083	58.968	58.759	58.626	58.253	57.916	58.856	57.935	61.580
大庆	61.639	61.948	61.931	61.805	62.079	62.019	62.116	62.749	62.793	62.950	63.472	63.929	64.180	63.884	64.039	64.032	64.007	63.602
佳木斯	58.463	58.533	58.250	58.228	57.996	57.900	58.045	58.450	58.017	58.188	58.587	58.765	58.763	58.394	58.812	58.678	58.937	58.667
七台河	59.127	59.220	59.188	59.147	59.347	59.196	59.260	59.584	59.427	59.565	59.985	59.390	59.907	59.898	59.840	59.857	60.267	60.175

(续表)

城市	2000	2001	2002	2003	2004	2005	2006	2007	2008	2009	2010	2011	2012	2013	2014	2015	2016	2017
牡丹江	59.227	59.223	59.424	59.464	59.329	59.478	59.495	59.271	59.256	59.048	59.216	59.633	59.072	59.669	59.722	59.842	60.520	60.635
黑河	57.560	57.536	57.535	57.708	57.563	57.035	57.107	56.953	57.531	58.046	57.163	56.875	57.019	57.249	56.930	57.260	56.808	56.760
绥化市	56.280	56.208	55.998	56.126	56.324	55.896	55.569	56.431	56.570	57.276	57.276	56.716	57.069	56.975	56.788	55.705	55.793	56.144
南京	61.526	62.534	63.050	63.146	63.835	63.929	64.074	64.378	64.539	64.808	65.087	65.622	66.251	66.880	67.413	67.871	68.553	69.021
无锡	60.861	61.939	62.605	62.678	63.285	63.773	63.999	64.233	64.619	64.731	65.371	65.942	66.374	66.989	67.180	67.619	68.154	68.775
徐州	58.357	58.550	58.619	58.698	58.916	59.189	59.471	59.650	59.923	60.099	60.009	60.189	60.619	60.878	61.113	61.449	61.746	61.766
常州	60.402	60.653	61.025	61.304	61.778	61.886	61.475	61.918	62.137	62.594	62.899	63.219	63.987	64.397	64.909	65.363	65.772	66.009
苏州	59.694	59.785	60.421	60.679	61.408	61.962	62.664	63.140	63.761	64.139	64.791	65.493	66.385	66.937	67.421	67.992	68.781	69.139
南通	58.078	58.086	58.261	58.613	58.964	59.459	59.735	59.944	60.046	59.756	60.108	60.734	61.202	61.558	61.380	61.772	62.213	62.293
连云港	57.605	57.475	57.707	57.660	58.099	58.345	59.105	59.629	59.314	59.372	59.535	60.912	61.338	61.414	60.403	60.837	61.511	61.608
淮安	56.424	57.067	57.157	57.650	57.741	57.965	58.152	58.426	58.543	58.648	58.903	59.189	59.771	60.192	60.397	60.525	60.977	60.913
盐城	56.379	56.637	56.697	56.944	57.107	57.123	57.237	57.437	57.571	57.709	57.850	58.115	58.559	58.868	59.598	59.836	60.098	60.019
扬州	58.663	58.249	58.584	58.771	59.156	59.808	59.500	59.729	59.752	60.130	60.455	60.560	60.853	61.110	61.261	61.521	61.801	61.959
镇江	60.028	60.067	59.854	60.093	60.581	60.956	60.987	61.113	61.309	61.498	61.808	62.215	62.793	63.310	63.611	63.855	64.207	64.245
泰州	57.898	58.079	58.815	59.052	59.450	59.447	59.790	60.174	59.786	59.949	60.240	60.715	61.024	60.920	61.098	61.429	61.796	61.874

(续表)

城市	2000	2001	2002	2003	2004	2005	2006	2007	2008	2009	2010	2011	2012	2013	2014	2015	2016	2017
宿迁	55.667	55.944	56.034	56.692	56.780	57.103	57.573	57.967	58.200	58.395	58.481	58.853	59.168	59.440	59.690	60.090	60.455	60.814
杭州	60.223	60.588	60.900	61.118	61.305	61.755	62.033	62.483	62.762	63.210	63.445	63.819	64.277	64.757	65.266	66.121	66.746	67.578
宁波	59.205	59.420	59.905	60.001	60.277	60.766	61.401	61.629	61.835	62.246	62.676	63.143	63.490	63.914	64.237	64.590	65.148	65.731
温州	58.301	58.551	58.935	59.426	59.672	59.892	60.283	60.538	60.621	60.778	61.245	61.284	61.806	62.077	62.280	62.719	62.894	63.145
嘉兴	58.606	58.898	59.456	59.706	60.354	60.534	60.782	61.140	61.425	61.738	62.150	62.518	62.755	63.075	63.647	64.091	64.295	64.662
湖州	58.354	58.521	58.643	59.206	59.195	59.741	59.915	60.267	60.377	60.641	60.838	61.103	61.323	61.470	61.687	62.154	62.352	62.880
绍兴	57.953	58.407	58.807	59.441	59.862	60.024	60.470	60.641	60.813	60.994	61.174	61.480	61.872	61.965	62.272	62.661	63.098	63.157
金华	58.130	57.900	58.227	58.565	58.738	59.141	59.465	59.812	59.956	60.137	60.478	60.427	60.628	61.258	61.510	61.856	62.481	62.715
衢州	57.013	57.275	57.374	57.604	58.219	58.625	58.746	58.955	59.063	59.207	59.346	59.566	59.437	59.719	60.087	60.483	60.474	60.560
舟山	59.668	59.899	59.651	60.097	60.248	60.569	60.606	61.123	61.252	61.637	61.955	62.348	62.684	64.218	64.768	65.163	67.225	65.463
台州	57.900	57.992	58.218	58.469	58.849	59.016	59.074	59.429	59.773	59.924	60.052	60.270	60.438	60.704	61.066	61.425	61.803	61.930
丽水	56.315	56.579	56.726	56.975	57.088	57.205	57.395	58.226	57.882	58.274	58.580	59.294	58.879	59.164	59.370	59.718	60.045	60.425
合肥	59.673	59.951	59.973	60.328	60.462	60.937	61.114	61.371	61.829	62.420	62.682	62.197	62.599	62.906	63.429	63.784	64.133	64.903
芜湖	59.465	59.480	59.540	59.655	59.780	60.019	60.510	60.789	61.036	61.842	62.352	60.957	61.189	61.277	62.006	61.910	62.116	62.323
蚌埠	57.878	58.079	57.856	58.140	57.807	58.165	58.665	58.521	58.634	58.926	59.168	59.351	59.842	59.967	60.268	60.509	60.650	60.999

(续表)

城市	2000	2001	2002	2003	2004	2005	2006	2007	2008	2009	2010	2011	2012	2013	2014	2015	2016	2017
淮南	61.134	60.890	60.776	60.849	60.700	60.538	60.714	60.719	61.203	61.300	61.379	61.513	61.895	61.937	61.950	61.916	60.115	60.005
马鞍山	60.278	60.533	60.318	60.736	61.122	61.416	61.265	61.333	61.918	61.569	62.104	61.348	60.588	60.709	61.013	61.285	60.727	61.474
淮北	60.038	60.027	59.942	60.308	60.272	60.289	60.570	60.799	61.020	61.201	61.368	61.398	61.314	61.407	61.576	61.579	61.584	61.579
铜陵	61.101	61.263	61.161	61.119	61.245	61.800	62.010	62.129	62.426	62.931	63.119	63.507	63.853	64.248	64.712	64.869	61.385	61.308
安庆	57.371	57.528	57.678	57.727	57.807	57.764	58.026	57.513	57.901	57.830	57.977	58.272	58.538	58.791	58.933	58.967	59.397	59.447
黄山	57.566	57.511	57.540	57.724	57.871	58.114	60.255	60.575	60.958	60.653	60.940	61.228	61.407	61.720	61.844	61.901	62.244	62.108
滁州	56.418	56.605	56.600	56.844	56.632	56.562	56.674	57.127	57.428	57.492	57.801	58.595	58.866	59.323	59.701	60.067	60.191	60.249
阜阳	55.789	55.837	55.762	56.093	55.975	56.429	56.604	56.673	56.715	57.074	57.270	57.417	57.670	57.853	58.187	58.296	58.625	59.333
宿州	55.485	55.441	55.640	55.710	55.575	55.838	56.015	56.405	56.691	56.811	56.793	57.021	57.339	57.668	57.851	57.960	58.216	58.932
六安	55.448	55.524	55.495	55.770	55.709	56.056	56.035	56.261	56.294	56.590	57.424	56.909	57.078	57.334	57.462	57.631	58.033	58.386
亳州	55.185	55.341	55.385	55.509	55.495	55.797	56.065	56.339	56.486	56.655	56.746	56.892	57.080	57.297	57.623	57.863	57.872	58.031
池州	56.450	56.302	56.388	56.494	56.480	56.728	57.000	57.450	57.754	58.011	58.212	58.427	58.589	58.961	58.906	59.485	59.240	58.999
宣城	56.769	56.850	56.632	56.634	56.888	56.738	56.931	57.300	57.479	57.718	57.859	58.117	58.498	58.593	58.917	58.640	59.224	59.185
厦门	63.525	63.843	64.532	64.676	65.120	65.705	66.237	66.882	67.635	68.164	68.743	69.694	70.059	70.255	70.978	71.289	71.800	72.778
莆田	58.161	58.114	58.869	59.008	58.999	59.213	59.226	59.350	59.706	59.785	60.070	60.264	61.062	60.492	60.839	61.088	61.373	61.211

(续表)

城市	2000	2001	2002	2003	2004	2005	2006	2007	2008	2009	2010	2011	2012	2013	2014	2015	2016	2017
泉州	58.575	58.578	58.785	58.686	59.205	59.111	59.062	59.639	59.926	60.001	60.931	61.151	61.852	61.947	62.372	62.715	62.816	63.764
漳州	57.224	57.362	57.562	57.860	57.798	57.629	57.326	57.722	57.725	57.963	58.373	58.418	58.760	59.182	59.686	60.110	60.485	60.522
南平	57.090	57.280	57.270	57.190	57.100	57.104	57.145	57.236	57.393	57.467	57.291	57.561	57.760	58.046	58.176	58.339	58.252	58.249
龙岩	58.147	59.058	58.067	58.011	57.844	57.953	58.369	58.459	58.529	58.708	58.394	58.992	59.159	59.027	58.861	59.338	59.447	59.745
宁德	56.340	56.886	56.703	56.730	56.798	56.753	57.043	57.384	57.360	57.343	57.677	57.609	57.803	57.924	58.037	58.301	58.307	58.966
济南	61.294	61.584	61.365	61.519	61.789	61.992	62.247	62.504	62.833	63.296	63.364	63.673	64.220	64.937	65.549	65.862	66.131	66.716
青岛	60.416	60.766	60.794	61.079	61.352	61.757	62.086	62.391	62.719	62.816	63.218	63.798	64.140	64.644	64.987	65.351	65.766	66.361
淄博	61.236	61.301	61.213	61.637	61.876	61.801	62.179	62.438	62.738	62.903	63.112	63.692	63.815	64.050	64.252	64.441	64.781	64.852
枣庄	60.013	60.454	60.523	60.609	60.737	60.800	60.656	60.700	60.715	60.674	60.771	61.072	61.374	61.661	61.792	62.058	62.392	62.550
东营	61.686	61.441	61.500	61.216	62.065	62.099	62.345	62.614	62.898	62.983	63.197	63.291	63.725	64.034	64.422	64.508	64.662	64.674
烟台	59.181	59.290	59.187	59.429	59.460	59.858	60.108	60.424	60.723	61.149	61.642	61.959	62.396	62.529	62.490	62.469	62.749	63.024
潍坊	58.423	58.529	58.617	59.021	59.176	59.440	59.655	60.021	60.334	60.443	60.916	61.342	61.876	62.345	62.004	61.889	61.980	62.211
济宁	58.034	58.294	58.279	58.509	58.671	58.837	59.173	59.490	59.801	59.892	60.074	60.737	61.528	61.530	62.496	61.813	62.109	62.298
泰安	58.339	58.653	58.907	58.949	58.975	59.480	59.496	59.554	59.418	59.623	60.050	60.279	60.509	61.081	61.016	61.361	61.923	62.152
威海	59.257	59.832	59.939	60.423	60.902	61.645	61.826	62.424	63.215	63.298	63.691	63.285	63.277	63.460	63.511	63.641	63.868	64.210

(续表)

城市	2000	2001	2002	2003	2004	2005	2006	2007	2008	2009	2010	2011	2012	2013	2014	2015	2016	2017
日照	57.748	57.911	58.107	58.514	58.737	58.816	59.052	59.230	59.532	59.750	60.047	60.140	60.378	60.673	60.690	60.961	60.955	61.010
莱芜	60.588	60.838	61.291	61.731	61.865	62.033	62.180	62.222	62.432	62.235	62.924	62.498	63.104	63.355	63.015	63.174	63.437	63.564
临沂	57.187	57.323	57.497	57.886	58.566	58.836	58.747	59.236	59.401	59.972	59.920	59.786	59.967	60.273	60.129	60.467	60.806	60.894
德州	57.335	57.587	57.875	57.982	58.196	58.596	59.105	59.353	59.642	59.597	59.712	59.893	60.529	61.045	60.677	60.813	60.930	61.086
聊城	56.847	57.147	57.380	57.772	58.556	58.471	58.344	58.489	58.793	59.247	59.169	59.366	59.850	60.204	60.817	60.405	61.080	61.329
滨州	57.114	57.233	57.407	57.444	57.613	57.849	58.273	58.918	59.187	59.808	60.280	61.150	62.102	61.470	61.186	61.559	61.552	62.316
菏泽	55.549	55.831	56.050	56.294	56.519	57.498	57.729	58.036	58.390	58.689	58.994	58.869	58.970	59.516	59.698	59.957	60.317	60.516
郑州	60.540	60.773	61.103	61.426	61.322	62.003	62.325	62.789	63.072	63.484	62.419	62.781	63.053	64.132	65.106	66.344	67.047	68.124
开封	57.409	57.747	57.779	58.001	57.902	57.862	58.047	58.209	58.592	58.806	58.818	59.225	59.503	61.666	62.773	63.272	60.073	60.788
洛阳	58.339	58.537	58.508	58.587	58.679	59.045	59.160	59.200	59.352	59.741	59.908	60.186	60.380	60.879	61.254	61.266	61.512	61.694
平顶山	58.195	58.425	58.445	58.348	58.379	58.582	58.773	58.950	59.406	59.524	59.856	59.946	60.046	60.328	60.306	60.520	60.528	60.721
安阳	57.689	57.913	58.249	58.177	58.436	58.604	58.773	58.959	59.033	59.032	59.548	60.779	59.833	59.916	59.959	60.076	60.414	60.750
鹤壁	58.458	58.584	58.836	58.700	58.749	59.324	59.664	59.879	60.044	60.309	60.413	60.669	60.730	61.132	61.280	61.466	61.562	61.966
新乡	58.017	58.247	58.372	58.677	58.638	58.705	59.025	59.290	59.313	59.619	59.930	60.230	60.406	60.063	60.098	60.472	61.224	61.240
焦作	59.114	59.391	59.369	59.631	59.905	60.273	60.322	60.474	60.633	60.904	61.083	61.288	61.334	61.594	61.796	62.074	62.478	62.594

(续表)

城市	2000	2001	2002	2003	2004	2005	2006	2007	2008	2009	2010	2011	2012	2013	2014	2015	2016	2017
濮阳	58.125	58.379	58.524	58.720	58.799	59.137	59.143	59.257	59.253	59.364	59.662	59.776	59.890	60.386	60.569	60.776	61.183	61.340
许昌	57.987	58.249	58.233	58.696	59.401	59.859	59.749	60.076	60.224	60.499	60.835	61.062	61.365	61.390	61.848	62.257	61.002	61.603
漯河	58.958	59.179	59.340	59.773	59.836	59.466	59.710	59.908	59.835	60.000	60.055	60.128	60.681	61.361	61.177	61.725	61.740	61.556
三门峡	58.366	58.545	58.340	58.304	58.305	58.577	58.739	58.863	59.132	59.410	59.303	59.622	59.944	60.366	60.525	60.620	60.636	60.584
南阳	56.192	56.413	56.684	56.679	56.243	56.617	56.707	56.901	56.981	57.026	57.209	57.384	57.924	58.247	58.463	58.541	58.759	58.939
商丘	56.368	56.695	56.943	57.437	56.786	57.313	57.394	57.569	57.795	58.044	58.234	58.509	58.690	58.961	58.966	59.179	59.223	59.620
信阳	55.712	56.113	56.176	56.416	55.816	56.320	56.525	56.666	56.991	57.061	57.070	57.185	57.386	57.456	57.486	57.551	57.677	57.904
周口	56.286	56.587	56.846	57.234	56.828	57.175	57.267	57.511	57.626	57.699	57.940	57.804	58.201	58.686	58.681	59.347	59.436	59.700
驻马店	56.122	56.242	56.172	56.499	56.096	56.342	56.686	57.108	57.219	57.707	57.927	57.861	58.051	58.332	58.745	58.739	59.234	59.162
十堰	60.994	60.970	60.866	60.888	60.844	60.801	60.906	61.032	61.035	61.301	61.716	61.919	61.744	60.946	60.673	61.027	60.851	60.354
宜昌	60.130	59.269	59.275	59.378	59.377	59.153	58.731	58.697	58.817	58.967	59.166	59.414	59.784	60.208	60.593	60.747	60.861	60.675
鄂州	60.967	60.997	60.902	60.729	60.765	60.703	60.949	60.917	61.122	61.403	61.349	61.671	61.717	61.793	62.077	62.174	62.219	62.045
荆门	57.320	57.439	57.783	57.967	57.984	57.719	57.732	57.791	57.565	57.779	57.955	58.324	58.520	59.104	59.423	59.820	59.972	59.983
孝感	57.195	57.317	57.194	57.276	57.420	57.281	57.293	57.483	57.413	57.580	57.612	57.913	57.935	58.198	58.566	58.765	58.922	58.807
荆州	57.047	57.140	56.615	56.712	56.874	56.555	56.611	56.561	56.628	56.672	57.143	57.559	57.469	57.750	57.865	58.326	58.492	58.362

(续表)

城市	2000	2001	2002	2003	2004	2005	2006	2007	2008	2009	2010	2011	2012	2013	2014	2015	2016	2017
黄冈	57.361	57.772	57.792	57.857	57.915	57.011	57.197	57.380	57.383	57.550	57.366	57.659	57.709	58.309	58.876	59.000	59.382	58.862
咸宁	57.021	56.873	56.801	57.034	57.138	56.767	56.728	56.938	56.968	57.205	57.724	58.196	58.698	58.750	59.011	59.071	59.384	59.747
随州	57.710	57.710	58.338	58.174	58.304	58.016	58.379	58.432	58.516	58.848	59.222	58.935	60.192	60.275	60.842	58.788	58.920	58.711
长沙	59.601	59.597	59.652	60.003	60.197	60.582	60.812	61.306	61.578	62.109	62.548	62.862	63.037	63.817	64.730	65.127	65.749	66.139
株洲	58.028	58.310	58.256	58.381	58.320	58.365	58.638	58.986	59.335	59.512	60.504	60.547	60.643	60.858	60.833	61.511	61.252	62.261
湘潭	59.082	59.375	59.098	59.277	59.252	59.334	59.495	60.235	60.517	59.901	60.307	60.521	60.681	60.884	61.401	61.405	61.769	62.524
衡阳	57.162	57.304	57.641	57.513	57.529	57.602	57.576	58.028	58.289	58.439	58.902	59.149	59.460	59.766	60.813	60.714	60.871	60.913
邵阳	55.805	55.811	55.748	55.932	55.839	56.166	56.612	56.644	57.290	57.376	57.378	57.662	57.880	57.637	57.980	58.138	58.209	58.704
岳阳	57.423	57.682	57.183	57.468	57.610	57.823	57.757	58.209	58.505	58.891	58.589	58.803	59.110	59.391	59.474	59.930	60.400	60.572
常德	56.687	56.847	56.816	57.114	57.035	56.675	56.798	57.137	57.229	57.528	57.695	57.928	58.212	58.624	59.065	59.417	59.360	59.304
张家界	57.162	57.266	57.288	57.416	57.413	57.752	57.720	57.374	58.099	58.040	58.062	58.109	58.271	58.640	58.635	58.917	59.261	59.333
益阳	57.131	57.321	57.402	57.247	57.077	56.894	56.912	56.739	56.792	57.214	57.375	57.797	58.137	58.040	58.419	58.615	58.928	59.300
郴州	57.683	57.525	57.356	57.416	57.580	57.673	57.880	58.129	58.206	58.758	58.468	59.121	59.156	59.620	60.348	60.589	61.034	60.669
永州	56.452	56.327	56.323	56.433	56.712	56.691	56.874	56.978	56.933	57.104	56.946	57.067	57.531	57.605	58.041	58.312	58.713	58.810
怀化	57.532	57.560	57.483	57.330	57.592	57.244	57.853	58.031	58.075	58.572	58.683	58.977	59.763	59.628	59.432	59.442	59.742	59.636

(续表)

城市	2000	2001	2002	2003	2004	2005	2006	2007	2008	2009	2010	2011	2012	2013	2014	2015	2016	2017
娄底	57.875	58.170	57.821	58.021	57.949	58.412	58.221	58.624	58.346	58.410	58.502	59.166	58.846	58.454	58.645	59.394	59.110	59.369
广州	64.950	65.409	65.668	66.102	66.535	66.971	67.401	67.898	68.237	68.724	69.489	70.107	70.595	71.269	71.779	72.199	72.942	73.478
韶关	57.696	57.961	57.667	57.960	57.970	57.910	58.246	58.314	60.104	58.660	58.834	59.005	59.222	58.872	59.029	59.095	59.344	59.248
深圳	75.343	76.439	77.024	85.077	84.721	85.529	86.599	87.471	88.108	87.741	88.319	90.210	91.048	91.413	92.263	92.827	94.082	95.175
珠海	64.028	64.354	64.772	64.999	65.439	65.034	66.511	66.552	66.754	67.275	67.697	67.993	68.533	69.611	70.031	70.776	71.618	72.173
汕头	60.862	61.067	61.052	62.283	62.373	62.755	62.955	63.121	63.196	63.431	63.915	64.213	64.358	64.886	65.134	65.039	65.364	65.569
佛山	60.930	60.948	62.769	63.081	63.185	63.847	64.334	65.136	65.650	66.150	66.717	67.762	68.056	68.470	68.929	69.716	70.150	70.671
江门	58.741	58.777	58.760	59.026	59.275	59.443	59.417	59.657	59.766	60.019	60.246	60.800	61.143	61.351	61.246	61.235	60.845	61.769
湛江	56.918	62.260	56.856	57.263	57.436	57.422	57.494	57.761	58.088	58.320	58.543	58.649	59.054	58.696	58.865	58.824	59.055	59.255
茂名	56.064	56.197	56.254	56.496	56.607	56.839	57.026	57.317	57.532	57.724	58.118	58.336	58.636	58.694	59.167	59.241	59.354	59.250
肇庆	56.832	56.810	56.810	56.806	56.931	57.221	57.531	58.423	58.218	58.642	59.021	59.551	59.469	59.704	59.478	59.231	59.613	59.677
梅州	56.968	56.959	56.964	57.222	57.294	57.459	57.787	57.871	57.981	58.202	59.042	59.033	59.062	57.749	58.182	60.789	58.604	58.708
河源	54.763	55.547	55.630	55.766	56.166	56.700	57.406	58.002	57.978	57.685	58.043	58.305	58.700	58.543	58.769	57.671	60.296	59.296
清远	55.303	55.418	55.578	56.194	56.372	56.968	57.260	57.724	57.822	58.225	58.109	58.011	58.631	58.753	58.844	58.726	58.631	58.487
南宁	59.788	60.255	59.935	58.503	58.714	58.666	59.827	60.115	60.173	60.242	60.758	60.873	61.245	61.403	61.921	62.048	62.199	62.400

(续表)

城市	2000	2001	2002	2003	2004	2005	2006	2007	2008	2009	2010	2011	2012	2013	2014	2015	2016	2017
柳州	60.811	60.885	61.137	58.494	58.997	59.295	59.319	59.562	59.795	60.121	60.228	60.163	60.457	60.924	60.914	61.269	61.535	61.306
桂林	56.736	56.990	57.117	57.130	57.031	57.219	57.295	57.617	57.829	57.997	58.012	58.237	58.250	58.779	58.613	58.591	58.753	58.681
梧州	56.393	56.603	56.600	56.975	56.708	56.802	57.270	57.976	57.451	57.882	58.183	58.445	58.525	58.858	59.129	59.269	59.364	59.369
北海	58.190	58.449	58.453	57.847	58.652	58.428	59.051	58.785	58.563	58.684	58.911	59.301	59.981	59.913	63.195	60.251	60.373	60.740
防城港	57.618	57.716	57.691	57.685	57.714	57.776	57.960	58.392	58.214	58.346	58.576	58.793	59.062	59.502	59.860	59.993	60.148	60.110
钦州	54.618	54.583	54.733	55.029	55.313	55.585	55.686	56.127	56.120	56.557	56.803	57.335	57.600	58.142	58.675	58.014	58.657	58.558
贵港	55.170	55.436	55.632	55.579	55.673	56.287	56.411	56.566	56.771	56.996	57.192	57.238	57.366	57.503	57.643	57.718	57.984	58.051
玉林	55.274	55.474	55.376	55.659	55.644	56.049	56.315	56.546	57.048	57.185	57.382	57.527	57.656	57.662	57.757	57.913	57.767	58.226
三亚	59.594	59.565	59.596	59.127	59.338	60.185	60.385	61.222	61.377	61.774	62.077	62.547	62.287	62.839	63.077	64.534	64.481	64.109
成都	60.275	60.279	60.748	61.183	61.278	61.392	61.445	61.783	62.278	62.905	63.280	63.929	64.917	65.597	65.862	66.039	65.675	66.393
自贡	57.731	57.740	57.815	57.932	57.680	57.812	58.067	58.223	58.475	58.642	59.071	59.310	59.647	59.904	60.269	60.469	60.663	60.655
攀枝花	61.702	61.695	61.552	61.506	61.427	61.497	61.533	61.538	61.750	61.976	62.151	62.608	62.896	63.334	63.562	63.908	63.838	63.862
泸州	56.027	56.154	56.253	56.437	56.385	56.397	56.532	56.636	56.975	57.520	57.767	58.158	58.600	58.983	59.210	59.463	59.829	59.953
绵阳	57.150	57.293	57.223	57.296	57.166	57.206	57.489	57.585	57.755	58.254	58.667	58.922	59.286	59.608	59.788	59.943	59.845	59.625
广元	56.207	56.563	56.467	56.455	56.394	56.759	56.899	57.159	57.292	57.559	57.975	58.171	58.505	58.766	58.917	59.180	59.329	59.119

(续表)

城市	2000	2001	2002	2003	2004	2005	2006	2007	2008	2009	2010	2011	2012	2013	2014	2015	2016	2017
遂宁	56.520	56.733	56.778	56.813	56.780	56.770	56.991	57.092	57.299	57.711	58.070	58.381	58.794	59.395	59.606	59.876	60.004	59.889
内江	57.249	57.292	57.552	57.591	57.476	57.381	57.515	57.590	57.836	58.228	58.395	58.594	58.850	59.060	59.226	59.583	59.576	59.367
乐山	57.350	57.361	57.320	57.521	57.529	57.680	57.723	57.736	57.886	58.234	58.434	58.630	58.868	58.993	59.176	59.256	59.498	59.518
南充	55.784	55.860	56.285	56.364	56.365	56.478	56.769	56.715	57.160	57.385	57.551	57.803	58.102	58.238	58.401	58.217	58.885	58.978
眉山	55.832	56.275	56.377	56.568	56.592	56.724	56.862	56.888	57.013	57.470	57.538	57.768	58.000	58.275	58.456	71.993	62.078	62.100
宜宾	56.390	56.323	56.294	56.451	56.522	56.635	56.792	56.909	57.205	57.616	57.826	58.067	58.390	58.695	58.789	58.975	59.319	59.353
广安	55.950	56.037	56.236	56.238	56.211	56.533	56.640	56.367	56.404	56.805	57.013	57.191	57.386	57.543	57.845	58.347	58.326	58.469
达州	55.558	55.300	55.934	56.046	55.830	55.891	55.806	56.076	56.240	56.499	56.580	56.800	57.058	57.180	57.316	57.375	57.456	57.971
雅安	56.959	56.966	57.542	57.536	57.443	57.400	57.625	57.613	57.798	57.957	58.243	58.494	59.092	59.306	59.590	59.921	60.012	60.008
资阳	55.539	55.779	55.691	55.802	55.606	55.616	55.934	56.039	56.227	56.649	56.960	57.203	57.514	57.679	57.889	58.036	58.562	58.263
贵阳	60.287	60.418	60.455	60.595	60.748	61.877	61.292	61.693	61.543	61.968	62.807	62.397	62.787	63.408	64.101	64.707	64.988	65.493
六盘水	56.593	56.604	56.765	56.897	57.146	57.500	57.670	58.266	57.830	58.269	58.211	58.436	58.942	59.350	59.522	60.044	60.316	60.501
遵义	55.251	55.509	55.794	56.098	56.289	56.445	56.697	57.550	57.596	57.367	57.466	57.712	57.984	58.345	58.598	58.994	59.123	59.586
安顺	56.161	56.310	56.512	56.521	56.756	56.865	57.059	57.100	57.337	57.337	57.422	57.468	57.851	57.855	58.101	58.507	58.730	58.891
曲靖	56.524	56.682	56.906	57.060	57.106	56.731	57.035	57.453	57.446	57.967	58.123	58.144	58.419	57.827	58.211	58.722	58.992	58.357

(续表)

城市	2000	2001	2002	2003	2004	2005	2006	2007	2008	2009	2010	2011	2012	2013	2014	2015	2016	2017
玉溪	58.432	58.301	58.184	58.447	58.478	58.719	58.838	59.133	58.989	59.178	58.837	59.333	60.151	60.183	60.413	60.649	60.914	60.788
保山	55.617	55.799	55.796	56.065	56.117	56.187	56.414	56.578	56.668	56.625	56.748	57.055	57.391	57.506	57.583	57.940	58.309	58.168
西安	61.369	61.439	61.444	61.580	61.710	61.784	61.988	62.093	62.328	62.675	62.932	63.256	63.552	63.783	64.007	64.430	64.750	65.072
铜川	59.990	60.569	60.966	61.335	61.245	61.135	61.847	61.582	61.210	61.286	61.508	61.840	61.871	61.770	61.836	61.807	61.811	62.168
宝鸡	58.206	58.322	58.556	58.274	58.711	59.338	59.505	59.846	59.285	59.422	59.717	59.346	59.372	59.487	59.702	60.309	60.194	60.740
咸阳	57.899	57.887	58.163	58.217	58.452	58.812	58.786	58.829	59.074	59.500	59.277	59.642	59.724	60.116	60.317	60.367	60.640	61.163
渭南	56.595	56.862	56.718	57.132	58.004	57.593	58.041	57.937	57.860	58.127	58.358	58.724	58.927	58.900	59.004	59.139	59.235	59.499
延安	58.143	58.593	58.454	58.581	59.022	59.467	59.373	59.454	59.364	59.115	59.238	59.131	59.666	59.323	59.781	59.657	59.690	59.799
汉中	56.815	57.056	57.005	57.027	56.851	56.909	57.004	57.029	57.065	57.374	57.380	57.508	57.739	57.777	58.024	58.296	58.540	58.544
榆林	56.729	57.732	57.912	57.303	57.970	57.998	58.065	58.274	58.927	59.105	59.424	59.323	59.242	59.522	63.174	60.029	60.290	60.229
安康	56.010	56.426	56.902	56.823	57.039	57.093	56.921	57.106	56.751	57.244	57.430	57.751	57.823	58.036	58.247	59.059	59.355	59.111
兰州	61.275	60.735	60.722	61.598	61.593	61.692	62.057	62.264	62.500	62.509	63.095	63.298	63.203	62.518	62.549	63.631	64.046	64.401
嘉峪关	62.192	62.067	62.676	62.598	62.422	62.931	62.910	63.542	64.154	63.832	63.600	64.905	65.281	65.728	64.467	65.771	65.814	65.708
金昌	59.474	59.268	59.394	59.557	60.052	60.130	60.541	61.426	61.460	60.847	61.376	61.437	61.579	61.564	61.826	61.973	61.963	62.136
白银	58.033	58.310	58.540	58.942	59.085	58.924	59.323	59.588	59.686	59.716	59.792	59.892	60.203	60.280	60.328	60.322	60.318	60.635

(续表)

城市	2000	2001	2002	2003	2004	2005	2006	2007	2008	2009	2010	2011	2012	2013	2014	2015	2016	2017
天水	57.150	56.999	57.128	57.900	58.423	57.531	57.574	57.615	57.989	58.426	58.074	58.042	58.071	58.193	58.543	58.594	58.724	58.813
西宁	60.079	60.240	60.214	60.094	59.928	59.795	60.465	60.416	60.976	61.401	61.546	62.004	63.155	62.571	63.303	64.292	64.679	64.295
银川	61.650	61.717	61.820	61.705	62.143	62.404	62.454	62.500	62.572	62.492	62.721	63.516	63.860	64.426	63.795	65.224	65.680	66.130
石嘴山	60.071	59.825	60.423	60.564	60.685	60.865	61.159	61.519	61.751	62.698	62.199	62.533	62.235	62.671	63.879	64.230	64.629	64.340
吴忠	57.866	57.595	57.762	57.815	57.650	57.995	58.092	58.357	58.319	58.612	58.601	59.074	59.809	59.468	59.896	60.189	60.335	60.352
乌鲁木齐	65.216	65.466	63.858	65.755	66.199	65.444	65.808	65.362	65.776	65.649	65.955	66.352	66.363	66.730	66.984	67.023	67.423	69.726
克拉玛依	64.067	64.667	64.532	64.364	64.605	64.706	65.139	64.256	63.618	63.513	63.908	64.455	64.739	65.223	65.249	68.084	68.060	68.345
北京	64.951	65.077	65.259	65.396	64.962	65.847	65.175	65.995	65.955	66.833	67.132	67.441	68.260	69.113	69.093	69.719	69.803	70.418
天津	62.894	63.044	62.630	62.717	62.924	62.911	63.231	63.340	63.593	63.730	64.025	64.475	65.007	65.456	65.544	66.493	66.808	67.166
上海	66.537	66.360	66.618	66.922	67.226	67.954	68.496	68.579	68.588	69.532	70.406	70.684	71.144	71.575	72.137	72.715	74.291	74.788
重庆	57.387	57.624	57.551	57.606	57.672	57.784	58.186	58.388	58.812	59.125	59.098	59.399	59.709	60.042	60.225	60.580	60.950	61.012

附录 2　2004—2017 年 30 个省份城市化质量综合评价值（百分制值）

省份	2004	2005	2006	2007	2008	2009	2010	2011	2012	2013	2014	2015	2016	2017
北京	75.911	76.874	75.747	74.878	76.223	77.051	76.605	76.735	78.573	79.189	79.456	80.296	80.800	81.942
天津	64.001	66.893	69.620	69.175	71.042	71.250	72.440	74.230	75.448	76.791	76.534	76.773	77.202	79.157
河北	50.438	51.990	53.079	54.289	55.618	56.822	58.791	60.054	60.633	61.366	61.770	62.773	63.712	64.555
山西	51.444	52.318	53.342	53.012	54.569	55.628	57.012	57.597	58.560	59.607	60.205	60.749	61.958	63.806
内蒙古	51.032	52.214	53.167	54.714	55.731	58.496	58.882	59.740	61.425	63.365	64.965	66.833	68.275	69.424
辽宁	57.572	59.186	60.089	60.976	61.618	62.218	63.166	63.856	64.850	65.711	66.483	67.184	67.756	68.819
吉林	50.778	51.513	53.172	54.364	55.452	56.726	58.661	58.637	59.639	60.798	62.112	62.759	63.933	64.107
黑龙江	53.174	54.050	54.610	57.466	55.642	56.252	57.436	57.864	58.006	58.845	59.284	59.534	60.501	61.087
上海	81.338	79.995	80.454	77.391	77.877	80.388	80.438	80.707	81.160	81.729	82.245	82.757	83.782	84.960
江苏	60.583	62.530	62.470	65.292	66.504	67.411	69.058	70.218	71.592	73.093	74.183	75.228	76.627	77.599
浙江	61.711	63.427	62.156	64.071	64.935	65.954	67.140	68.242	69.153	69.936	70.870	71.808	72.535	73.235
安徽	50.916	51.852	52.871	54.214	55.243	56.643	57.630	59.423	60.573	62.050	63.216	64.118	65.315	66.466
福建	52.188	53.988	53.426	54.298	55.647	57.714	58.663	60.003	61.322	61.922	62.603	63.317	63.916	66.245
江西	47.969	48.884	49.898	51.201	52.201	53.412	55.170	56.227	57.474	58.206	59.005	59.824	60.800	62.072
山东	53.868	56.354	60.091	60.975	62.353	63.498	65.145	66.660	68.364	69.649	70.136	70.956	71.278	72.485

(续表)

省份	2004	2005	2006	2007	2008	2009	2010	2011	2012	2013	2014	2015	2016	2017
河南	47.546	48.553	49.783	50.860	51.064	52.555	52.880	53.936	55.001	56.141	56.986	57.994	59.275	60.496
湖北	52.004	53.059	54.624	55.695	56.165	57.757	58.817	60.279	61.952	63.039	64.533	65.384	66.033	66.660
湖南	49.735	50.770	51.287	52.648	53.994	55.515	56.537	57.687	58.592	59.970	61.021	62.711	63.720	64.137
广东	59.473	60.935	59.340	60.323	62.322	63.394	64.259	64.731	65.736	66.053	66.402	67.203	67.506	67.983
广西	47.119	47.683	48.752	49.504	50.407	52.699	53.399	53.943	55.051	56.296	57.054	57.938	58.487	59.292
海南	46.868	47.464	48.072	50.508	50.389	51.907	53.258	56.427	57.467	56.119	56.389	57.069	57.840	59.095
重庆	51.997	52.264	54.522	55.258	56.059	56.995	57.821	59.286	60.326	61.828	62.937	63.943	64.688	65.926
四川	50.312	51.041	50.540	51.431	52.869	54.547	55.684	56.768	58.206	59.603	60.246	60.838	61.564	62.585
贵州	44.960	45.645	45.718	46.697	46.675	47.456	47.918	48.482	49.174	51.852	52.236	52.815	53.788	55.019
云南	46.445	47.285	47.844	49.199	50.844	50.118	51.632	52.620	53.424	54.335	57.466	56.693	58.234	57.549
陕西	50.019	50.872	52.042	53.750	54.582	55.864	56.510	57.366	59.005	60.036	61.190	62.398	63.153	64.878
甘肃	48.206	48.416	49.371	49.075	49.791	50.655	51.597	52.472	53.359	54.509	55.776	56.014	56.666	58.093
青海	51.558	52.118	52.332	53.240	53.946	55.022	55.591	56.347	56.917	57.281	58.468	58.584	59.261	62.056
宁夏	51.665	52.976	56.436	57.988	57.726	58.937	60.129	61.059	61.662	63.417	66.581	66.717	67.771	68.476
新疆	49.140	49.553	50.685	52.388	52.667	52.953	53.283	54.828	55.452	56.667	57.601	58.986	59.732	61.001

参考文献

一、中文文献

〔德〕马克思:《资本论》(第三卷),中共中央马克思恩格斯列宁斯大林著作编译局译,人民出版社2004年版。

〔法〕杜尔哥:《关于财富的形成和分配的考察》,唐日松译,华夏出版社2007年版。

〔美〕霍利斯·钱纳里、〔美〕莫伊思·赛尔昆:《发展的型式:1950—1970》,李新华、徐公理、迟建平译,经济科学出版社1988年版。

〔美〕霍利斯·钱纳里等:《工业化和经济增长的比较研究》,吴奇等译,上海三联书店1989年版。

〔美〕雷利·巴洛维:《土地资源经济学——不动产经济学》,谷树忠等译,北京农业大学出版社1989年版。

〔美〕萨缪尔森、〔美〕诺德豪斯:《经济学:第16版》,萧琛等译,华夏出版社1999年版。

〔日〕国松久弥:"城市化过程",载中国城市科学研究会:《国外城市化译文集》,中国城市规划设计研究院情报所1997年版。

〔英〕李嘉图:《政治经济学及赋税原理》,周洁译,华夏出版社2013年版。

〔英〕斯密:《论国民与国家的财富》,焦妹译,光明日报出版社2006年版。

〔英〕威廉·配第:《赋税论 献给英明人士 货币略论》,陈冬野、马清槐译,商务印书馆1978年版。

白雪洁、耿仁强:"土地财政是产业结构升级的制度阻力吗?——基于土地资源错配的视角",《经济问题探索》2022 年第 7 期。

白彦锋、刘畅:"中央政府土地政策及其对地方政府土地出让行为的影响:对'土地财政'现象成因的一个假说",《财贸经济》2013 年第 7 期。

毕宝德主编:《土地经济学》,中国人民大学出版社 2010 年版。

财政部财政科学研究所等:"中国土地财政研究",《经济研究参考》2014 年第 34 期。

蔡继明、陈玉仁、熊柴:"城市化与耕地保护",《经济学动态》2015 年第 5 期。

蔡继明、郑敏思、刘媛:"我国真实城市化水平测度及国际比较",《政治经济学评论》2019 年第 6 期。

曹飞:"城市存量建设用地低效利用问题的解决途径——以工业用地为例",《城市问题》2017 年第 11 期。

曹飞:"土地财政:本质、形成机理与转型之路",《社会科学》2013 年第 1 期。

曾龙、杨建坤:"城市扩张、土地财政与农村剩余劳动力转移——来自中国 281 个地级市的经验证据",《经济与管理研究》2020 年第 5 期。

陈波翀、郝寿义:"中国城市化快速发展的制度约束模型",《南开经济研究》2004 年第 4 期。

陈多长、沈莉莉:"工业化、城市化对地方政府土地财政依赖的影响机制",《经营与管理》2012 年第 11 期。

陈明:"'土地财政'的多重风险及其政治阐释",《经济体制改革》2010 年第 5 期。

陈强:《高级计量经济学及 Stata 应用》,高等教育出版社 2010 年版。

陈志刚、吴腾、桂立:"金融发展是城市化的动力吗——1997—2013 年中国省级面板数据的实证证据",《经济学家》2015 年第 8 期。

陈志勇、陈莉莉:《"土地财政"问题及其治理研究》,经济科学出版社 2012 年版。

陈志勇、陈莉莉:"财政体制变迁、'土地财政'与产业结构调整",《财政研究》2011 年第 11 期。

程建、朱道林、胡博文、张晖:"不同程度土地资本化对经济增长的影响",《中国土地科学》2019 年第 12 期。

程开明:"我国城市化阶段性演进特征及省际差异",《改革》2008 年第 3 期。

迟弘、于志才:"地方政府土地财政引发的问题及化解对策",《经济纵横》2018年第4期。

储德银、费冒盛:"财政纵向失衡、土地财政与通货膨胀",《浙江社会科学》2020年第6期。

戴均良:《中国城市发展史》,黑龙江人民出版社1992年版。

戴双兴:"土地财政与地方政府土地利用研究",《福建师范大学学报》(哲学社会科学版)2007年第4期。

邓宏乾、耿勇:"房地产税、土地财政是否有效增加了公共品供给",《江汉论坛》2015年第3期。

丁健:《现代城市经济》,同济大学出版社2001年版。

董昕:"中国城市土地制度的百年演进、历史作用与内在逻辑",《中国软科学》2021年第S1期。

杜传忠、张丽:"多重目标约束下我国省级地方政府效率评价——基于偏好型DEA模型的实证分析",《中国经济问题》2015年第6期。

杜春林、张新文、张耀宇:"土地财政对地方政府社会保障支出的补给效应",《上海财经大学学报》2015年第3期。

杜金华、陈治国:"土地财政依赖对城市扩张的影响",《财经科学》2018年第5期。

杜闻贞:《城市经济学》,中国财政经济出版社1978年版。

杜振华编著:《公共经济学》,对外经济贸易大学出版社2010年版。

樊纲、胡彩梅:"调整'城镇化'偏差,明确'城市化'战略",《深圳大学学报》(人文社会科学版)2017年第3期。

冯云廷:"聚集经济效应与我国城市化的战略选择",《财经问题研究》2004年第9期。

冯云廷:《城市聚集经济——一般理论及其对中国城市化问题的应用分析》,东北财经大学出版社2001年版。

冯子标、焦斌龙:"城镇化战略与城市化战略",《中国工业经济》2001年第11期。

傅勇:"财政分权、政府治理与非经济性公共物品供给",《经济研究》2010年第8期。

甘行琼:"当代西方国家财产税的理论研究及启示",《税务研究》2007年第3期。

高珮义:"世界城市化的一般规律与中国的城市化",《中国社会科学》1990年第5期。

高然、龚六堂:"土地财政、房地产需求冲击与经济波动",《金融研究》2017年第4期。

葛扬:"马克思的土地所有权与地租理论研究",《经济思想史评论》2010年第2期。

葛永军、许学强、闫小培:"中国城市化水平的综合判断",《人文地理》2003年第1期。

龚锋、卢洪友:"公共支出结构、偏好匹配与财政分权",《管理世界》2009年第1期。

龚丽贞:"土地财政之源:压力所迫还是晋升诱惑?——基于东部沿海发达城市数据的实证分析",《财经论丛》2019年第5期。

关劲峤:"基于财政分权的房价上涨对产业升级的影响",《哈尔滨工业大学学报》(社会科学版)2017年第5期。

郭贯成、汪勋杰:"地方政府土地财政的动机、能力、约束与效应:一个分析框架",《当代财经》2013年第11期。

郭宏宝:"财产税、税收公平与地方财政行为:一个文献综述",《税务与经济》2010年第4期。

郭珂:"土地财政依赖、财政缺口与房价——基于省际面板数据的研究",《经济评论》2013年第2期。

郭力、陈浩:"我国城市化动力机制的阶段差异",《城市问题》2013年第1期。

郭笑撰:《西方城市化理论、实践与我国城市化的模式选择》,武汉大学出版社2006年版。

国家城调总队福建省城调队课题组:"建立中国城市化质量评价体系及应用研究",《统计研究》2005年第7期。

国家发展改革委宏观经济研究院市场与价格研究所编:《市场决定的伟大历程:中国社会主义市场经济的执着探索与锐意创新》,人民出版社2018年版。

国家统计局国民经济综合统计司编:《新中国六十年统计资料汇编》,中国统计出版社2010年版。

韩本毅:"城市化与地方政府土地财政关系分析",《城市发展研究》2010年第5期。

韩增林、刘天宝:"中国地级以上城市城市化质量特征及空间差异",《地理研究》2009年第6期。

何芳编著:《城市土地经济与利用》,同济大学出版社2009年版。

何小钢、罗奇、陈锦玲:"高质量人力资本与中国城市产业结构升级——来自'高校扩招'的证据",《经济评论》2020年第4期。

贺雪峰:"论摊大饼式的城市化",《社会科学家》2017年第8期。

洪银兴、葛扬主编:《〈资本论〉的现代解析》,经济科学出版社2005年版。

胡必亮:"关于城市化与小城镇的几个问题",《唯实》2000年第1期。

胡大源:"北京每年因交通拥堵损失700亿",2014年9月28日,https://www.bimba.pku.edu.cn/wm/xwzx/413982.htm。

胡伟艳:"城乡转型与农地非农化的互动关系",华中农业大学经济管理—土地管理学院博士论文,2009年。

华生:《城市化转型与土地陷阱》,东方出版社2013年版。

黄亚生:"农民工与城市化",《经济观察报》2010年2月1日。

吉富星、鲍曙光:"地方政府竞争、转移支付与土地财政",《中国软科学》2020年第11期。

贾康、孙洁:"公私合作伙伴机制:城镇化投融资的模式创新",《经济研究参考》2014年第13期。

江波:"'以人为核心'的城镇化:内涵、价值与路径",《苏州大学学报》(哲学社会科学版)2017年第3期。

江金骐:"七成央企涉足房地产 国资委态度暧昧",《华夏时报》2010年1月8日。

江克忠、夏策敏:"财政分权背景下的地方政府预算外收入扩张:基于中国省级面板数据的实证研究",《浙江社会科学》2012年第8期。

姜海、夏燕榕、曲福田:"建设用地扩张对经济增长的贡献及其区域差异研究",《中国土地科学》2009年第8期。

蒋南平、曾伟:"土地资源与城市化发展:理论分析与中国实证研究",《经济学家》2012 年第 4 期。

蒋省三、刘守英、李青:"土地制度改革与国民经济成长",《管理世界》2007 年第 9 期。

金观平:"节约集约用地丝毫不能懈怠",《经济日报》2022 年 6 月 26 日。

寇宗来、刘学悦:"中国城市和产业创新力报告 2017",复旦大学产业发展研究中心,2017 年。

况伟大:"住房特性、物业税与房价",《经济研究》2009 年第 4 期。

雷潇雨、龚六堂:"基于土地出让的工业化与城镇化",《管理世界》2014 年第 9 期。

李成刚、潘康:"土地财政、城镇化与房地产发展——基于面板数据联立方程模型的实证",《经济问题探索》2018 年第 6 期。

李贺:"土地开发整理与城市化建设的关系管窥",《高等函授学报》(自然科学版)2005 年第 4 期。

李郇、洪国志、黄亮雄:"中国土地财政增长之谜:分税制改革、土地财政增长的策略性",《经济学》(季刊)2013 年第 4 期。

李慧、葛扬:"土地财政与城市民生性公共品——基于 2004—2011 年我国省级面板数据的实证分析",《学习与探索》2018 年第 6 期。

李慧、葛扬:"中国城市化质量的测度与比较——基于 227 个城市的全局主成分分析",《河北地质大学学报》2018 年第 5 期。

李慧:"城市化进程中的土地财政与城市经济性公共品",《现代经济探讨》2019 年第 3 期。

李慧:"土地财政、创新驱动与城市化质量",《江海学刊》2022 年第 6 期。

李静萍、周景博:"工业化与城市化对中国城市空气质量影响路径差异的研究",《统计研究》2017 年第 4 期。

李名峰:"土地要素对中国经济增长贡献研究",《中国地质大学学报》(社会科学版)2010 年第 1 期。

李明秋、郎学彬:"城市化质量的内涵及其评价指标体系的构建",《中国软科学》2010 年第 12 期。

李鹏:"房价和公共品供给存在倒 U 型关系吗?",《商业研究》2013 年第 4 期。

李鹏:"土地出让收益,公共品供给及对城市增长影响研究",浙江大学管理学院博士论文,2013年。

李平、王春晖、于国才:"基础设施与经济发展的文献综述",《世界经济》2011年第5期。

李清娟:《产业发展与城市化》,复旦大学出版社2003年版。

李尚蒲、罗必良:"我国土地财政规模估算",《中央财经大学学报》2010年第5期。

李世蓉、马小刚:"土地出让制度对房地产市场的影响分析——基于结构—行为—绩效分析范式",《经济体制改革》2009年第2期。

李勇刚、高波、任保全:"分税制改革、土地财政与公共品供给:来自中国35个大中城市的经验证据",《山西财经大学学报》2013年第11期。

李勇刚、王猛:"土地财政与产业结构服务化——一个解释产业结构服务化'中国悖论'的新视角",《财经研究》2015年第9期。

李勇刚:"土地资源错配阻碍了经济高质量发展吗?——基于中国35个大中城市的实证研究",《南京社会科学》2019年第10期。

梁若冰、韩文博:"区域竞争、土地出让与城市经济增长:基于空间面板模型的经验分析",《财政研究》2011年第8期。

刘汉屏、刘锡田:"地方政府竞争:分权、公共物品与制度创新",《改革》2003年第6期。

刘佳、吴建南、马亮:"地方政府官员晋升与土地财政:基于中国地市级面板数据的实证分析",《公共管理学报》2012年第2期。

刘家强、刘昌宇、唐代盛:"新中国70年城市化演进逻辑、基本经验与改革路径",《经济学家》2020年第1期。

刘军民:"积极探索土地年租制 创新土地供应模式",《中国财政》2013年第7期。

刘苓玲、张璐:"对外开放对我国社会性支出的挤出挤入效应研究",《西安财经学院学报》2014年第2期。

刘守英、蒋省三:"土地融资与财政和金融风险",《中国土地科学》2005年第5期。

刘守英、王志锋、张维凡、熊雪锋:"'以地谋发展'模式的衰竭——基于门槛回归模型的实证研究",《管理世界》2020年第6期。

刘守英:"城市化:土地从外延扩张转向理性增长",《中国国土资源报》2010年7月30日。

刘峣:"垃圾强制分类　中国动了真格",《人民日报》(海外版)2017年4月24日。

刘玉萍、郭郡郡、李馨鸾:"经济增长中的土地财政依赖:度量、变化及后果",《云南财经大学学报》2012年第1期。

刘志彪:"以城市化推动产业转型升级——兼论'土地财政'在转型时期的历史作用",《学术月刊》2010年第10期。

刘佐:"中国房地产税收制度的发展",《经济研究参考》2005年第81期。

卢洪友、袁光平、陈思霞、卢盛峰:"土地财政根源:'竞争冲动'还是'无奈之举'?——来自中国地市的经验证据",《经济社会体制比较》2011年第1期。

罗必良、李尚蒲:"地方政府间竞争:土地出让及其策略选择:来自中国省级面板数据(1993—2009年)的经验证据",《学术研究》2014年第1期。

骆祖春:"土地财政的理论生成机制与实证分析",《现代经济探讨》2012年第12期。

吕玉霞:"土地资源配置及其经济效应的研究评述",《山东师范大学学报》(人文社会科学版)2017年第4期。

马拴友:"财政支出职能结构的国际比较",《中央财经大学学报》1999年第11期。

毛中根、洪涛等:《生产大国向消费大国演进研究》,科学出版社2015年版。

倪红日、刘芹芹:"对'土地财政'内涵和成因的辨析",《经济经纬》2014年第2期。

聂长飞、冯苑、宋丹丹:"专利与中国经济增长质量——基于创新数量和质量的双重视角",《宏观质量研究》2022年第3期。

潘世炳:《中国城市国有土地产权研究》,企业管理出版社2006年版。

裴凌罡:"从民生视角看新中国城市住房供给制度变迁",《中国经济史研究》2017年第5期。

彭代彦、彭旭辉:"财政分权对人口城镇化与土地城镇化的影响——基于1981—2013年数据的分析",《城市问题》2016年第8期。

彭真怀、袁钢明、周天勇:"新型城镇化应当是国家的稳定器",《同舟共进》

2013年第9期。

戚名侠、江永红:"中国城市化非均衡发展:测度、时空演进及影响因素",《福建论坛》(人文社会科学版)2019年第4期。

清华大学建筑节能研究中心:《中国建筑节能年度发展研究报告2022(公共建筑专题)》,中国建筑工业出版社2022年版,第30页。

任杲、宋迎昌:"中国城市化动力机制与阶段性研究——基于产业发展与户籍制度变迁的视角",《兰州学刊》2018年第6期。

邵源:"关于'土地财政'与财税体制改革问题综述",《经济研究参考》2010年第24期。

沈迟:"关于城市化水平计算方法的探讨",《城市规划》1997年第1期。

施海洋、徐康宁:"转型时期地方政府行为倾向分析",《求索》2001年第2期。

宋炜、周勇:"偏向型技术进步、要素替代与城镇化扭曲效应——基于中国省级面板数据的空间经济计量分析",《经济问题探索》2017年第7期。

苏明、唐在富、满燕云、颜燕:"中国土地财政研究",《经济研究参考》2014年第34期。

孙辉:《财政分权、政绩考核与地方政府土地出让》,社会科学文献出版社2014年版。

孙梁、韦森:"重温熊彼特的创新驱动经济周期理论",《济南大学学报》(社会科学版)2020年第4期。

孙煜、孙军、陈柳:"房地产业扩张对我国产业结构影响的实证分析",《江苏社会科学》2018年第4期。

孙中和:"中国城市化基本内涵与动力机制研究",《财经问题研究》2001年第11期。

汤玉刚、陈强:"分权、土地财政与城市基础设施",《经济社会体制比较》2012年第6期。

唐云锋、吴琦琦:"土地财政制度对房地产价格的影响因素研究",《经济理论与经济管理》2018年第3期。

唐在富:"中国土地财政基本理论研究:土地财政的起源、本质、风险与未来",《经济经纬》2012年第2期。

童玉芬、武玉:"中国城市化进程中的人口特点与问题",《人口与发展》2013年第 4 期。

汪彬、郭贝贝:"基于城市效率视角的中国城市化道路思考",《学习与探索》2021 年第 9 期。

王爱民、刘加林、尹向东:"深圳市土地供给与经济增长关系研究",《热带地理》2005 年第 1 期。

王成军、何秀荣、费喜敏:"工业化、城市化对耕地变化作用研究",《农业技术经济》2012 年第 11 期。

王德利、方创琳、杨青山、李飞:"基于城市化质量的中国城市化发展速度判定分析",《地理科学》2010 年第 5 期。

王桂新:《中国人口分布与区域经济发展》,华东师范大学出版社 1997 年版。

王国军、刘水杏:"房地产业对相关产业的带动效应研究",《经济研究》2004 年第 8 期。

王建康、谷国锋:"土地要素对中国城市经济增长的贡献分析",《中国人口·资源与环境》2015 年第 8 期。

王文佳、罗莎琳:"两成富豪 涉足房地产",《信息时报》2015 年 4 月 21 日。

王晓玲:"世界大城市化规律及发展趋势",《城市发展研究》2013 年第 5 期。

王玉波:"土地财政推动经济与城市化作用机理及实证研究",《南京农业大学学报》(社会科学版)2013 年第 3 期。

王展祥:"工业化进程中的农业要素贡献研究",华中科技大学经济学院博士论文,2007 年。

魏后凯:"面向 21 世纪的中国城市化战略",《管理世界》1998 年第 1 期。

魏冶、修春亮、孙平军:"21 世纪以来中国城镇化动力机制分析",《地理研究》2013 年第 9 期。

吴东作:"'土地财政'的政治经济学分析——基于马克思地租'国债(国税)'理论视角",《财贸经济》2010 年第 8 期。

吴冠岑、牛星、田伟利:"我国土地财政规模与区域特性分析",《经济地理》2013 年第 7 期。

吴建峰、周伟林:"新时期我国城市化动力机制及政策选择",《城市发展研究》2011 年第 5 期。

吴旭冉:"工业化对地方政府土地财政依赖影响研究——基于浙江的实证分

析",浙江工业大学经贸管理学院硕士论文,2013年。

吴友仁:"关于我国社会主义城市化问题",《城市规划》1979年第5期。

习近平:"高举中国特色社会主义伟大旗帜 为全面建设社会主义现代化国家而团结奋斗——在中国共产党第二十次全国代表大会上的报告(2022年10月16日)",《人民日报》2022年10月26日。

肖明月、郑亚莉:"供给质量提升能否化解中国制造业的产能过剩?——基于结构优化与技术进步视角",《中国软科学》2018年第12期。

肖祎平、杨艳琳、宋彦:"中国城市化质量综合评价及其时空特征",《中国人口·资源与环境》2018年第9期。

谢旻琪、闫梦露、刘敏、杨奎、张宇、赵小风、钟太洋:"土地财政对城市密度的影响",《地域研究与开发》2021年第3期。

谢文蕙、邓卫编著:《城市经济学》,清华大学出版社1996年版。

谢小丽:"中国财政分权、土地财政与城市化研究",重庆大学公共管理学院硕士论文,2013年。

辛波、张岸元:"土地财政规模的估算与经济增长的相关性分析",《中国物价》2013年第4期。

徐雷:"中国东中西部地区土地财政差异性研究",《中国人口·资源与环境》2014年第11期。

徐倩、李放:"我国财政社会保障支出的差异与结构:1998—2009年",《改革》2012年第2期。

徐晓军:"中国城市化进程中的'类郊区化'及其战略调整",《求索》2018年第6期。

许光建、卢倩倩、许坤、张瑾玥:"我国土地出让收入分配制度改革:历史、现状及展望",《价格理论与实践》2020年第12期。

许林:《湖北新生代农民工市民化的政策与体制研究》,中国地质大学出版社2011年版。

杨其静、卓品、杨继东:"工业用地出让与引资质量底线竞争——基于2007—2011年中国地级市面板数据的经验研究",《管理世界》2014年第11期。

杨元庆、刘荣增:"土地财政与土地市场管理",《城市问题》2011年第3期。

杨志安、邱国庆:"地方财政分权与新型城镇化:线性抑或倒'U'",《云南财经大学学报》2019年第2期。

叶红:"土地财政对城市化的影响分析",复旦大学经济学院硕士论文,2012年。

叶裕民:"中国城市化质量研究",《中国软科学》2001年第7期。

尹虹潘、刘渝琳:"改革开放以来的'中国式'城市化演进路径",《数量经济技术经济研究》2016年第5期。

于涛、张京祥、罗小龙:"我国东部发达地区县级市城市化质量研究——以江苏省常熟市为例",《城市发展研究》2010年第11期。

余靖雯、肖洁、龚六堂:"政治周期与地方政府土地出让行为",《经济研究》2015年第2期。

袁于飞、安天杭:"水,如何平衡发展之重",《光明日报》2021年7月10日。

张国建、孙治宇、艾永芳:"土地财政、要素错配与服务业结构升级滞后",《山西财经大学学报》2021年第8期。

张杰:"中国产业结构转型升级中的障碍、困局与改革展望",《中国人民大学学报》2016年第5期。

张军、高远、傅勇、张弘:"中国为什么拥有了良好的基础设施?",《经济研究》2007年第3期。

张军:"中国经济发展:为增长而竞争",《世界经济文汇》2005年第4期。

张磊、韩雷、叶金珍:"外商直接投资与雾霾污染:一个跨国经验研究",《经济评论》2018年第6期。

张莉、陆铭、刘雅丽:"税收激励与城市商住用地结构——来自'营改增'的经验证据",《经济学》(季刊)2022年第4期。

张莉、年永威、皮嘉勇、周越:"土地政策、供地结构与房价",《经济学报》2017年第1期。

张铭洪:"城市土地收益制度的国际比较与启示",《中国经济问题》1998年第5期。

张清勇:"房价收入比与住房支付能力指数的比较",《中国土地科学》2012年第1期。

张少辉、余泳泽:"土地出让、资源错配与全要素生产率",《财经研究》2019年第2期。

张世银、周加来:"城市化指标问题探析",《技术经济》2007年第5期。

张双长、李稻葵:"'二次房改'的财政基础分析——基于土地财政与房地产价格关系的视角",《财政研究》2010年第7期。

张昕:"城市化过程中土地出让金与城市经济增长关系研究——以北京市为例",《价格理论与实践》2008年第1期。

张玉新:"地方政府土地融资风险及其管理",《中国行政管理》2013年第1期。

张岳、周应恒:"数字金融发展对农村金融机构经营风险的影响——基于金融监管强度调节效应的分析",《中国农村经济》2022年第4期。

张跃胜:"中国城市化水平空间异质性与收敛性测度",《城市问题》2016年第7期。

赵春玲、胡建渊:"地方政府保护主义经济行为的博弈分析",《经济体制改革》2002年第4期。

赵国玲、胡贤辉、杨钢桥:"'土地财政'的效应分析",《生态经济》2008年第7期。

赵华、葛扬:"长三角经济增长中土地贡献的现状和趋势",《南京社会科学》2011年第2期。

赵全厚:"我国财税体制改革演进轨迹及其阶段性特征",《改革》2018年第4期。

赵祥、曹佳斌:"地方政府'两手'供地策略促进产业结构升级了吗——基于105个城市面板数据的实证分析",《财贸经济》2017年第7期。

郑倩:"土地财政、城镇化与产业结构",厦门大学经济学院硕士论文,2014年。

郑思齐、孙伟增、满燕云:"房产税征税条件和税收收入的模拟测算与分析:基于中国245个地级及以上城市大样本家庭调查的研究",《广东社会科学》2013年第4期。

郑思齐、孙伟增、吴璟、武赟:"'以地生财,以财养地'——中国特色城市建设投融资模式研究",《经济研究》2014年第8期。

中国经济增长前沿课题组:"城市化、财政扩张与经济增长",《经济研究》2011年第11期。

中国社会科学院法学研究所:《中华人民共和国经济法规选编:上》,中国财政经济出版社1980年版。

周飞舟:"生财有道:土地开发和转让中的政府和农民",《社会学研究》2007年第 1 期。

周伟林、郝前进等编著:《城市社会问题经济学》,复旦大学出版社 2009 年版。

周晓林:"'批而未供'的概念内涵及其规范化问题",《中国土地》2021 年第 4 期。

周祎庆、顾帆:"土地资源错配对城市绿色经济效率的影响研究",《学术探索》2022 年第 2 期。

周义:"房价收入比的修正及其实证",《统计与决策》2013 年第 11 期。

周毅、李京文:"城市化发展阶段、规律和模式及趋势",《经济与管理研究》2009 年第 12 期。

周毅:"美国房产税制度概述",《改革》2011 年第 3 期。

踪家峰、林宗建:"中国城市化 70 年的回顾与反思",《经济问题》2019 年第 9 期。

踪家峰、杨琦:"中国城市扩张的财政激励:基于 1998—2009 年我国省级面板数据的实证分析",《城市发展研究》2012 年第 8 期。

邹薇、刘红艺:"土地财政'饮鸩止渴'了吗——基于中国地级市的时空动态空间面板分析",《经济学家》2015 年第 9 期。

左翔、殷醒民:"土地一级市场垄断与地方公共品供给",《经济学》(季刊)2013 年第 2 期。

二、英文文献

Alam, M., Alam, M. J. B., Rahman, M. H., Khan, S. K. & Munna, G. M., "Unplanned Urbanization: Assessment through Calculation of Environmental Degradation Index", *International Journal of Environmental Science & Technology*, Vol. 3, No. 2(2006), pp. 119-130.

Alonso, W., "The Economics of Urban Size", *Papers in Regional Science*, Vol. 26, No. 1(1971), pp. 66-83.

Bertinelli, L. & Strobl, E., "Urbanization, Urban Concentration and Economic Growth in Developing Countries", *CREDIT Research Paper*, No. 03/14 (2003).

Borge, L. E. & Rattsø, J., "Property Taxation as Incentive for Cost Control: Empirical Evidence for Utility Services in Norway", *European Economic Re-*

view, Vol. 52, No. 6(2008), pp. 1035-1054.

Brueckner, J. K. & Kim, H. A. , "Land Markets in the Harris-Todaro Model: A New Factor Equilibrating Rural-Urban Migration", *Journal of Regional Science*, Vol. 41, No. 3(2001), pp. 507-520.

Brueckner, J. K. & Zenou, Y. , "Harris-Todaro Models with a Land Market", *Regional Science & Urban Economics*, Vol. 29, No. 3(1999), pp. 317-339.

Clark, C. , "Urban Population Densities", *Journal of the Royal Statistical Society*, Vol. 114, No. 4(1951), pp. 60-68.

Daly, H. & Cobb, J. B. , *For the Common Good*. Boston: Beacon Press, 1989.

Dan, L. , "Selection of Finance Development Mode and Governance Path under the Land Finance Angle in China", *Pakistan Journal of Statistics*, Vol. 29, No. 6(2013), pp. 1019-1028.

Davis, J. C. & Henderson, J. V. , "Evidence on the Political Economy of the Urbanization Process", *Journal of Urban Economics*, Vol. 53, No. 1(2003), pp. 98-125.

Ding, C. & Lichtenberg, E. , "Land and Urban Economic Growth in China", *Journal of Regional Science*, Vol. 51, No. 2(2011), pp. 299-317.

Dowall, D. E. & Monkkonen, P. , "Consequences of the Plano Piloto: The Urban Development and Land Markets of Brasília", *Urban Studies*, Vol. 44, No. 10(2007), pp. 1871-1887.

Downes, T. A. & Figlio, D. N. , "Do Tax and Expenditure Limits Provide a Free Lunch? Evidence on the Link Between Limits and Public Sector Service Quality", *National Tax Journal*, Vol. 52, No. 1(1999), pp. 113-128.

Duranton, G. & Puga, D. , "Nursery Cities: Urban Diversity, Process Innovation, and the Life Cycle of Products", *American Economic Review*, Vol. 91, No. 5(2001), pp. 1454-1477.

Eldridge, H. T. , "The Process of Urbanization", in Spengler, J. & Duncan O. (eds.), *Demographic Analysis*. New York: The Free Press, 1952.

Ewing, R. & Rong, F. , "The Impact of Urban Form on U. S. Residential

Energy Use", *Housing Policy Debate*, Vol. 19, No. 1(2008), pp. 1-30.

Fischel, W. A., "Property Taxation and the Tiebout Model: Evidence for the Benefit View from Zoning and Voting", *Journal of Economic Literature*, Vol. 30, No. 1(1992), pp. 171-177.

Fiva, J. H. & Rønning, M., "The Incentive Effects of Property Taxation: Evidence from Norwegian School Districts", *Regional Science & Urban Economics*, Vol. 38, No. 1(2008), pp. 49-62.

Fujita, M., Krugman, P. & Venables, A., *The Spatial Economy: Cities, Regions, and International Trade*. Cambridge: MIT Press, 1999.

Galbraith, J. K., *The Affluent Society*. Boston: Houghton MiffJin Company, 1958.

Glaeser, E. L., "The Incentive Effects of Property Taxes on Local Governments", *Public Choice*, Vol. 89, No. 1(1996), pp. 93-111.

Grimaud, A. & Rouge, L., "Non-Renewable Resources and Growth with Vertical Innovations: Optimum, Equilibrium and Economic Policies", *Journal of Environmental Economics & Management*, Vol. 45, No. 2(2003), pp. 433-453.

Grimm, N. B., Foster, D., Groffman, P., Grove, J. M., Hopkinson, C. S. & Nadelhoffer, K. J., et al., "The Changing Landscape: Ecosystem Responses to Urbanization and Pollution across Climatic and Societal Gradients", *Frontiers in Ecology & the Environment*, Vol. 6, No. 5(2008), pp. 264-272.

Haans, R. F. J., Pieters, C. & He, Zi-Lin, "Thinking about U: Theorizing and Testing U- and Inverted U-Shaped Relationships in Strategy Research", *Strategic Management Journal*, Vol. 37, No. 7(2016), pp:1177-1195.

Hamilton, B. W., "Zoning and Property Taxation in a System of Local Governments", *Urban Studies*, Vol. 12, No. 2(1975), pp. 205-211.

Harris, J. & Todaro, M. P., "Migration, Unemployment, and Development: A Two-Sector Analysis", *American Economic Review*, Vol. 60, No. 1 (1970), pp. 126-142.

Hasse, J. E. & Lathrop, R. G., "Land Resource Impact Indicators of Urban Sprawl", *Applied Geography*, Vol. 23(2003), pp. 159-175.

Henderson, V. J., "The Sizes and Types of Cities", *American Economic Review*, Vol. 64, No. 4(1974), pp. 640-656.

Henisz, W. J., "The Institutional Environment for Infrastructure Investment", *Industrial & Corporate Change*, Vol. 11, No. 2(2002), pp. 355-389.

Illeris, S. & Philippe, J., "Introduction: The Role of Services in Regional Economic Growth", *Service Industries Journal*, Vol. 13, No. 2(1993), pp. 3-10.

Jenerette, G. D. & Potere, D., "Global Analysis and Simulation of Land-use Change Associated with Urbanization", *Landscape Ecology*, Vol. 25, No. 5 (2010), pp. 657-670.

Kalnay, E. & Cai, M., "Impact of Urbanization and Land-Use Change on Climate", *Nature*, Vol. 423, No. 6939(2003), pp. 528-531.

Krugman, P., "Increasing Returns and Economic Geography", *Journal of Political Economy*, Vol. 99, No. 3(1991), pp. 483-499.

Lee, E. S., "A Theory of Migration", *Demography*, Vol. 3, No. 1(1966), pp. 47-57.

Lewis, W. A., "Economic Development with Unlimited Supplies of Labour", *The Manchester School*, Vol. 22, No. 2(1954), pp. 139-191.

Li, T. & Lahr, M., "Urbanization, Land Revenue and Market Equilibrium in China", *Urban Planning and Design Research*, Vol. 2(2014), pp. 54-58.

Lichtenberg, E. & Ding, C., "Local Officials as Land Developers: Urban Spatial Expansion in China", *Journal of Urban Economics*, Vol. 66, No. 1 (2009), pp. 57-64.

Loupias, C. & Wigniolle, B., "Population, Land and Growth", *Economic Modelling*, Vol. 31(2013), pp. 223-237.

Lu, X. & Sasaki, K., "Urbanization Process and Land Use Policy", *Annals of Regional Science*, Vol. 42, No. 4(2008), pp. 769-786.

Martin, W. & Mitra, D., "Productivity Growth and Convergence in Agriculture versus Manufacturing", *Economic Development & Cultural Change*, Vol. 49, No. 2(2001), pp. 403-422.

Martínez-Zarzoso, I. & Maruotti, A., "The Impact of Urbanization on CO_2

Emissions: Evidence from Developing Countries", *Ecological Economics*, Vol. 70, No. 7(2011), pp. 1344-1353.

McCoskey, S. & Kao, C., "A Residual-Based Test of the Null of Cointegration in Panel Data", *Econometric Reviews*, Vol. 17, No. 1(1998), pp. 57-84.

Mieszkowski, P., "The Property Tax: An Excise Tax or a Profits Tax?", *Journal of Public Economics*, Vol. 1, No. 1(1972), pp. 73-96.

Morris, M. D., *Measuring the Condition of the World's Poor-The Physical Quality of Life Index*. New York: Pergamon Press, 1979.

Northam, R. M., *Urban Geography*. New York: John Wiley & Sons, 1975.

Oates, W. E., "An Essay on Fiscal Federalism", *Journal of Economic Literature*, Vol. 37, No. 3(1999), pp. 1120-1149.

Oates, W. E., *Fiscal Federalism*. New York: Harcourt Brace Jovanovich, 1972.

Ong, L. H., "State-Led Urbanization in China: Skyscrapers, Land Revenue and 'Concentrated Villages'", *China Quarterly*, Vol. 217(2014), pp. 162-179.

Qian, Y. & Roland, G., "Federalism and the Soft Budget Constraint", *American Economic Review*, Vol. 88, No. 5(1998), pp. 1143-1162.

Randolph, S., Bogetic, Z. & Hefley, D., "Determinants of Public Expenditure on Infrastructure: Transportation and Communication", *The World Bank Policy Research Working Paper*, 1st October, 1996.

Ranis, G. & Fei, J. C. H., "A Theory of Economic Development", *American Economic Review*, Vol. 51, No. 4(1961), pp. 533-565.

Scholz, C. M. & Ziemes, G., "Exhaustible Resources, Monopolistic Competition, and Endogenous Growth", *Environmental & Resource Economics*, Vol. 13, No. 2(1999), pp. 169-185.

Squires, G. D., *Urban Sprawl: Causes, Consequences, & Policy Responses*. Washington, D. C.: The Urban Institute Press, 2002.

Weber, A. *Alfred Weber's Theory of the Location of Industries*. Chicago: University of Chicago Press, 1929.

Wheaton, W. & Shishido, H., "Urban Concentration, Agglomeration Economies and the Level of Economic Development", *Economic Development and Cultural Change*, Vol. 30, No. 1(1981), pp. 17-30.

White, M. J., "Fiscal Zoning in Fragmented Metropolitan Areas", in Mills, E. S. & Oates, W. E. (eds), *Fiscal Zoning and Land Use Controls*. Lexington, MA: Lexington Books, 1975, pp. 31-100.

Wilson, J. D., "A Theory of Inter-regional Tax Competition", *Journal of Urban Economics*, Vol. 19, No. 3(1986), pp. 296-315.

Wirth, L. *Urbanism as a Way of Life*. Chicago: Chicago University Press, 1964.

Yanitsky, O., "Social Problem of Man's Environment", *The City and Ecology*, Vol. 1(1987), p. 174.

Zhuravskaya, E. V., "Incentives to Provide Local Public Goods: Fiscal Federalism, Russian Style", *Journal of Public Economics*, Vol. 76, No. 3(2000), pp. 337-368.

Zodrow, G. R. & Mieszkowski, P., "Pigou, Tiebout, Property Taxation, and the Underprovision of Local Public Goods", *Journal of Urban Economics*, Vol. 19, No. 3(1986), pp. 356-370.

Zodrow, G. R. & Mieszkowski, P., "The Incidence of the Property Tax: The Benefit View versus the New View", in Zodrow, G. R. (ed.), *Local Provision of Public Services: The Tiebout Model after Twenty-Five Years*. New York: Academic Press, 1983, pp. 109-129.

后 记

党的二十大报告指出,高质量发展是中国式现代化的本质要求之一,是全面建设社会主义现代化国家的首要任务。提升我国城市化质量是构建新发展格局的重要支撑和推动高质量发展的内在要求。地方政府推进城市建设、提高城市化发展质量的前提是有一定的财政支出能力。土地财政是我国城市化发展进程中的一种财政现象,本书考察了土地财政对城市化质量的影响效应、影响途径,并试图寻找土地财政转型和城市化质量提升的路径。

本书的撰写基础是我2016年完成的博士毕业论文,从开始思考这个选题至今已有十年的时间。中国的城市化发展和土地财政如今无论是在理论还是实践层面都发生了很多变化。因此,书稿在博士论文的基础上,进行了很多修改,增加了博士毕业后我关于该问题的一些新的思考,包括:界定城市化质量的内涵,并对土地财政的内涵进行了重新界定;重新修正城市化质量指标体系,并利用已知的最新数据对我国地级及以上城市的城市化质量进行重新测算;重新设计土地财政与城市化质量之间的计量模型,利用最新数据重新进行了实证分析,进一步地实证检验了创新驱动在土地财政与城市化质量之间的调节作用;对全书的数据进行了更新;增加了土地财政对城市房地产业的理论和实证分析;重新系统地梳理了土地财政对城市化质量的负面影响;增加了提升我国城市化质量的思路与建议。修改后的书稿在内容上更加丰富,在研究框架上更加完整。

本书的写作得到了很多老师和同仁的指导和帮助。感谢我的博士生导师葛扬教授，他对本书的选题、框架结构、逻辑关系等都进行了全面细致的指导，对本书的写作产生了重要影响。葛老师渊博的专业知识、认真严谨的治学态度、求实创新的科研作风、正直宽容的处事原则，深深地影响了我，使我受益匪浅。感谢在南京大学求学过程中为我传道授业解惑的诸位老师，他们孜孜不倦的教导，让我对经济学这门博大精深的学科有了更深的领悟和认识。感谢我的南大同学和同门的鼓励和陪伴。感谢江苏省社会科学院的领导和同事在本书出版过程中给予的关心和帮助。

感谢我的爱人杨勇先生，谢谢他对我的理解、支持和包容。感谢我的父母，一直帮我照顾年幼的孩子，让我有时间可以安心完成书稿。感谢我的女儿杨宁兮和杨晓晞，活泼、可爱的你们为我的生活增添了很多乐趣，希望你们永远健康、快乐成长。

由于能力和水平有限，一些研究尚待深入，本书也难免存在不少疏漏，恳请学界、同仁批评指正。

李 慧

2023年3月于南京